“十二五”国家重点图书出版规划项目

中国社会科学院创新工程学术出版资助项目

总主编：金 碚

经济管理学科前沿研究报告系列丛书

THE FRONTIER REPORT ON THE DISCIPLINE OF MANAGEMENT

张永军 赵占波 主编

管理学学科前沿研究报告

《经济管理学科前沿研究报告》
专家委员会

《经济管理学科前沿研究报告》
编辑委员会

《管理学学科前沿研究报告》
本书参编人员

主编：张永军　赵占波

参与编写人员：刘新港　陶倩倩

序言

为了落实中国社会科学院哲学社会科学创新工程的实施，加快建设哲学社会科学创新体系，实现中国社会科学院成为马克思主义的坚强阵地、党中央国务院的思想库和智囊团、哲学社会科学的最高殿堂的定位要求，提升中国社会科学院在国际、国内哲学社会科学领域的话语权和影响力，加快中国社会科学院哲学社会科学学科建设，推进哲学社会科学的繁荣发展具有重大意义。

旨在准确把握经济和管理学科前沿发展状况，评估各学科发展近况，及时跟踪国内外学科发展的最新动态，准确把握学科前沿，引领学科发展方向，积极推进学科建设，特组织中国社会科学院和全国重点的大学专家学者研究撰写《经济管理学科前沿研究报告》。本系列报告的研究和出版得到了国家新闻出版广电总局的支持和肯定，特将本系列报告丛书列为"十二五"国家重点图书出版项目。

《经济管理学科前沿研究报告》包括经济学和管理学两大学科。经济学包括能源经济学、旅游经济学、服务经济学、农业经济学、国际经济合作、世界经济、资源与环境经济学、区域经济学、财政学、金融学、产业经济学、国际贸易学、劳动经济学、数量经济学、统计学。管理学包括工商管理学科、公共管理学科、管理科学与工程三个学科。工商管理学科包括管理学、创新管理、战略管理、技术管理与技术创新、公司治理、会计与审计、财务管理、市场营销、人力资源管理、组织行为学、企业信息管理、物流供应链管理、创业与中小企业管理等学科及研究方向；公共管理学科包括公共行政学、公共政策学、政府绩效管理学、公共部门战略管理学、城市管理学、危机管理学、公共部门经济学、电子政务学、社会保障学、政治学、公共政策与政府管理等学科及研究方向；管理科学与工程包括工程管理、电子商务、管理心理与行为、管理系统工程、信息系统与管理、数据科学、智能制造与运营等学科及研究方向。

《经济管理学科前沿研究报告》依托中国社会科学院独特的学术地位和超前的研究优势，撰写出具有一流水准的哲学社会科学前沿报告，致力于体现以下特点：

（1）前沿性。本系列报告能体现国内外学科发展的最新前沿动态，包括各学术领域内的最新理论观点和方法、热点问题及重大理论创新。

（2）系统性。本系列报告囊括学科发展的所有范畴和领域。一方面，学科覆盖具有全面性，包括本年度不同学科的科研成果、理论发展、科研队伍的建设，以及某学科发展过程中具有的优势和存在的问题；另一方面，就各学科而言，还将涉及该学科下的各个二级学科，既包括学科的传统范畴，也包括新兴领域。

(3) 权威性。本系列报告由各个学科内长期从事理论研究的专家、学者主编和组织本领域内一流的专家、学者进行撰写，无疑将是各学科内的权威学术研究。

(4) 文献性。本系列丛书不仅系统总结和评价了每年各个学科的发展历程，还提炼了各学科学术发展进程中的重大问题、重大事件及重要学术成果，因此具有工具书式的资料性，为哲学社会科学研究的进一步发展奠定了新的基础。

《经济管理学科前沿研究报告》全面体现了经济、管理学科及研究方向本年度国内外的发展状况、最新动态、重要理论观点、前沿问题、热点问题等。该系列报告包括经济学、管理学一级学科和二级学科以及一些重要的研究方向，其中经济学科及研究方向15个，管理学科及研究方向45个。该系列丛书按年度撰写出版60部学科前沿报告，成为系统研究的年度连续出版物。这项工作虽然是学术研究的一项基础工作，但意义十分重大。要想做好这项工作，需要大量的组织、协调、研究工作，更需要专家学者付出大量的时间和艰苦的努力，在此，特向参与本研究的院内外专家、学者和参与出版工作的同仁表示由衷的敬意和感谢。相信在大家的齐心努力下，会进一步推动中国对经济学和管理学学科建设的研究，同时，也希望本系列报告的连续出版能提升我国经济和管理学科的研究水平。

金　碚
2014. 5

目 录

第一章　管理学学科 2011 年国内外研究综述

一、管理学定义及职能

管理是人与人之间分工合作的必然产物，是实现团队组织目标的重要手段。由于管理的广泛性和复杂性以及研究的侧重点不同，对于什么是管理，人类迄今为止尚没有取得完全一致的看法。具有代表性的观点有以下几种：

西蒙：管理就是决策。

法约尔：管理是所有的人类组织（不论是家庭、企业或政府）都有的一种活动，这种活动由五项要素组成，包括计划、组织、指挥、协调和控制。管理就是实行计划、组织、指挥、协调和控制。

孔茨：管理是设计和保持一种良好环境，使人在群体里高效率地完成既定目标。

彼得·德鲁克：归根结底，管理是一种实践，其本质不在于“知”而在于“行”；其验证不在于逻辑，而在于成果；其唯一权威就是成就。

雷恩：如果给管理下一个广义而又切实可行的定义，可把它看成是这样的一种活动，即它发挥某些职能，以便有效地获取、分配和利用人的努力和物质资源，以实现某个目标。

以上定义都着重从管理的现象描述管理本身，而未揭示出管理的本质。综合以上几种观点，管理是指在一定的环境下，对组织所拥有的资源进行有效的计划、组织、领导和控制，通过组织资源的优化配置，以有效实现组织目标的活动。

这一表述包含了以下几层意思：

（1）管理是为了实现组织的目标。

（2）管理工作应通过综合运用组织中的各种资源而实现组织目标。

(3) 管理工作是由一系列相互关联、连续性的活动构成的，这些活动包括计划、组织、领导、控制等，它们成为管理的基本职能。

(4) 管理的本质是协调。协调是使个人的努力与组织的预期目标相一致。每一项管理的职能、每一次管理的决策都要进行协调。

(5) 管理工作是在一定的环境条件下进行的，有效管理必须充分考虑组织内外的特定环境条件。

管理职能是对管理过程中各项行为内容的概括，是人们对管理工作应有的一般过程和基本内容所做的理论概括。最早且系统提出管理职能的是法国人法约尔。他认为管理包括计划、组织、指挥、协调、控制五个职能，其中计划职能是他所重点强调的。他认为，组织是为企业的经营提供所有必要的原料、设备、资本和人员；指挥的任务应分配给企业不同的领导人，每个领导人都承担各自单位的任务和职能；协调是指企业的一切工作都要和谐地配合，以便企业经营的顺利进行，并且有利于企业取得成功；控制就是要证实各项工作是否都与既定计划相符合，是否与下达的指示及既定原则相符合。在法约尔之后，许多学者根据社会环境的新变化，对管理的职能做了进一步的探究，有了许多新的认识。当代管理学家对管理职能的划分，大体上没有超出法约尔的范围。

古利克和厄威克针对管理职能的划分，提出了著名的管理七职能说。他们认为，管理的职能有计划、组织、人事、指挥、协调、报告、预算。

哈罗德·孔茨和西里尔·奥唐奈里奇把管理的职能划分为计划、组织、人事、领导和控制。

美国学者米和希克斯在总结前人对管理职能分析的基础上，提出了创新职能，突出了创新可以使组织的管理不断适应时代发展的论点。

目前的管理学普遍认为，计划、组织、领导、控制、创新这五种职能是一切管理活动最基本的职能。

二、管理学理论结构

(一) 科学管理理论

泰罗（1856 ~1915）著作主要有《计件工资制度》、《车间管理》、《科学管理原理》

等，其代表作是《科学管理原理》。作为科学管理理论的主要倡导者，泰罗在管理思想的发展上起着极为重要的作用，被称为“科学管理之父”。泰罗及其合作者、追随者所奠基的“科学管理”有三个基本出发点：一是谋求最高工作效率；二是用科学管理代替旧的、传统的管理以提高工作效率；三是要求管理人员和工人双方实行重大的精神变革。泰罗科学管理的内容概括起来主要有以下五个方面：

（1）劳动时间定额。对工人提出科学的操作方法，以便合理利用工时，提高工效。

（2）能力与工作相适应。泰罗认为，为了提高劳动生产率，必须为工作挑选第一流的工人。第一流的工人包括两个方面：一是该工人的能力最适合这种工作；二是该工人必须愿意做这种工作。因为人的天赋与才能不同，他们所适合的工作也不同。

（3）标准化。标准化是指工人在工作时应采用标准的操作方法，而且工人所使用的工具、机器、材料等都应该标准化，以利于提高劳动生产率。

（4）差别计件付酬制。泰罗首先否定了当时颇为流行的普通计件工资制。他认为，普通计件工资制会造成雇主与工人之间永久性的敌对情绪，是对每一个达到高效率工人的处罚。通过试验，泰罗推出了他个人认为车间能达到最大产量、工人与管理方均能满足的最有效方法——差别计件付酬制。

（5）计划和执行相分离。在职能管理方面，泰罗强调管理工作与劳动的分离。他提出，管理部门要按科学的规律制订计划，并把从事计划职能的人称为管理者，把负责执行计划职能的人称为劳动者。他还根据工作的划分，推出了企业组织机构模式中的“职能制”。

（二）一般管理理论

法约尔对管理科学最大的贡献是，他在1916年出版的《工业管理和一般管理》中确立了管理的定义，构建了管理工作的基本职能，提出了管理工作的基本原则，得出了管理能力可以通过教育实现的结论。

由于法约尔一直从事领导工作，他研究管理的着眼点与泰罗不同，他是把企业作为一个整体加以研究的。因此，可以说他是现代管理理论的实际创始人，被誉为“现代经营管理理论之父”。

法约尔认为，管理就是实行计划、组织、指挥、协调和控制。计划是探索未来、制定行动方案；组织是建立企业的物质和社会的双重结构；指挥是使其人员发挥作用；协调是连接、联合、调和所有的活动和力量；控制是注意是否一切都按已制定的规章和下达的命令进行。可以看出，在法约尔眼里，管理既不是一种独有的特权，也不是企业经理或企业领导人的个人责任。它同其他基本职能一样，是一种分配于领导人与整个组织成员之间的职能。

法约尔认为，无论一个企业是大是小，是简单还是复杂，企业的全部活动可分为六项，即技术活动、商业活动、财务活动、安全活动、会计活动和管理活动。在这六项活动中，管理活动居于核心地位。技术活动是指企业的生产、创造和加工等工作；商业活动是指企业的购买、销售和交换等工作；财务活动是指企业筹集和最适当地利用资本的工作；安全活动是指保护企业财产和人员的工作；会计活动是指企业的财产清点、资产负债表、成本、统计等工作；管理活动包括企业的计划、组织、指挥、协调和控制活动。

通过对以上六项活动进行分析，法约尔发现对基层工人主要是要求其具有技术能力。随着组织层次中职位的提高，人员技术能力的重要性相对降低，而管理能力要求逐步提高，并且随着企业规模的增大，管理能力显得更加重要，而技术能力的重要性随之减少。因此，法约尔更重视一般性的管理工作和管理职能，即计划、组织、指挥、协调与控制。

（三）行为科学理论

行为科学学派认为，组织成员是社会人，组织中存在着非正式组织，组织应采用新型的领导理念。行为科学学派专注于对人的社会性的分析，主要有如下几个研究方向。

（1）关于人的需求、动机和激励问题的研究。在这方面突出的、有代表性的研究成果是马斯洛的人类需求层次理论、赫茨伯格的双因素理论、斯金纳的强化理论、弗鲁姆的期望理论。

（2）关于人性问题的研究。在这方面有代表性的理论是美国麻省理工学院教授道格拉斯·麦格雷戈提出的 X—Y 理论。

（3）关于组织中非正式组织和人与人的关系问题的研究。在这方面有代表性的理论主要是卢因的团体力学理论以及布雷德福等人创造的敏感性训练方法。

（4）关于组织中领导方式问题的研究。在这方面有代表性的理论是施米特的领导方式连续统一体理论、布莱克的管理方格法。

（四）近现代管理理论学派

（1）管理科学学派。管理科学学派又称数理学派，它是泰罗科学管理理论的继续和发展。管理科学学派正式作为一个管理学派，是在第二次世界大战以后形成的，这一学派的特点是利用有关数学工具，为企业寻求一个有效的数量解，着重于定量研究。管理科学学

派认为，管理是制定和运用数学模型及程序的系统，用数学符号和公式表示计划、组织、控制、决策等合乎逻辑的程序，求出最优的解答，以达到企业的目标。

（2）管理过程学派。管理过程学派又叫管理职能学派、经营管理学派。它的创始人之一是法约尔。管理过程学派的研究对象是管理过程和职能。这个学派试图通过对管理过程和管理职能进行分析，从理性上加以概括，把应用于管理实践的概念、原则、理论和方法糅合到一起，以形成一个管理学科。

（3）经验主义学派。经验主义学派又称为经理主义。这一学派主要从管理者的实际管理经验方面研究管理。他们认为成功的组织管理者的经验是最值得借鉴的。因此，他们重点分析许多组织管理人员的经验，并加以概括，找出他们成功经验中具有共性的东西，然后使其系统化、理论化，并据此向管理人员提供实际的建议。

（4）行为科学学派。行为科学学派是在人群关系理论的基础上发展起来的。行为科学学派认为管理是经由他人达到组织的目标，管理中最重要的因素是对人的管理，所以要研究人、尊重人、关心人，满足人的需要以调动人的积极性，并创造一种能使下级充分发挥力量的工作环境，在此基础上指导他们的工作。行为学派和人际关系学说的共同点是都重视组织中人的因素，但行为学派却是在人群关系理论的基础上发展和完善起来的。

（5）决策理论学派。决策理论学派是从社会系统学派发展而来的。决策理论学派认为管理的关键在于决策，因此，管理必须采用一套制定决策的科学方法，同时研究科学的决策方法以及合理的决策程序。

（6）系统管理学派。系统管理理论侧重于用系统的观念考察组织结构及管理的基本职能，它来源于一般系统理论和控制论。系统管理学派认为，组织是由人们建立起来的、相互联系并且共同工作的要素所构成的系统，这些要素被称为子系统。根据研究的需要，可以把子系统分类。系统的运行效果通过各个子系统相互作用的效果决定。它通过与周围环境的交互作用，并通过内部和外部的信息反馈，不断地进行自我调节，以适应自身发展的需要。

（7）权变理论学派。权变理论是一种较新的管理思想，是在20世纪70年代形成、发展的一种管理理论。权变理论认为，在组织管理中应根据组织所处的环境和内部条件的发展变化而随机应变，没有一成不变、普遍适用的最好的管理理论和方法。权变管理是依据环境自变数和管理思想及管理技术的因变数之间的函数关系而确定一种最有效的管理方式。

三、管理学学科2011年国内研究综述

通过对国内管理学文献搜集整理，2011年国内管理学主要研究了以下一些问题。

（一）人本管理

周红的《企业战略管理中人本策略模式选择》将知识经济时代为背景的人本管理理念运用到企业战略管理中，认为管理理论与实践的发展不是单一线条的，每一种管理理论的提出都源自于一个管理视角，但管理实践需要多角度的管理理论相结合并进行指导。本文构建了解决战略目标与战略行动协调、激励与利益协调、静态管理与动态管理协调的管理策略模式，给出了企业管理与时代背景相结合的范式。

李智礼在《基于人本管理视角的民营企业文化体系建设研究》中认为，人才竞争是企业间较高层次的竞争，归根结底又是人本管理的企业文化竞争，这一点对民营企业尤为重要。因此，针对民营企业的特点、条件，民营企业文化更应将人本管理作为核心，把人看作是一切事物的前提和最终目的；把人的价值实现和企业发展目标结合起来，最大限度地发挥人在提高生产效率作用上的主动性、创造性；把企业的发展战略、企业宗旨、企业价值观、企业精神等正确地传输到员工的思想意识中，并取得大多数员工的认同。

（二）价值管理

刘圻、王春芳在《企业价值管理模式研究述评》中对企业价值管理模式的相关研究进行了理论梳理，在探讨了企业价值管理的概念内涵和理论基础上，将企业价值管理模式划分为基于现金流的企业价值管理模式、基于利润的企业价值管理模式以及基于财务与非财务相结合的企业价值管理模式三种类型并对各模式加以评述。

吴应宇、丁胜红在《企业关系资本价值引擎及其价值管理研究》中选择 Miller 和 Frieden 的企业全生命周期与 D. Wheeler 和 M. Sillanpaa 的纳入性利益相关者忠诚关系改进理论，通过周期性交叉运作，建立了企业统一目标体系下各自目标的关系资本价值管理模式。该模式不仅尝试在理论上解决企业价值管理理论与实务“两张皮”的问题，而且构建了以平衡利益相关者为出发点的绩效评价体系。同时根据管理经济学需求估计和需求预测

理论，为评价资本市值管理模式以及绩效评价体系的可行性提供了验证工具。

（三）领导力

吴国庆在《企业领导力动态素质模型》中认为，企业领导力是企业综合实力的体现，在一些知名企业中已经逐步形成了企业领导力素质模型，并加以广泛应用。该文对一些典型企业领导力模型组成要素的初步分析，提出了企业领导力动态素质模型的概念，详细阐述了这一模型的构成，从动态视角论述了个性要素与要素权重在企业不同发展阶段、规模、管理层次、行业特征中的具体体现，使动态素质模型在企业应用中更具广泛性。

郭术兵、荣梅在《“内方外圆”领导力模型实证研究》中说明，企业领导力的高低直接关系到企业的生存和发展，根据领导力“洋葱模型理论”，结合中国人特有的“内方外圆”的处世原则，说明烟草企业领导力由成就、动机、道德品质、个性特质、思维能力、洞察能力、决策能力、执行力、创新能力、学习能力、沟通能力、管控能力、凝聚力、影响力 14 个要素构成。该文通过领导力各构成要素的相关性分析，构建了中国烟草企业“内方外圆”的领导力模型，对于提高企业领导力具有重要借鉴价值。

（四）企业文化

田晖的《中外合资企业企业文化冲突与绩效关系实证研究》中在界定企业文化冲突、关系资本和合资企业绩效及其测度指标的基础上，建立中外合资企业企业文化冲突、关系资本和绩效之间关系的理论模型，并提出相关研究假设，然后对 43 家中外合资企业中有经验的 278 名管理人员进行问卷调查，利用结构方程模型对数据进行信度和效度分析，并对中外合资企业文化冲突、关系资本与绩效之间的关系进行检验。在此基础上，利用二次回归分析法进一步考察关系资本对企业文化冲突的缓冲效应。结果表明，企业文化冲突与中外合资企业绩效负相关，而关系资本与中外合资企业绩效正相关，并能有效缓解合资企业文化冲突对绩效的负面影响。这些研究结果有助于揭示中外合资企业企业文化冲突与绩效之间的动态关系，为中外合资企业跨文化冲突管理提供有益启示。

马晓苗、李全喜、杨华的《优秀企业文化渗透水平对组织效能影响的实证研究》基于自组织理论，将企业文化的渗透机理概括为自组织环境构建、优秀企业文化涨落形成、文化间竞争协同的动力机制与企业文化系统的超循环演化——企业文化渗透四要素，以及四要素之间的协同耦合作用。该文在对系统协调内涵进行深入剖析的基础上，将实现企业文化成功渗透的核心概括为文化渗透四要素之间的协调机制。同时，以吉林省长春市推广丰田生产方式的汽车主机厂与零部件厂为研究对象，以企业文化渗透机理以及渗透模型为理论基础，围绕企业文化渗透水平对组织效能的影响作用展开了实证研究。实证研究结果显示，企业文化渗透水平对组织效能具有显著的促进作用，证实了企业文化渗透机理所具有的理论和现实意义，同时对企业文化建设提供了许多有价值的启示。

何森、汪毅在《企业文化测量的实证研究——对一股份制商业银行企业文化建设的调查与分析》中说明，企业文化作为一种文化资本在现代企业的发展中扮演着愈发重要的角色，也得到了企业管理层的高度重视。企业文化的建设以企业文化测量为基础，通过企业文化测量，能够准确把握已有的企业文化，并对企业文化的变革方向做出判断。该文立足于“丹尼森企业文化模型”，以一股份制商业银行为调查对象，根据其企业性质、预测度结果以及相关访谈，构建其企业文化的综合测评模型，并利用此量表对该银行的企业文化软实力进行评估。该文在总体情况以及分组统计两个层面对该企业的文化软实力进行分析，并提出加强改革创新能力和服务客户能力、提升核心文化的凝聚力和推动力等六项企业文化建议。

阳长征、周永生、李慧敏在《企业文化与核心竞争力关系研究》中通过结构模型分析了企业文化与企业核心竞争力之间的关系，揭示企业文化建设如何影响企业核心竞争力。现代企业之间的竞争主要是核心力的竞争，而核心力的竞争又主要体现在企业管理理念之间的竞争。企业文化作为一种培育先进管理理念的手段，越来越显示出其在企业发展过程中的巨大作用，它能给企业带来经济和社会双重效应。未来企业之间的竞争主要是文化力的竞争，一个没有先进文化的企业不能在激烈的市场竞争中脱颖而出，甚至不能生存。

（五）知识管理

朱秀梅、张妍、陈雪莹在《组织学习与新企业竞争优势关系——以知识管理为路径的实证研究》中阐述了知识获取、整合、创造等知识管理活动对新企业建立持续竞争优势所具有的重要作用，认为组织学习是知识管理过程的保障机制，并构建了组织学习、知识管理和新企业竞争优势的理论模型。该文对来自东北三省的 290 个新企业的调查问卷进行实证分析。研究结果表明，知识获取和知识整合对新企业竞争优势具有显著正影响，组织学习对知识获取、整合和创造均具有显著正影响，知识获取和知识整合正向影响知识创造，但知识创造对新企业竞争优势的影响未被支持。说明在强化知识获取和知识整合能力的同时，新企业亟须提高知识创造能力，并致力于打造学习型组织。

林勋亮的《组织学习、知识管理与企业创新关系实证研究》从理论上深入分析组织学习、知识管理及企业创新等变量之间的关系，构建出三者的关系模型，并对该模型进行实证检验。研究结果表明，组织学习和知识管理对企业创新都产生正向影响，知识管理在组织学习与企业创新之间发挥重要的中介作用，组织学习通过知识管理对企业创新发挥更大的促进作用。研究结果发展和丰富了组织学习和企业创新的相关理论，对于企业提升创新能力具有实践指导意义。

郑景丽在《企业实施知识管理的收益分析及绩效评价》中阐明，企业知识管理作为迎合知识经济的一种全新管理思想和模式，可以使企业在激烈的市场竞争中保持持久的竞争优势。本文基于对知识管理在企业应用中的收益所做的定性分析，建立了企业实施知识管理的绩效综合评价指标体系，并结合分阶段评价思想，建立了基于 AHP – Entropy 组合权重的云重心综合评价模型，对企业实施知识管理的全过程进行绩效综合评价，为知识管理在企业中的深入应用提供了一种改进的综合评价模型方法和定量分析依据。

李纲、王忠义在《企业隐性知识管理方法研究》中的研究表明，知识经济时代，知识尤其是隐性知识是企业核心竞争力的关键所在，因此，隐性知识管理对企业来说具有重要的意义。该文在对隐性知识基本理论进行深入分析的基础上，提出一种基于主题图的隐性知识管理方法，该方法以主题图作为知识组织和导航工具，综合隐性知识管理的编码化和人格化两种模式的优势，实现对不同类别的隐性知识分别进行有针对性的管理，以提高企业隐性知识管理水平。

（六）伦理管理

陈文军在《论企业战略管理中的伦理决策》中通过研究有关企业战略管理学说中主张“伦理因素只是作为战略管理中防止道德风险的外生变量”，以及认为“伦理信念是企业长期持续发展的内在动力”的两派观点，认为在企业战略决策中，伦理因素是外在约束和内在动力的统一，应该在企业战略管理的信念假设、决策选择、评估程序上，利用企业伦理中的宏观契约论逻辑层次和演绎性论证程序方法，建立企业战略规划伦理决策模型，把企业经营的伦理边界条件和内在道德驱动力明确纳入企业战略管理的整体进程，让企业在战略管理中确保伦理决策更加清晰化、流程化，避免企业决策的长期道德风险。

黄俊、陈扬、翟浩淼在《企业环境伦理对于可持续发展绩效的影响：主动性环境管理的前因和后果》中构建了关于主动性环境管理的前因与后果的系统模型。该文实证研究发现，企业环境伦理是影响企业实施主动性环境管理的主要前因，企业的可持续发展绩效则是企业主动性环境管理的主要后果，主动性环境管理对企业环境伦理与可持续发展绩效之间的关系具有显著的中介效应。最后，该文基于以上研究发现提出了相应的管理启示和研究方向。

（七）财务管理

李壮阔、周淑彬在《供应链伙伴关系、财务管理水平对企业绩效影响的实证研究》中，以广西壮族自治区制造企业为调查对象，对供应链伙伴关系、供应链财务管理水平与企业绩效之间的关系进行了研究。通过实证研究验证供应链伙伴关系与供应链财务管理水平对企业绩效的影响，从而为我国制造型企业实施供应链管理提供理论指导。

林新奇、蒋瑞在《高层管理团队特征与企业财务绩效关系的实证研究》中认为，高层管理团队是企业战略的制定者，他们的行为直接影响整个企业的前途和命运，而高层管理团队能否制定正确的战略，某种程度上取决于高层管理团队的特征。该文在前人研究的基础上，运用多元线性回归对我国 108 家房地产上市公司样本进行分析后得知：高层管理团队特征对企业财务绩效有影响，但影响不大；平均受教育水平与企业财务绩效之间正相关；任职经验异质性与企业财务绩效之间正相关；但平均年龄、年龄异质性、受教育水平异质性与企业财务绩效的关系没有得到支持。

任艳丽在《非正式契约影响企业会计政策选择的实证研究》中分析了我国非正式契约及其对上市公司会计政策选择的影响，发现企业会计政策的选择与企业所处地理位置显著相关，并且企业越偏离东部沿海地区，则越倾向于选择增加当期盈利的会计政策。

（八）创新管理

谢洪明、陈盈、程聪在《网络密度、知识流入对企业管理创新的影响》中通过对网络密度知识流入与管理创新的文献回顾，构建了网络密度知识流入与企业管理创新之间的理论模型，并以 3478 家申报广东省高新技术企业和民营科技型企业的企业为研究对象对模型进行了实证检验。结果表明，网络密度对管理创新具有显著的正向影响，知识流入在网络密度与管理创新之间起到完全中介作用。此外，该文还通过引入企业规模与研发投入两个控制变量对模型作了进一步验证。研究发现，对于大规模企业来说，知识流入对企业管理创新不会产生显著的正向影响；而从小规模企业来看，网络密度对知识流入也没有显著的正向影响作用，因此，为了有效提升企业管理创新绩效，企业应保持企业规模在合理的水平。

王晓辉、林琳的《中小企业管理创新关键因素研究》在理论梳理和听取专家建议的基础上，建立中小企业管理创新影响因素指标体系，借此对山东和辽宁等地 21 家中小企业展开问卷调查，并使用因子分析方法对所获样本数据进行分析研究，得出中小企业管理创

新关键要素包括创新战略和机制因素、学习型组织构建因素、全员参与和培训因素、管理创新文化因素、政策环境因素以及顾客关系管理因素六类。

耿昕、石金涛、陈梦婕、刘云在《团队创新气氛量表研究——基于长三角地区的实证分析》中表明，创新气氛测量工具的选择取决于创新气氛的研究层次，团队层面上创新气氛的测量工具为TCI（Team Climate Inventory）量表。通过对TCI量表相关研究的回顾，发现绝大多数国外研究支持TCI四因子模型和五因子模型。该文采用实证研究的方法对TCI量表进行修订，最终确定的量表包括目标认同、任务导向、创新支持、参与安全、团队互动共五个因子25个题目，该结论与国外TCI量表五因子模型基本一致。该文提出未来可自主开发适合中国企业文化的团队创新气氛量表和对团队创新气氛进行关系研究。

（九）核心竞争力

徐建中、冷单在《知识管理视角下企业核心竞争力的提升模式及战略选择研究》中表明，知识管理渗透在企业核心竞争力提升的每一个环节和过程中，贯穿于企业进行技术创新、产品创新等一系列活动的始终。核心竞争力提升的各个阶段都涉及知识管理的内容，包括知识准备、知识内化和外化、知识创新、知识孵化。本文概括了企业核心竞争力提升过程中的知识和知识管理内涵，分析了知识管理对企业核心竞争力提升的导向作用，构建了以知识管理为导向的企业核心竞争力的提升模式，最后给出提升企业核心竞争力的战略选择。

符亚男、李大鹏的《基于提升企业核心竞争力的管理创新策略研究》在分析管理创新与企业核心竞争力关系的基础上，分别从理念创新、制度创新、战略创新、文化创新等方面阐述了提升企业竞争力的管理创新策略，旨在为企业的可持续发展提供一些理论依据。管理创新可以始终保证企业以先人一步的速度抢占市场机会，在领先的基础上通过管理创新继续达到步步领先的局面。通过管理创新，培育和实施先进的企业文化，在企业内部建立健全各项企业管理制度，形成企业上至领导下到员工的共同利益和目标，从而实现企业内外部资源的有效配置，以提高生产效率，保证企业产品和服务的质量与竞争力。

（十）激励机制

余学斌、凌艳在《上市公司管理层股权激励与绩效关系实证研究》中主要通过因子分析法和回归分析法研究管理层股权激励对上市公司经营绩效的影响。通过分析发现，管理层股权激励与上市公司综合绩效存在正相关关系，但管理层持股比例对公司绩效的影响较微弱。管理层持股比例低的原因存在三种可能：一是管理层持股的确存在一定的激励效果，但这种效果也是很有限的；二是其对公司绩效的正面影响由于受到诸多外部变量的干扰而被冲淡，而这些干扰变量由于不为我们所知因而难以控制，进而对研究结果造成了影响；三是上市公司财务数据库提供的数据质量偏低，作假现象过于严重，使实证研究效果减弱。

宋增基、郭桂玺、张宗益在《公司经营者物质报酬政治激励与经营绩效》中选取中国国有上市公司为研究对象，重点研究国有上市公司对经营者激励与公司绩效的相关性，并研究经营者升迁的决定因素对公司绩效的敏感性。研究发现，在国有控股的企业中，董事长更多地关注政治激励，总经理更多地关心物质激励，当存在晋升机会时，政治激励、物质激励有一定的替代关系；年轻管理者对公司绩效的作用往往主观地被低估，任期、政治关联、学历同晋升机会、公司绩效显著正相关，这意味着，上级在对高级管理人员经营能力进行判断时，应剔除高级管理人员个人特性对公司绩效的影响。

杨淑玲在《高新技术企业的治理机制——高管薪酬与绩效实证》中建立一个委托代理模型以分析高新技术企业的治理机制，得到了三类代理人，即高级管理人员、高级技术人员和风险投资者的最优能力的赋予，委托人即企业所有者对他们进行激励的强度以及委托人的最优利益所得，并以我国高新技术企业的发展实践对理论分析进行了实证，为高新技术企业发展提供了政策含义。

四、管理学学科 2011 年国外研究综述

通过对国外管理学文献搜集整理，2011 年国内管理学主要研究了以下一些问题：

（一）价值管理

Srinath Parera、Carolyn Hayles、Stephen Kerlin 在“An analysis of value management in practice：the case of Northern Ireland's construction industry”中运用混合方法访谈北爱尔兰建筑业专家，并研究三个案例以探索北爱尔兰建筑业的价值管理方式，探究价值管理的原理和过程，同时评估价值管理在北爱尔兰建筑业的执行效率。该文总结了价值管理概述、程序和方法，通过三个案例的研究以探索价值管理在北爱尔兰建筑业的应用。结果表明，价值管理在北爱尔兰建筑业运用得广泛而高效。然而，研究发现价值管理过程普遍没有应

用于项目最合适的时间，也就是说，价值管理的效率有待进一步提高。价值管理过程的执行缺乏正式方法，普遍采用宽松而非正式的方式。

Paul Bowen、Keith Cattell、Ian Jay、Peter Edwards 在“Value management in the South African manufacturing industry：exploratory findings”中以发放网络问卷为基础，通过描述性统计来分析调查反馈数据，调查了价值管理在南非制造业的应用和延伸，探索工程师和设计师对于价值管理本质及运用方法的理解，进而得出制造业价值管理方式。研究结果表明，虽然南非制造业的设计师和建筑师对于价值管理有大概了解，但价值管理并没有得到广泛应用，他们普遍把价值管理看作节省成本的工具。如果南非制造业想要保持竞争力，必须消除这种误解以及对于价值管理知识的缺乏，该行业必须了解价值管理的方式和标准。

（二）创新管理

Christian Busse、Carl Marcus Wallenburg 在“Innovation management of logistics service providers：Foundations，review，and research agenda”中通过对以往文献的概念定义，为本文提供基础分析方法，为物流服务供应商的创新管理提供进一步的研究基础。本文概括了物流供应商创新管理的基本理论特征，将过去关于物流供应商创新管理的理论整合成一个框架，为未来的研究提供蓝本。物流服务供应商们可以将资深的创新管理概念与本文的科学方法相比较，并将理论概念与实际应用相结合。

Mehdi Darini 等在“Relationship between Employee's Innovation（Creativity）and time management”中研究了时间管理行为与创新意愿之间的关系。创新意愿包括创新自我评价和创新人格评估，论文采用 216 名志愿者调查问卷的数据，检验了两类创新行为组成的创新能力总和。结果表明，创新力与日常计划能力、长期规划、时间控制、韧性正相关，与无组织倾向负相关。研究的理论意义在于理解时间管理如何影响创造力。研究结果为未来的研究指明了方向。

（三）系统化管理

Maria Kapsali 在“Systems thinking in innovation project management”中调研了如何运用系统化项目管理以使得项目更加成功。作者基于 12 个创新项目的研究，发现系统化项目管理可以在制订计划、项目沟通和控制活动方面更加灵活，使得项目更加成功。论文还指出，系统化思考方式对于创新项目而言可以提高管理创新、复杂和不确定时间的灵活性，从而使得项目管理更加成功。该文为下一步研究提供如下建议——思考如何运用结论得出提高项目管理灵活性的方法。

（四）知识管理

Carolina López – Nicolás、Ángel L. Meroño – Cerdán 在“Trategic knowledge management, innovation and performance”中探索创新知识管理战略对公司绩效的影响，大部分公司不了解知识管理的作用。通过对 310 家西班牙公司结构化模型的实证研究，结果说明知识管理战略对于公司绩效既有直接影响又有间接影响。该结论还说明，知识管理战略对于不同角度的公司绩效衡量指标有不同的影响。论文结论可以帮助学者和经理人设计知识管理战略以提高公司的创新能力、经营效率和盈利能力。

Jing Xu 等在“Fostering continuous innovation in design with an integrated knowledge management approach”中指出，全球竞争的环境给每个公司带来了创新的压力，这种趋势让公司生产、提供更多知识密集型产品和服务。信息科技的高速发展增加了创新知识管理带来的利益，然而创新知识管理战略对于缺乏整合效率的公司而言是很难执行的。论文的研究目的是帮助管理层高效推行知识管理、整合战略。基于调查，论文开发了创新知识管理系统的模型，并展示了该模型在工业企业的应用，结果表明模型的实际应用具有很强的可行性。

（五）核心竞争力

Chich – Jen Shieh 在“Management innovation, corporation core competence and corporate culture”中调研了中国台资企业创新管理的结果。作者在昆山市分发了 800 多份针对台资企业的问卷，收到有效回复 260 份。论文调研了四类关系，分别是：管理创新与企业核心竞争力的关系；管理创新与企业文化的关系；企业核心竞争力和企业文化的关系；企业文化与对于管理创新和核心竞争力关系的影响程度。论文最后对结果进行了讨论。

（六）风险管理

Maria 和 Adina 在“Considerations on Integrating Risk and Quality Management”中探索风险管理和质量管理的关系，并研究二者整合的可能性。论文首先回顾了企业风险管理的最新进展，表明质量管理中必须包含风险管理以提高企业风险管理的水平。以这个想法为基

础，作者陈述了质量管理中风险管理的现状、基本原理以及二者整合过程中可能遇到的问题。

Hamid Tohidi 在“The role of risk management in IT systems of organizations”中表明，信息以及其他影响生产力的要素成为企业高附加值的组成部分。随着科技的发展，企业意识到了信息技术在提高产品质量和处理事务准确性中发挥的巨大作用，并考虑将信息技术用于提高公司运行效率和客户满意度方面。企业在运用信息技术时，信息安全是公司必须管控的风险。高效风险管理是信息技术公司安全防护的重要组成部分。本文首先阐释了风险管理的重要性，提供了识别、评估和减小系统风险，实现有效风险管理的框架。同时为企业风险管理的主要执行者介绍多种有益的安全控制措施，并提供了信息系统风险管理的方法。

（七）供应链管理

Rao Tummala、Tobias Schoenherr 在“Assessing and managing risks using the Supply Chain Risk Management Process”中根据 Tummala 提出的风险管理过程，开发了供应链风险评估和管理的实用方法，控制了供应链管理风险。供应链管理可用风险管理系统来有效控制风险。这一风险管理系统的运行分为风险识别、风险测量、风险评估、风险转移等过程。风险管控是通过数据处理系统实现的，本文为实现风险管控过程提供了特殊工具。论文提到的框架可以为公司风险管理指引方向，为经理决策提供结构化建议。

（八）文化管理

Adebayo Agbejule 在“Organizational culture and performance：the role of management accounting system”中检验互动性和诊断性两种管理会计系统的应用以及组织文化对于绩效的影响。该文利用调查表搜集数据，147 名高级经理做出回复支持了本文研究模型，说明不同的组织文化需要两种管理会计系统不同的结合方式，以增强公司绩效。价值灵活的公司需要高互动性和低诊断性的管理会计系统。然而，对于价值可控的公司，用高互动性和高诊断性的会计系统对公司绩效有着积极影响。研究结果表明，经理在决定运用特定的管理会计系统之前，需要了解公司的主要价值，从而通过同时运用互动性和诊断性的会计系统以增强组织绩效。

Hai Nam Nguyen、Sherif Mohamed 在“Leadership behaviors，organizational culture and knowledge management practices”中探究领导行为与知识管理实践之间的关系。具体说，是

检验澳大利亚中小型公司变革型和保守型领导行为对知识管理的影响，以及组织文化对于二者关系的调节作用。研究结果表明，变革型和保守型领导行为对知识管理有着积极作用，也说明魅力型领导和激励型领导行为对于知识管理有更大限度的影响。研究提供了有力证据，支持组织文化对领导行为影响知识管理起到的调节作用。

（九）领导力管理

M. Birasnav 等在“Transformational leadership and human capital benefits”中阐述，为开发人力资本，保持持续竞争优势，公司不仅应实行人力资源管理，还应重点培养变革型领导，执行知识管理。论文研究目的是开发领导力和知识管理模型，以检验变革型领导、知识管理和人力资本收益之间的关系。论文进行了系统化文献综述，探究传统和当代理论以及实证研究以支持变革型领导、知识管理和人力资本收益之间的关系。该文用模型整合了变革型领导、知识管理和人力资本收益之间的关系。研究结果表明，变革型领导影响员工对于人力资本收益的理解。他们有很大潜力通过参与知识管理过程，建立公司文化，鼓励员工沟通以增加公司收益。

Janelle E. Wells、Jon Welty Peachey 在“Turnover intentions：Do leadership behaviors and satisfaction with the leader matter”中调研领导行为（变革或保守）与对领导满意度以及自愿离职率的关系，重点研究领导满意度影响领导行为与离职率关系的中介效应。论文选取美国 208 位全国大学体育协会（NCAA）垒球和排球助理教练作为参与者，用多因素领导行为问卷和组织离职率问卷，参与者分析了他们主教练的领导行为、对教练的满意度以及他们自己团队的离职率。研究结果表明，领导行为与团队离职率负相关，领导的满意度对于领导行为与离职率的负相关关系有着中介作用。

（十）团队绩效管理

P. Iles 在“Distributed leadership，knowledge and information management and team performance in Chinese and Western groups”中研究了大量关于领导力分布和信息处理的文献，并将文献应用于中国和西方团队的决策。很多研究开始研究领导力分布而非单独的领导力对组织绩效的影响，但领导力分布并不总是与高绩效有关。领导力需要协调而不是随意安排或者单打独斗，而且领导力在完成需要相互依赖的工作时会更有效。领导力分布并不总与组内信息处理相关，但领导力可以推进信息管理，领导力分布与高效的信息交换及整合相关。很多研究议题的目的都是将领导力分布应用于提高组织决策能力上，尤其是中国和

西方组织的领导力对于提高信息交换和信息整合的作用。本文展示了一系列影响领导力分布效果的因素以及它们在中国和西方公司的不同点，同时提出一系列关于领导力分布的分析，并用原创的方式将领导力分布与信息处理方面的文献相结合。

Abraham Carmeli 在 "How CEO empowering leadership shapes top management team processes: Implications for firm performance" 中研究了首席执行官如何通过运用领导力来整合高级管理团队的效能，从而增强公司绩效。论文以 82 个公司高管团队为样本，提出结构化方程模型支持中介模型。结果表明该模型中首席执行官领导力对于高管团队的整合有正向影响，从而加强高管团队的效能和公司绩效。当高管团队成员感知到环境具有高不确定性时，高管团队的效能对公司绩效的影响更大。

五、管理学理论研究不足与展望

我国的管理学研究几十年间探索了国外管理学界百余年的发展成果。管理学的发展过程主要分为三个过程：引进西方管理理论与方法、继承我国文化传统、总结企业实践经验。从管理学发展历史来看，我国管理学界虽然有一些学者根据我国实际情况开展管理学独立研究，拓展了很多原创性成果，但居于主导地位的研究仍是学习并引进西方经典及前沿管理理论和研究方法。国内领先商学院过分强调管理学的"与世界接轨"，高度重视在国际学术会议、国外顶级学术期刊的研究成果，导致国内大批学者转变管理学的研究方法，广泛应用在西方管理学界居主导地位的实证研究方法。大量学术论文采用结构方程式、线性回归等实证研究方法，国内管理类学术期刊也更倾向于发表运用实证研究方法的论文。这使我国管理学研究出现如下倾向：①管理学研究开始被明确划分为纯学术研究和应用研究。越来越多的学者强调，管理理论的基础研究和应用基础研究才是真正意义上的管理学研究，以经理人员为目标读者群、以解决实际管理问题为目标的研究不被归入学术研究之列。②能运用规范的实证研究方法并发表在国外顶级学术期刊的学术论文被赋予更高的学术价值。

实证研究方法在过去 20 多年间发展成为西方管理学研究最重要的方法，说明此方法在推动管理学发展中发挥了重要作用。实证研究方法的引入推动了我国管理学研究的科学化和规范化，加快了我国管理学研究步入国际主流学术圈的步伐，促进了我国在管理学多个领域的深化研究。然而对实证研究方法的过度推崇也给国内带来了诸多困惑，比如一些研究成果中出现了重形式轻内容，盲目套用实证研究方法，简单重复他人已做过的研究，缺少思想创新，缺乏实践指导价值，等等。对我国管理学界而言，未来更为重要的是在引进的基础上创新，既包括理论创新，也包括研究方法和科研管理体制的创新。不应过分强调实证研究方法的重要性，片面强调在北美顶级学术期刊发表论文的做法。学者们也开始反思这一现象，不少学者探索以其他方法推动管理学研究。

近年来，定性研究中的案例研究方法得到了普遍肯定，大批学者尝试学习和引入规范的案例研究方法，并将其与我国传统的实践归纳法相结合。例如，一些国内学术期刊坚持录用高质量的案例研究论文，国家自然科学基金会管理学部也鼓励使用规范的案例研究方法。此外，概念思辨、演绎推理、田野观察等方法也在加以应用。

我国管理学界的研究广泛涉猎管理学各个领域。其中，既有以我国企业实践案例或统计数据验证国外已有理论的成果，也有对国外已有理论进行完善和修正的成果，有围绕我国乃至全球企业实践提出新的管理理论并进行验证的成果，也有结合管理实践将我国传统文化发扬光大的成果。越来越多的管理学研究成果发表于国外顶级学术期刊，国内学术期刊的论文质量也在稳步提高，还有越来越多的国内学者在重要的国际学术会议上介绍自己的研究成果。

第一，要有研究中国实际问题的切实行动。问题意识是学科生存、发展及具有生命力的关键。作为中国管理学术的研究者与实践者，最迫切的任务不一定是首先与“国际接轨”，而应该是提倡真正的科学精神，在更加全面地、辩证地吸收西方管理学研究成果的同时，深入实际，发掘中国企业家与管理者在管理实践活动中的首创经验，关注中国本土管理现象的探索与分析，为中国企业的实践发展提供知识支持与服务。为此，我们要重塑中国管理学界的使命，不遗余力地强调“解释中国现象，解决中国问题”，而不能仅止于坐而论道与“呼吁”，而应该采取必要的、切实的行动，直面实践，走进田野，不如此，还谈何“立地”与“顶天”？因此，行动的逻辑必是“管理学在中国”研究的根本方向。

第二，进一步营造宽松自由的学术环境。宽松自由的学术环境是所有研究者的渴望。其中具有基础性意义的举措是变革与优化学术评价和考核机制，这是一个很敏感的、涉及多方利益的问题，也是中国管理学研究健康发展的一个关键问题。此外，创建更加开放的学术平台也是一个关键问题。

第三，鼓励适合于原创性知识形成的研究方法。在中国管理现象研究中，必须大力鼓励那些具有原创性的、质朴性的、挑战性的、质疑性的发现，而这需要解除学术研究路径与方法中的自我禁锢。适当使用那些相当精细的研究方法或工具固无不可，但是要知道再精细的研究方法本身也不太可能产生高质量的学术研究成果。所以，我国管理学的研究应不拘一格地鼓励采用那些适合于原创性知识形成的研究方法，如田野研究、扎根研究以及现象学与文化心理学的方法。在这样的理论研究初始阶段重在框架搭建与问题发现，之后才能逐步深入到可以精细操作的实证研究中。

第四，加强管理学研究的国际交流。在津津乐道于“中国特色”的同时，我们似乎也看到，有些“特色”恰恰是管理中最令人头痛的问题。所以，我国的管理学研究不应该为了体现“区别”而研究，也不能为了显示与众不同而夸大管理的差异。在越来越快和越来越多的文化交流与融合中，中西方文化因为相互学习而一步步地趋同。因此，今后要更加充分重视国际学术交流，中国的管理学研究者不仅应了解世界管理学的新进展，也应使世界了解中国的管理学研究。为此，我国管理学的研究应十分重视国际学术的合作与对话，使中国的管理学研究走向世界，推动和促进全人类共享管理学研究成果，为人类社会的发展做出无愧于历史的贡献。

第二章　管理学学科 2011 年期刊论文精选

第一节

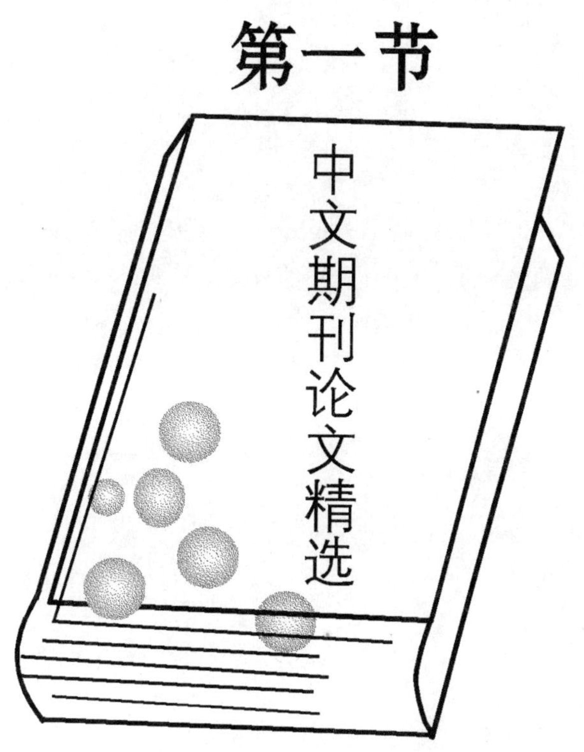

高层管理团队特征与企业财务绩效关系的实证研究[①]

林新奇　蒋　瑞

【摘要】高层管理团队是企业战略的制定者，他们的行为直接影响整个企业的前途和命运，而高层管理团队能否制定正确的战略，某种程度上取决于高层管理团队特征。本文在前人研究的基础上，运用多元线性回归对我国108家房地产上市公司样本进行分析后可知，高层管理团队特征对企业财务绩效有影响，但影响不大；平均受教育水平与企业财务绩效之间正相关；任职经验异质性与企业财务绩效之间正相关；平均年龄、年龄异质性、受教育水平异质性与企业财务绩效的关系没有得到支持。

【关键词】房地产上市公司；高层管理团队特征；财务绩效

Hambrick 和 Mason 于 1984 年提出了高层梯队理论，其基本观点为，组织的战略选择和绩效水平可以部分地由组织高层管理团队特征来预测。该理论的提出在战略管理学界引起了研究高层管理团队人口统计学特征的热潮。针对 Hambrick 和 Mason 的高层梯队理论，学者们研究了内外环境对高层管理团队特征的影响，高层管理团队特征对战略变化、创新、团队人员更新、组织绩效的影响。其中，高层管理团队对组织绩效的影响是研究的重点，不过学者们对这个问题的研究结果不是很理想，他们将此归因于 Hambrick 和 Mason 所提出的大样本研究方法不恰当，以及没有精确地衡量自变量和因变量。本文希望克服以上两个导致研究结果不理想的因素，以对高层管理团队特征与企业绩效之间关系进行深入研究。已有研究大多基于美国的国情，魏立群和王智慧在 2002 年研究了我国上市公司高管特征与企业绩效的关系。本文在此研究基础上展开并有所发展，希望发现中国国情与美国国情下的研究结果的不同之处。本文具有一定的现实意义：对于负责战略制定的企业高层管理人员来说，了解竞争对手的高层管理团队特征并据此对企业的战略变化进行预测，有助于企业积极应对市场竞争；对于负责聘用、选拔企业高层管理人员的董事会或 CEO 来说，了解对企业绩效有促进作用的高层管理团队特征，有助于他们选拔合适的高层管理人员。

① 《浙江大学学报》（人文社会科学版），2011 年第 5 期。

一、文献综述和基本假设

（一）高层管理团队特征

高层管理团队是企业的最高管理者，对战略变化、创新、团队人员更新等整个企业的活动都有影响。国内外很多学者的研究表明，高层管理团队特征对组织绩效的影响体现在两个方面：一方面，高层管理团队特征的平均值影响组织绩效，团队人口特征变量平均值反映了高管团队某些人口特征变量的平均水平，如果年龄、受教育水平等人口特征变量均值较高的话，有可能表明团队在理论和经验上具有较高的水平，从而影响企业战略和企业绩效；另一方面，高层管理团队特征的异质性影响组织绩效，团队特征的异质性是指团队成员某些人口特征的变异程度，变异程度越高，越存在显著的相关关系。我们有理由相信高层管理团队特征对企业的财务绩效有一定影响，所以本文假设：

H1：我国房地产上市公司高层管理团队特征影响企业的财务绩效。

（二）平均年龄

管理人员的年龄会影响其进行创新、改变现状、调整战略的意愿。研究表明，随着年龄的增长，人的灵活性逐步下降，同时更为刻板，对变化的抵制感也越来越强烈。一方面，随着年龄的增长，管理人员的生理和心理机能都开始下降，他们对于新理念和新行为的学习存在困难；另一方面，年龄的增长，管理人员承担风险的意愿也不断降低。但是年长的高层管理者往往具有广泛的社会关系网络和丰富的经验资源，前者可以帮助企业与外部环境（政府机关、供应商、客户、合作者、媒体等）建立和保持良好的关系，获得更多的资源，促进企业经营管理活动的顺利开展；后者可以帮助高层管理者高效、高质量地解决管理中遇到的问题，提高企业的经营绩效。我国目前处于计划经济向社会主义市场经济转型时期，市场经济体制还不成熟，高层管理者的社会关系网络和经验资源显得尤其重要。虽然年长高层管理者在经营管理中的应变能力不如年轻高层管理者，但我们相信，年长高层管理者广泛的社会关系网络和丰富的经验资源总体上可以为经济转型时期带来更高的企业绩效，因此我们假设：

H2：我国房地产上市公司高层管理团队平均年龄与企业财务绩效之间呈正相关关系。

（三）平均受教育水平

在市场经济建设初期，体制严重不健全，高层管理团队的平均受教育水平对企业财务绩效没有显著影响，甚至受教育水平高的团队绩效不如受教育水平低的团队，但在如今市场经济体制初具规模并不断完善、市场竞争日益激烈的知识经济时代，知识以及运用知识的能力显得越来越重要。高层管理者受教育水平的提高有利于企业提高管理水平、研发水平、生产水平，有利于企业不断获取市场信息进行战略调整，提高企业绩效水平。所以我们假设：

H3：我国房地产上市公司高层管理团队平均受教育水平与企业财务绩效之间呈正相关关系。

（四）高层管理团队异质性

从不同角度得出的研究结果均表明，高层管理团队异质性与团队的和谐程度及非正式沟通水平可能同时导致对某个决策的理解不一致，降低高层管理团队决策过程中产生统一假设前提的可能性，引发高层管理团队成员的自我防卫意识和行为，并导致相互不信任、冲突乃至敌意。因此，高层管理团队的异质性会使高层管理团队的运作及与工作任务相关的运作过程变得更加复杂和困难，从而降低高层管理团队的行为整合水平和企业绩效。Pfeffer 建立的组织人口特征模型指出，高管人口特征差距会影响团队成员的社会化过程，并最终影响团队的稳定性与组织绩效。张平通过对高管团队异质性与同质性的比较分析，发现同质性的高管团队有效决策速度快，能满足动态竞争。因此我们假设：

H4a：我国房地产上市公司高层管理团队的年龄异质性与企业财务绩效之间呈负相关关系。

H4b：我国房地产上市公司高层管理团队的受教育水平异质性与企业财务绩效之间呈负相关关系。

H4c：我国房地产上市公司高层管理团队的任职经验异质性与企业财务绩效之间呈负相关关系。

二、样本、数据来源和变量选取

（一）样本、数据来源

本文选取2009年房地产上市公司为样本，剔除ST公司和数据缺失的公司后，共获得108个有效样本。数据主要来源于国泰君安信息技术有限公司的数据库，对于不足的数据通过查看公司报表、新浪财经网站和搜索引擎来补足，并赋予有效数值。

（二）变量选取

1. 因变量

本文选取了息税前利润（EBIT）、净资产收益率（ROE）、资产净利率（ROAI）作为企业财务绩效的三个指标，其中息税前利润以自然对数形式ln（EBIT）进入数据分析。选择这三个指标的原因是息税前利润可以反映企业的市场潜力，净资产收益率显示了上市公司的财务质量、运营效率和收益状况，即息税前利润反映了企业绩效的数量，资产净利率则反映了企业绩效的质量。

2. 自变量

（1）平均年龄。高层管理团队的平均年龄用各位成员年龄的平均数表示。本文参考陈晓红、张泽京和曾江洪的方法，将公司高层管理界定为公司中的董事长、董事（不包括独立董事）、总经理、副总经理、财务总监、董事会秘书等高级管理人。这些高层管理团队成员会对公司的运营效率和效果产生重大影响。这主要是为了与学界对高层团队的研究界定保持一致。

（2）平均受教育水平。本文把受教育水平分为以下几个层次：中专及以下、大专、本科、硕士、博士、其他，并分别给它们附值16分。平均受教育水平用各位成员受教育水平的平均数表示。

（3）异质性。对于高层管理团队异质性，本文使用Herfindahl指数来表示，计算公式

为：H＝1－2 值介于 0 和 1 之间，其值越大，说明团队异质性程度越高。高层管理团队成员的年龄被分为五个阶段：30 岁及以下、31～40 岁、41～50 岁、51～60 岁、60 岁以上。根据以上对受教育水平的划分，高层管理团队成员的受教育水平分为六个层次。根据我国上市公司的实际情况，本文将主要职业经验通过高层管理团队成员曾任职过的企业总数来测量。

3. 控制变量

（1）公司规模（Firmsize）。公司规模的大小会影响公司的财务绩效，本文用公司 2009 年初的总资产表示公司规模。

（2）所有制（Ownership）。本文将第一大股东为国家的企业定义为国有企业，其他为非国有企业，取 1 时表示国有企业，取 0 时表示非国有企业。

（3）企业区域（Area）。本文将样本企业所在地分为发达地区和不发达地区两部分，分别赋值为 1 和 0。发达地区是指企业注册地址为北京、天津、上海、浙江、江苏、山东、福建、广东等省区，其余地区视为不发达地区。

（4）财务杠杆（Leverage）。以企业 2008 年底资产负债率表示。

（三）描述性统计

自变量和因变量的描述性统计如表 1 所示。

表 1　自变量和因变量描述性统计

变量	观察值	最小值	最大值	均值	标准差
平均年龄	108	38	54	46.6	3.49
平均受教育水平	108	2	4.2	3.4	0.43
年龄异质性	108	0	0.77	0.50	0.16
受教育水平异质性	108	0	0.72	0.48	0.16
任职经验异质性	108	0	0.89	0.56	0.19
EBIT	108	15.361	22.944	19.293	1.486
ROE	108	0.001	0.848	0.129	0.119
BOAI	108	-0.002	0.358	0.087	0.046

从表 1 可知，房地产上市公司中高层管理团队平均年龄最小的只有 38 岁，最大的达到 54 岁，所有公司平均 46.6 岁，标准差不大；平均受教育水平最低的只有大专，最高的

达到硕士以上，所有公司平均达到本科以上水平，标准差不大；三个高层管理团队异质性指标最小值都是0，即没有什么不同，最大值都达到0.7以上，即异质性比较高，三个指标的均值都处于中间值，标准差不大。企业财务绩效三个指标中，息税前利润的最大值和最小值相差不大，平均值也比较高，标准差比较小，说明离散程度比较低；净资产收益率和资产净利率的最小值都比较小，与最大值相差比较大，平均值也不是很高，标准差比较大，离散程度比较高。

三、实证研究

（一）相关系数分析

因变量和自变量的Pearson相关系数如表2所示。

表2 因变量和自变量的Pearson相关系数（N=108）

变量	1	2	3	4	5	6	7	8
平均年龄	1							
平均受教育水平	0.035	1						
年龄异质性	0.007	-0.361***	1					
受教育水平异质性	-0.211**	-0.216**	0.359***	1				
任职经验异质性	-0.053	0.048	0.082	0.085	1			
EBIT	0.141	0.230**	-0.057	-0.074	0.042**	1		
ROE	-0.074	-0.074*	0.121	0.082	0.060*	0.391***	1	
ROAI	-0.205**	0.057**	0.043	0.023	0.098**	0.297***	0.458***	1

注：*** 表示在1%水平上显著，** 表示在5%水平上显著，* 表示在10%水平上显著。

从表2可知，企业财务绩效三个指标相关性比较大，三个指标都在1%水平上显著正相关，这三个指标相互影响，说明本文选择的三个财务绩效指标比较合理。高层管理团队特征五个指标中，年龄异质性和平均受教育水平在1%水平上显著负相关，即年龄异质性程度越高，平均受教育水平越低；受教育水平异质性与平均年龄和平均受教育水平均在5%水平上负相关，即受教育水平异质性程度越高，平均年龄和平均受教育水平越低；受

教育水平异质性与年龄异质性在1%水平上显著正相关，即受教育水平异质性程度越高，年龄异质性程度越高。财务绩效指标与高层管理团队特征五个指标关系中，息税前利润与平均受教育水平和任职经验异质性均在5%水平上正相关；净资产收益率与平均受教育水平在10%水平上负相关，与任职经验异质性在10%水平上正相关；资产净利率与平均年龄在5%水平上负相关，与平均受教育水平、任职经验异质性在5%水平上正相关。

（二）多元线性回归分析

在进行多元线性回归分析时，本文将企业财务绩效三个指标分别作为因变量和自变量两个步骤进入回归方程，首先用控制变量与因变量进行回归，然后加入自变量进行回归，具体回归结果如表3所示。

表3　多元线性回归结果

变量	息税前利润		净资产收益率		资产净利率	
	模型1	模型2	模型3	模型4	模型5	模型6
常数项	-3.601	-3.656	-0.133	-0.133	0.125	0.177
所有制	-0.022	-0.019	0.041	0.042	-0.104	-0.082
企业区域	-0.014	-0.019	0.125*	0.153*	-0.017	-0.019
企业规模	0.885***	0.900***	0.103	0.118	-0.098	-0.104
财务杠杆	0.121***	0.112**	0.480***	0.465***	0.411***	0.407***
平均年龄		0.007		-0.061		-0.139
平均受教育水平		0.047*		0.007		0.074*
年龄异质性		-0.046		0.084*		0.045
受教育水平异质性		0.020		0.066		-0.046
任职经验异质性		0.052*		0.009		0.065*
F检验	97.014	42.220	9.563	4.449	5.981	3.013
R^2	0.790	0.815	0.271	0.290	0.188	0.217
调整后的R^2	0.782	0.803	0.242	0.261	0.157	0.165

注：表中所列为标准化的回归系数，***表示在1%水平上显著，**表示在5%水平上显著，*表示在10%水平上显著。

从表3可知，上述模型都通过了F检验，说明模型整体显著水平较高。模型中每加入一定的变量，对因变量的解释力基本上会得到提高，高层管理团队特征在模型中对因变量的解释能力分别为0.021、0.019、0.008。一方面，说明高层管理团队特征对企业财务绩效有一定影响，所以假设 H1 成立；另一方面，也说明我国房地产上市公司高层管理团队特征对企业财务绩效的影响程度还比较低。高层管理团队特征中的平均年龄与企业财务绩效的三个指标的回归系数都没有通过显著性检验，所以假设 H2 没有得到支持。而平均受教育水平与企业财务绩效中的息税前利润和资产净利率的回归系数都在 10% 水平上显著，且回归系数为正，所以假设 H3 总体上成立。年龄异质性只与财务绩效净资产收益率在 10% 水平上显著正相关，与其他两个财务绩效的回归系数都不显著，所以总体上假设 H4a 没有得到支持。受教育水平异质性与财务绩效三个指标的回归系数都没有通过显著性检验，所以假设 H4b 没有得到支持；任职经验异质性与息税前利润和资产净利率的回归系数在 10% 水平上显著，且回归系数为正，所以总体上假设 H4c 得到反向验证。

从控制变量与企业财务绩效的回归中我们不难发现：控制变量对企业财务绩效的影响比较大，尤其是企业规模和财务杠杆，财务杠杆与企业财务绩效中的指标回归系数大都在 1% 水平上显著，且回归系数最高达到 0.48，企业规模与息税前利润的回归系数在 1% 水平上显著，回归系数达到 0.9，这两个变量对企业财务绩效的解释程度占所有变量解释程度的大部分。

四、结论和展望

综上所述，我国房地产上市公司高层管理团队特征对企业财务绩效有一定影响，但影响不是很大。一方面，因为我国正处于经济转型时期，市场经济还不完善，企业绩效的高低受很多不确定因素的影响，高层管理团队不能真正发挥作用，企业财务绩效受到制约；另一方面，由于本文选择的房地产上市公司属于资本密集型行业，土地使用权的购买和房屋的建筑销售都需要大量资金，所以企业规模和企业财务杠杆在企业财务绩效中起主要作用，而高层管理团队特征的影响相对较小。

我国房地产上市公司高层管理团队平均受教育水平与企业财务绩效正相关。高层管理团队平均受教育水平的提高有利于企业做出高质量的决策，加强和改善企业管理水平，适应更复杂的市场环境，这也是时代对我国企业高层管理人员的新要求。

我国房地产上市公司高层管理团队的任职经验异质性与企业财务绩效正相关。通过分析这 108 个房地产上市公司样本，我们发现很多高层管理团队成员在现任单位之前有过其他单位的工作经验，尤其是其他房地产公司的工作经验，这对他们积累经验和人脉都有很大帮助，而且还可以为企业带来新鲜的“血液”。

在我国房地产上市公司高层管理团队特征中，平均年龄与企业财务绩效之间并非正相关关系，这是因为我国市场经济日益完善，政府对企业的影响作用在下降，年长高层管理者利用与政府关系来帮助企业发展的作用也在下降。高层管理团队的年龄异质性与企业财务绩效之间并非负相关，因为高层管理团队年龄分散在各个年龄段，结合了年轻人能创新和年长高管能提供更多社会资源两方面优点。高层管理团队的受教育水平异质性与企业财务绩效之间并非负相关关系，因为如果受教育水平同质处于高水平，可能有利于提高企业绩效，但处于低水平则可能并非如此了。

综上所述，本研究的主要意义和贡献在于：①在综合各学者研究成果的基础上，将高层管理团队特征分为五个较为容易测量的变量；②选取了房地产行业上市公司作为研究样本，弥补了该行业高层管理团队特征与企业绩效关系实证研究的不足；③根据实证研究发现，房地产行业高层管理团队特征与企业财务绩效并非总是呈现正相关关系，这为今后的研究提供了一定依据。

由于受研究过程中一些客观条件的限制，本文还存在以下不足之处：①高层管理团队的定义和范围是一个有争议的问题，本文选择的是一个普遍的定义；②本文的样本数据仅取一年的年报，为短期数据，故无法从长期考察高层管理团队特征对企业绩效的影响，忽略了高层管理团队特征的滞后性影响，因此，基于时间序列的实证研究将更有意义；③本文对各个研究变量指标的选取借鉴了很多学者的验证成果，所以会存在一些不可避免的主观因素。如何构建更客观、更细化的指标体系，规避对高层管理团队特征研究的负面作用，也是以后的研究方向之一。

参考文献

[1] D. C. Hambrick & P. A. Mason, Upper Echelons: The Organization as a Reflection of Its Top Managers [J]. Academy of Management Review, 1984, 9 (3): 193 – 207.

[2] D. Knight, C. L. Pearce & K. G. Smith, et al., Top Management Team Diversity, Group Process, and Strategic Consensus [J]. Strategic Management Journal, 1999, 20 (5): 445 – 465.

[3] M. A. Carpenter, M. A. Geletkany & W. G. Sanders, Upper Echelons Research Revisited: Antecedents, Elements, and Consequences of Top Management Team Composition [J]. Journal of Management, 2004, 30 (6): 749 – 778.

[4] H. A. Krishnan & D. Park, Effects of Top Management Team Change on Performance in Downsized US Companies [J]. Management International Review, 1998, 38 (4): 303 – 319.

[5] I. Goll, R. Sambhar & L. Tucci, Top Management Team Composition Corporate Ideolo-

gy and Firm Performance [J]. Management International Review, 2001, 41 (2): 109 –129.

[6] K. A. Bantel & S. Jackson, Top Management and Innovations in Banking : Does the Composition of the Top Team Make a Difference [J]. Strategic Management Journal, 1989, 10 (4): 107 –124.

[7] R. B. Sambhary a, Foreign Experience of Top Management Teams and International Diversification Strategies of US Multinational Companies [J]. Strategic Management Journal, 1996, 17 (9): 739 –746.

[8] T. K. Lant, F. J. Milliken & B. Batra. The Role of Managerial Learning and Interpretation Strategic Persistence and Reorientation: An Empirical Exploration [J]. Strategic Management Journal, 1992, 13 (8): 585 –608.

[9] D. C. Hambrick, T. S. Cho & M. J. Chen. The Influence of Top Management Team Heterogeneous Firms Competitive Moves [J]. Administrative Science Quarterly, 1996, 41 (4): 659 –684.

[10] L. Keck & M. L. Tushman, Environmental and Organizational Context and Executive Team [J]. Academy of Management Journal, 1993, 36 (6): 114 –133.

[11] M. F. Wiersema & K. A. Bantel, Top Management Tam Demography and Corporate Strategic Change [J]. Academy of Management Journal, 1992, 35 (8): 91 –121.

[12] A. C. A mason & H. J. Sapienza. The Effects of Top Management Team Size and Interaction Normson Cognitive and Affective Conflict [J]. Journal of Management, 1997, 23 (4): 495 –516.

[13] J. Pfeffer, Organizational Demography [J]. Research in Organizational Behavior, 1983, 5 (2): 299 –357.

[14] 江岩，张体勤．高层管理团队特征与组织创新研究述评 [J]. 山东社会科学，2008 (2).

[15] 魏立群，王智慧．我国上市公司高管特征与企业绩效的实证研究 [J]. 南开管理评论，2002 (4).

[16] 张文松．战略和能力的耦合：企业战略能力研究 [J]. 中国软科学，2005 (7).

[17] 陈伟民．高管层团队人口特征与公司业绩关系的实证研究 [J]. 南京邮电大学学报（社会科学版），2007 (1).

[18] 孙海法，姚振华，严茂胜．高管团队人口统计特征对纺织和信息技术公司经营绩效的影响 [J]. 南开管理评论，2006 (6).

[19] 张慧，安同良．中国上市公司董事会学历分布与公司绩效的实证分析［J］．经济科学，2005（5）．

[20] 刘树林，唐均．差异性、相似性和受教育背景对高层管理团队影响的国外研究综述［J］．管理工程学报，2004（2）．

[21] 张平．高层管理团队异质性与企业绩效关系研究［J］．管理评论，2006（5）．

[22] 陈晓红，张泽京，曾江洪．中国中小上市公司高管素质与公司成长性的实证研究［J］．管理现代化，2006（3）．

公司经营者物质报酬、政治激励与经营绩效①

宋增基　郭桂玺　张宗益

【摘要】本文选取中国国有上市公司为研究对象，重点研究国有上市公司经营者激励与公司绩效的相关性，并研究经营者升迁的决定因素对公司绩效的敏感性。研究发现在国有控股的企业中，董事长更多地关注政治激励，总经理更多地关心物质激励，当存在晋升机会时，政治激励、物质激励有一定的替代关系；年轻管理者对公司绩效的作用往往被主观地低估，任期、政治关联、学历同晋升机会、公司绩效显著正相关，这意味着，上级在对高级管理人员经营能力进行判断时，应剔除高级管理人员个人特性对公司绩效的影响。

【关键词】经营者报酬；政治激励；公司绩效

一、引　言

自 Berle 和 Means 提出公司的所有权与控制权分离的假设以来，公司所有者和经营者之间的委托代理关系就一直是学术界争论的焦点。为了解决所有者与经营者之间行为目标的差异性，公司外部治理和内部治理问题便被提了出来。由于中国还没有建立有效的公司控制权、市场债权人治理等外部治理机制，我们更多地关注公司股权结构董事会制度效率等内部治理机制的作用。虽然国外关于经营者激励的研究已经相对成熟，但由于西方国家的市场主体主要是私人公司，这些公司在股权性质上不存在差异，且这部分研究主要集中对私有产权经济体制下的委托代理关系进行研究。与西方国家不同的是，中国的上市公司主要由国有大中型企业改制而来，有近 84% 的上市公司最终被国家控制。因此，从产权制度差异性的角度来说，国外对私有产权经济体制下的经营者激励制度不一定适用于中国国有控股上市公司。

虽然自提出建立现代企业制度以来，人们越来越重视将经营者报酬同公司绩效相关

① 《当代经济科学》，2011 年第 4 期。

联，但国内学者关于报酬激励和公司绩效之间的关系却没有做出一致结论，部分学者逐渐认为经营者变更是一种有效的激励方式。研究的结果均发现公司绩效和经营者变更之间存在显著的负相关关系。然而，中国作为一个从中央高度集中的计划经济转轨到市场经济的国家，国有企业的经营者由政府直接任命，具有一定的行政级别，经营者的变更存在经营者降（停）职和经营者晋升两种不同情况。宋德舜和宋逢明从降（停）职角度出发，发现绩效的恶化是导致经营者降（停）职的直接原因。那么，企业经营者晋升这种激励措施能否改善国有上市公司绩效？

本文以中国国有控股上市公司为研究对象，重点研究国有控股上市公司经营者激励与公司绩效的相关性，并研究经营者升迁的决定因素。诸如经营者年龄在任期内增加，升迁机会对公司绩效的敏感性在晋升激励（政治激励）存在的情况下，研究国有控股上市公司经营者报酬绩效激励机制的效率，同时考察两类激励手段的关系是互补替代还是毫无关系，从而可以间接说明基于绩效的报酬激励机制是否真正起到了改善绩效的作用。

二、研究设计

（一）样本

根据国有股权控股的相关规定，本文选取 2002 年以前在 A 股上市的第一大国有股东持股比例高于 30% 的国有控股公司为研究样本，共计 863 家公司，数据截至 2007 年年报之前，然后按以下标准对样本进行处理：①剔除金融行业的公司，因为这类公司所适用的会计准则与其他行业不同；②剔除此期间发生重大资产重组的公司和期间被 ST、PT 的公司；③剔除因董事长或总经理涉嫌犯罪或健康原因而被替代的公司；④剔除回归中所使用变量值缺失的公司，最终得到 721 家公司设为总样本，其中存在董事长晋升的公司 127 家，总经理晋升的公司 238 家（董事长和总经理由一人担任时候的晋升视为董事长晋升），设存在高级管理人员晋升的公司为子样本。需要说明的是，由于上市公司一般不披露经营者的职业生涯状态，因此要将经营者更换区分为升迁还是降（停）职并不容易，增加了实证研究的困难，所以我们通过互联网等消息渠道，确定经营者的升迁情况。其他公司治理数据来源于 CSMAR 数据库色诺芬数据库以及上市公司的年度报告。

（二）变量

1. 业绩变量（Performance）

一般认为，企业的盈利性和成长性能充分反映企业绩效。盈利性是为了说明企业的资本收益情况，主要由 EPSROEROA 等指标反映；成长性是为了说明企业的发展潜力，主要由 IPOSIROE 等指标反映。我们首先对五个变量做主成分法因子分析，分别提取相应的公因子，其中分别以变量 F_1、F_2 作为盈利性和成长性的公因子，然后运用公式 $P_i=\alpha_{i1}F_{i1}+\alpha_{i2}F_{i2}$计算第 i 个公司的绩效情况。式中，$\alpha_{i1}$，$\alpha_{i2}$分别表示第 i 个公司关于两个因子的方差贡献率，$F_{i1}$、$F_{i2}$分别表示第 i 个公司两个因子的大小。

2. 物质激励（Compensation）

（1）年度薪金（Salary）：由于部分公司数据中没有披露董事长或总经理的具体年度薪酬，且许多公司的董事长并不在公司领取薪金，此时可用所有董事中最高报酬和管理层中最高报酬来度量。如此度量有一个隐性的假设：董事长或总经理作为公司最高决策者，其年薪也应该与其职位相匹配。从表 2 可见，董事长的平均年薪明显高于总经理，由上文的年薪与职位关系假设可知，董事长在公司中的作用高于总经理。

（2）股权报酬（Equity）：若设每一年度的股票价值是以该年度最后一天股票收盘价乘以所持有的股票数量，由于中国股市发展并不成熟，价格波动较大，此时定义对股权激励不准确。本文对股权报酬的定义为：董事长或总经理的持股占公司总股份的百分比。从表 2 可见，不论是董事长还是总经理，持股比例都很小，甚至普遍出现“零持股”现象，可见股权激励在公司治理中缺乏应用。

3. 政治激励（Political Incentive）

高管的正常变更包括四种情况：降职、平调、晋升、离职。本文明确定义政治激励只包括高级管理者的晋升激励。对晋升的定义包括两个方面：第一，总经理晋升包括晋升为公司董事长担任上级控股公司（副）总经理或（副）董事长调离，前往上级政府职能部门任职；第二，董事长晋升包括担任上级控股公司总经理或（副）董事长调离，前往上级政府职能部门任职。表 1 给出了决策层晋升去向的描述性统计。

表1 决策层晋升去向描述性统计

晋升去向	董事长	总经理
晋升为董事长	0	165
上级控股公司副总经理	0	36
上级控股公司总经理	17	23
上级控股公司副董事长	38	9
上级控股公司董事长	26	0
上级政府职能部门	46	5
合计	127	238

资料来源：作者整理设计。

从表1可见，董事长晋升较多是担任上级控股公司（副）董事长和政府部门任职，总经理晋升绝大部分是担任公司董事长。出现这样的情况很有可能是因为以下两方面原因：一方面，控股公司和政府认为，国有企业经营状况好坏直接与董事长的经营能力有关；另一方面，公司董事会在选举董事长的时候，往往选择经营能力较强的总经理。对于政治激励的描述本文定义为以下四个变量。

（1）年龄水平（Age）：由于国务院所规定的党政机关群众团体企业事业单位的干部退休年龄为男年满60周岁，女年满55周岁，所以本文以50岁为分界点，若年龄超过50岁，则取值为1，否则为0。从表2可见，董事长和总经理年龄普遍小于50岁，充分体现了中国20世纪90年代提出的年轻干部提拔制度。

（2）已任职年限（Tenure）：定义为董事长或总经理已在职年数。由于上级对高级管理层的考核不是无限期的，如果高级管理者在同一职位任职已经有相当一段时间，那么同样条件下更换的可能性会更大。从表2可见，董事长的平均任职期限为5.28年，而总经理平均任职期限为3.21年，一般情况下董事长任职期限大于总经理的任职期限。

（3）政府背景（Affiliation）：如果董事长或总经理曾经是任职于政府部门的官员，则晋升的可能性有所不同，所以需要对政府背景度量设置虚拟变量，若曾在上级政府部门任职，则取值为1，否则为0。

（4）学历层次（Diploma）：设置虚拟变量，若董事长或总经理为本科及以上学历，则取值为1，否则为0。

4. 控制变量

负债水平（Level）等于公司负债总额账面价值与总资产账面价值的比值，公司规模（Size）用公司总资产的自然对数表示，董事长与总经理两职是否合一（D_ LS），董事长和总经理由同一人担任 D_ LS 取 1，否则为 0；虚拟变量（Type）度量控股股东产权性，1 表示控股股东为国有法人单位，0 表示控股股东属于国有产权代理机构或行政事业单位。所有变量的统计性描述见表 2。

表 2　变量的描述性统计

变量类型		变量代码	Mean	Median	Minimum	Maximmm	Std. Deviation
关于高级管理者的变量描述性统计	董事长	Salary	36. 40	23. 54	1. 10	480. 00	35. 39
		Equity	1. 40	0	0	8. 32	4. 90
		Age	0. 42	0	0	1. 00	0. 19
		Tenure	5. 28	5. 00	1. 00	11. 00	3. 84
		Affiliation	0. 34	0	0	1. 00	0. 51
		Diploma	0. 78	1. 00	0	1. 00	0. 13
	总经理	Salary	29. 41	16. 28	1. 00	155. 00	31. 26
		Equity	0. 91	0	0	4. 70	2. 38
		Age	0. 35	0	0	1. 00	0. 14
		Tenure	3. 21	3. 00	1. 00	7. 00	2. 36
		Affiliation	0. 17	0	0	1. 00	0. 72
		Diploma	0. 89	1. 00	0	1. 00	0. 11
		Level	0. 44	0. 38	0. 24	0. 86	0. 17
关于控制变量的描述性统计		Size	216. 43	136. 25	18. 16	3042. 22	298. 94
		D_ LS	0. 21	0	0	1. 00	0. 53
		Type	0. 58	1. 00	0	1. 00	0. 49

三、实证分析

（一）物质激励的敏感程度分析

我们首先讨论高级管理层的物质激励与公司绩效之间的相关性，对全样本建立如下模型进行回归分析：

$$Compensation_t = \zeta_0 + \zeta_1 P_t + \zeta_2 P_{t-1} + \zeta_3 P_{t-2} + \zeta_4 P_t \times Turn_t + \sum \zeta_{i+4} ControlVariables_t + \varepsilon_i$$

式中，t 表示年度；$Compensation_t$ 表示第 t 年度的物质激励，包括年度薪金（Salary）和股权激励（Equity）；P_t 表示第 t 年度的公司绩效；$Turn_t$ 表示第 t 年度的晋升机会，若晋升则取值为 1，否则取 0；ControlVariables 表示其他控制变量，统计结果如表 3 所示。

表 3　高管的物质激励回归分析结果

	董事长				总经理			
	Salary		Equity		Salary		Equity	
常数项	2.48*** (4.61)	3.27*** (3.84)	2.33*** (3.96)	2.54*** (3.68)	3.60*** (4.21)	3.45*** (3.33)	3.96*** (5.06)	3.35*** (4.58)
P_t	0.91 (0.77)	1.14 (0.96)	1.35 (0.70)	0.85 (1.24)	2.13 (1.15)	2.05 (0.46)	1.62 (1.22)	1.55 (1.08)
P_{t-1}	1.19 (1.35)	2.23 (0.97)	1.26 (1.27)	2.37 (1.01)	2.21** (2.32)	2.48** (2.55)	0.98* (1.72)	0.61* (1.83)
P_{t-2}	2.36 (0.77)	2.08 (1.04)	3.25 (0.90)	1.91 (0.85)	2.35*** (3.61)	1.54*** (4.53)	0.81* (1.86)	0.20* (1.74)
$P_t \times Turn_t$		-1.69** (-2.32)		-0.87** (-2.24)		-0.54* (-1.88)		-0.68* (-1.79)
Level	-1.86 (-0.68)	-0.05* (-1.73)	-0.30* (-1.78)	-0.68 (-0.14)	0.18 (1.31)	-0.17* (-1.92)	0.72 (1.55)	-0.65* (-1.84)
D_LS	2.25** (2.47)	2.36* (1.78)	1.37** (2.59)	1.21** (2.36)	2.14*** (4.25)	1.81* (1.77)	1.99* (1.84)	1.49 (1.22)
Size	0.16* (1.72)	0.12* (1.91)	0.95* (1.61)	1.18* (1.78)	1.56* (1.69)	1.49 (0.71)	1.56 (1.02)	1.79 (0.94)
Type	2.13* (1.84)	3.64 (1.03)	2.68 (1.24)	2.90 (0.85)	2.01 (0.83)	3.27 (0.61)	2.66 (1.35)	-1.37 (-0.99)
$Adj-R^2$	0.51	0.36	0.19	0.25	0.63	0.56	0.11	0.05

注：***、**、*表示 t 检验分别在 1%、5%、10% 的水平上显著。

在模型中加入交叉项是为了检验当晋升机会存在时，绩效与物质报酬之间的关系。从统计结果中我们发现，所有的 $P_t \times Turn_t$ 系数都显著为负，表明不论是董事长还是总经理，当存在晋升机会的时候，绩效对物质报酬的边际贡献下降，此时物质激励和政治激励之间是替代关系。

董事长的两种物质报酬与公司绩效关系都不显著，我们认为，公司绩效的提高并不能给董事长带来物质报酬的明显增加，总经理的两种物质报酬都与第 t-1、t-2 年度的公司绩效有显著的正相关关系，表明总经理会认真经营公司，提高公司的经营业绩，以期增加物质报酬。它潜在地说明中国国有企业存在的一个现象：在物质激励方面，上级对公司绩效的认可更多的是给予总经理物质方面的激励。

从表3可见，第t年度公司绩效与物质报酬都不存在相关关系，说明上级对高级管理层的考核更多的是依据前面两个年度的公司绩效，第t年度公司绩效与股权报酬都无相关关系，第t-1、t-2年度公司绩效仅与总经理的股权报酬有微弱正相关关系，说明上级在对董事长和总经理物质激励的时候主要考虑的是年度薪金，股权激励在中国国有企业中没有被很好地利用。

（二）政治激励的敏感程度分析

前面分析了高级管理层关于物质激励的敏感性，接下来我们检验高级管理层的政治激励和公司绩效之间的相关性。本文分析公司绩效对高管晋升的影响，其中因变量是哑变量，其回归模型应该选择离散型模型。高管在某一年度，只存在晋升和非晋升两个状态，此时被解释的变量只取两个值，因此回归模型是离散模型中的二元选择模型。目前，对二元选择模型的检验，较先进的方法是用Logic模型进行检验，因此本文建立如下模型：

$$\text{pro}(\text{turn}_t = 1) = \frac{1}{1 + \exp(-Z_t)}$$

$$Z_t = \zeta_0 + \zeta_1 P_t + \zeta_2 P_{t-1} + \zeta_3 P_{t-2} + \zeta_4 \text{Age} + \zeta_5 \text{Diploma} + \zeta_6 \text{Tenure} + \zeta_7 \text{Affiliation} + \sum \zeta_{i+7} \text{ControlVariables}_t + \varepsilon_i$$

式中，t表示年度；P_t表示第t年度的公司绩效；ControlVariables表示其他控制变量，统计结果见表4。

表4　高管的政治激励回归分析结果

变量代码	P_t	P_{t-1}	P_{t-2}	Age	Diploma	Tenure	Affiliation
董事长	0.77 (1.35)	0.62** (2.36)	2.24** (2.32)	-0.05** (-2.65)	4.36*** (3.34)	2.60* (1.81)	0.91*** (4.27)
总经理	0.89 (1.05)	0.94 (1.28)	0.93* (1.96)	-0.38* (-1.73)	3.85*** (3.10)	1.03** (2.68)	1.26* (1.96)

续表

变量代码	Level	Size	D_LS	Type	常数项	Adj - R^2	
董事长	0.32 (1.06)	0.19** (2.27)	2.31** (2.56)	0.06* (1.96)	0.29 (0.74)	0.46	
总经理	-3.26*** (-2.87)	1.35*** (4.65)	0.14 (0.93)	0.01* (1.85)	1.33* (1.84)	0.31	

注：***、**、*表示t检验分别在1%、5%、10%的水平上显著。

从统计结果中我们发现，公司绩效越好的公司，董事长晋升的可能性就越大，而总经理晋升的可能性只与t-2年度的公司绩效有微弱正相关关系，上级对总经理的提拔与公司绩效几乎没有显著关系，它潜在地说明中国国有企业存在的另一个现象：在政治激励方面，上级对公司绩效的认可更多的是给予董事长政治上的晋升。

从表4可见，t-1年度和t-2年度的公司绩效都与董事长晋升机会显著正相关，表明上级对董事长经营能力的评价标准主要参考的是前面两个年度的公司绩效。高级管理者的年龄同晋升机会显著负相关，随着高级管理者年龄的增加，离退休也越来越近，高级管理者没必要通过努力工作来改善上级对自己能力的认识。高级管理者的学历同晋升机会显著正相关，这也说明了为什么我国高管都想获取高学历的原因。曾任职于政府部门的高级管理者更容易得到上级的认可，反映了我国培养干部通常采用下放锻炼的方式，也间接证实了我国国有企业带有很强的政治色彩。高级管理者的任期同晋升机会显著正相关。

（三）高管政治激励与物质激励对公司绩效的影响

在前面的分析中已经看出，董事长更多地关心政治激励，总经理更多地关心物质激励，并且公司绩效作为上级对高级管理层的评价依据，直接影响着高级管理层的晋升和物质报酬。在此基础上，我们进一步分析政治激励和物质激励同时发生时，国有企业的绩效如何变化。为克服年度变量回归中随机扰动项可能存在的自回归和异方差现象，本文采用变量的一阶差分量进行回归。对子样本建立如下模型进行回归分析：

$$\Delta\ln(P_t) = \zeta_0 + \zeta_1\Delta Salary_t + \zeta_2\Delta Equity_t + \zeta_3 Age + \zeta_4 Diploma + \zeta_5 Affiliation + \zeta_7 Tenure + \sum\zeta_{i+6} ControlVaribles_t + \varepsilon_t$$

式中，$\ln(P_t)$表示第t年度公司绩效的增长率，$Salary_t$表示第t年度高级管理者年度薪金的增加量，$Equity_t$表示第t年度高级管理者股权报酬的增加量，ControlVariables表示其他控制变量，统计结果如表5所示。

表5 公司绩效回归分析结果

变量	$\Delta Salary_t$	$\Delta Equity_t$	Age	Diploma	Tenure	Affiliation
董事长	0.77 (1.35)	0.62** (2.36)	-0.05** (-2.65)	4.30*** (3.34)	2.62* (1.81)	0.91** (4.27)
总经理	0.89 (1.05)	0.94 (1.28)	-0.38* (-1.73)	3.85*** (3.17)	1.03** (2.68)	1.26* (1.96)
变量代码	Level	Size	D_LS	Type	常数项	Adj - R^2
董事长	-0.18 (-0.83)	2.26 (1.12)	2.67* (2.33)	0.47 (1.25)	2.95* (1.48)	0.59
总经理	-3.26*** (-2.87)	1.35*** (4.65)	0.14 (0.93)	0.01* (1.85)	1.33* (1.84)	0.30

注：***、**、*表示t检验分别在1%、5%、10%的水平上显著。

从统计结果中发现，董事长的股权激励与公司绩效有微弱正相关关系，总经理的股权激励与公司绩效显著正相关，对高级管理层的股权激励能有效地提高公司绩效，应改善对国有企业高级管理层股权激励不重视的现象。对比董事长和总经理关于物质激励的变量显著性可知，总经理的物质激励更能影响公司绩效。

从表5可见，高级管理层的年龄同公司绩效显著负相关。由于年轻的管理者对职业生涯的关注，努力程度会更高，有强烈的建立和传递自己能力声誉的动机，更重视公司绩效的提高。曾任职于政府部门的董事长对公司绩效能产生显著正影响，这可能是由于董事长的政治关联往往能给公司带来融资的便利、税收的优惠以及更容易获取的信息资源。董事长的任期同公司绩效显著正相关，随着任期的增加，董事长对公司的情况更加了解，在做出决策时更有利于提高公司绩效，高级管理层的学历同公司绩效显著正相关。对比董事长和总经理关于描述政治激励的变量显著性可知，董事长的政治激励更能影响公司绩效，结合前文对高管各种变量的描述性统计以及高管对政治激励和物质激励的敏感性分析，可以认为董事长在公司的经营决策中占有决定性地位。

四、结　论

随着中国市场经济的发展，企业所有权和经营权逐步分离，公司制度中的委托代理制度在中国国有企业中发挥着越来越重要的作用，如何矫正经营者行为，保障所有者权益最

大化，是降低代理成本的关键。在越来越重视对经营者进行报酬激励的同时，我们也应该注意到对经营者政治激励的重要作用。

本文从终极控股角度，选取中国国有上市公司为研究对象，重点研究对国有上市公司经营者激励与公司绩效的相关性，并研究经营者升迁的决定性因素对公司绩效的敏感性。研究结果发现，国有控股上市公司董事长更加关注政治晋升，而总经理更加关注物质报酬，董事长和总经理在晋升机会存在的时候，绩效对物质报酬的边际贡献下降，此时物质激励和政治激励之间存在着替代关系。同时，在中国国有上市公司中高管持股的比例普遍不高，股权激励作为一种常用的激励方式没有被很好地利用。

另外，经营者年龄是影响激励效果的一个重要因素，年轻的经营者更注重自身的事业追求，因而对政治激励会更加敏感。传统的观念认为，年轻管理者比年老管理者的经验少，经营公司的能力不如年老者。然而本文对绩效的回归检验发现，年轻的管理者出于对职业生涯的考虑，会更认真地经营公司，有强烈的建立和传递自己能力声誉的动机，因此年轻管理者对公司绩效的作用往往主观地被低估。学历作为上级对高级管理者经营能力的一种判断标准，同高级管理者晋升、公司绩效都有显著正相关关系，这要求上级在对高级管理者学历审核的时候更加严格，避免因学历造假而对公司带来的负面影响。董事长的政治关系能有效提高公司绩效，若只从公司绩效来评价董事长的经营能力，往往会造成上级偏好于有政治关系的董事长。本研究对完善公司治理结构，不断提高公司效益具有一定的现实意义。

参考文献

[1] Berle A. , Means G. The Modern Corporation and Private Property [M]. NewYork: MacMillan, 1932.

[2] Core J. E. , Guay W. R. Larcker F. L. Executive Equity Compensation and Incentives: A survey [J]. Economic Policy Review, 2003, 9 (4): 27 - 50.

[3] Murphy K. J. Executive Compensation [J]. Handbook of Labor Economics, 1999 (38): 2485 - 2563.

[4] 刘芍佳，孙霈，刘乃全. 超产权论与企业绩效 [J]. 经济研究，2003 (4).

[5] 谌新民，刘善敏. 上市公司经营者报酬结构性差异的实证研究 [J]. 经济研究，2003 (8).

[6] 李增泉. 激励机制与企业绩效：一项基于上市公司的实证研究 [J]. 会计研究，2000 (1).

[7] 龚玉池. 公司绩效与高层更换 [J]. 经济研究，2001 (10).

[8] 朱红军. 高级管理人员更换的原因与经济后果 [M]. 上海：上海财经大学出版社，2003.

[9] 宋增基，韩树英，张宗益. 公司高层更换中董事长与总经理重要性差异研究 [J]. 软科学，2010，24 (3).

[10] 宋德舜，宋逢明. 国有控股经营者变更和公司绩效 [J]. 南开管理评论，2005，8 (1).

[11] 杨蕙馨，王胡峰. 国有企业高层管理人员激励与企业绩效实证研究 [J]. 南开经济研究，2006 (4).

企业环境伦理对可持续发展绩效的影响：主动性环境管理的前因和后果[①]

黄 俊 陈 扬 翟浩淼

【摘要】 随着中国政府的环保标准以及社会民众健康意识的提高，国内企业开始重视实施主动性环境管理，但现有文献对于影响国内企业实施主动性环境管理的组织内部因素的实证研究还比较匮乏。基于相关文献，本文构建了一个关于主动性环境管理的前因与后果的系统模型。本文实证研究发现，企业环境伦理是影响企业实施主动性环境管理的主要前因，企业的可持续发展绩效是企业主动性环境管理的主要后果，主动性环境管理对于企业环境伦理与可持续发展绩效之间的关系具有显著的中介效应。最后，本文基于以上研究提出了相应的管理启示和研究方向。

【关键词】 企业环境伦理；主动性环境管理；可持续发展绩效；前因；后果

一、引 言

台湾塑化剂事件以及"三聚氰胺"事件，使得国内政府与民众对于企业实施主动性环境管理的期望越来越高。通过对国内外比较研究发现，许多跨国公司通过实施主动性环境管理，建立超过当地政府所要求的严格的环保标准，主动减少废弃物的排放和对环境的污染，在成为社会责任典范的同时，也有效提升了国际竞争优势（Hart 和 Ahuja，1996）。但是国内为何只有少数企业实施主动性环境管理战略，哪些组织内部因素会影响国内企业实施主动性环境管理和可持续发展绩效的实证研究还比较匮乏（Sharma 等，2007）。

现有国内文献大多集中于研究哪些组织外部因素会影响国内企业实施主动性环境管理以及企业的可持续发展绩效中的制度压力，诸如社会法律以及文化等因素，都会影响企业管理者的战略决策，例如政府干预法律调控以及民众的环保意识等，都可能促使企业实施

---

① 《经济管理》，2011 年第 11 期。

主动性环境管理（Hoffman，2001；Russo 和 Fouts，1997；Marcus 和 Geffen，1998）。基于制度理论的文献指出，组织的生存与发展在一定程度上取决于该组织对于外部宏观环境的边界以及规范的遵循，企业管理者通过实施主动性环境管理，从而证明企业运营的合法性以及企业公民行为的积极性（Menguc 等，2010）。

国外一些基于企业资源理论的文献研究了某些特定的组织内部因素对企业主动性环境管理以及可持续发展绩效的促进作用。其中，通常被视为协调机制的组织能力，例如资本运营能力、创新能力以及信息技术能力等，这些组织能力通过有效利用组织资产，从而有助于企业实施主动性环境管理和提高企业可持续发展绩效（Steurer 等，2005），但是现有文献对于促发企业实施主动新环境管理的组织内部因素的实证研究还很匮乏（Menguc 等，2010）。另外，尽管很多研究定性指出企业环境伦理对于企业的战略绿色导向绩效具有正向影响，但是 Schaper（2002）的实证研究发现，私人企业的环境伦理与环境绩效之间并不存在显著关联。Gadenne 等（2009）的实证研究则发现，企业的环境伦理仅对于企业的环境支持实践具有正向显著影响，而对于企业的环境保护实践并不具有显著影响。因此，企业环境伦理是否为企业实施主动性环境管理的前因还亟待实证研究证实。

另外，对于主动性环境管理的后果，例如主动性环境管理对于可持续发展绩效影响的研究结论还存在分歧，一种观点认为，企业实施环境管理会增加企业成本，因而将导致企业财务绩效的下降（Hart，1995）；但另一种观点认为，企业由于主动地进行环境管理，比如整合利益相关者不断学习改进和持续创新，从根源上解决环境问题的同时也创造了初始成本优势和良好的社会声誉，提高了组织的竞争优势和可持续发展绩效（Aragon - Correa 和 Sharma，2003；Sharma 和 Vredenburg，1998）。

鉴于以上研究现状以及研究分歧，同时为了更好地理解以往研究不一致的原因，一种比较有效的方式是将主动性环境管理与企业环境伦理（前因）以及企业可持续发展绩效（后果）联系起来进行系统性的实证研究，发掘企业环境伦理、企业主动性环境管理以及企业可持续发展绩效之间的作用机理。

二、理论背景

（一）企业环境伦理

企业环境伦理是一个企业内在的关于环境课题的信仰价值观以及范式的伦理系统

（Ahmed 等，1998），企业环境伦理包括六个组成要素：伦理准则、伦理委员会、伦理沟通系统、伦理主管、伦理训练流程以及伦理惩戒流程（Weaver 等，1999）。企业环境伦理是企业组织文化的一种关键要素，是组织的环境价值观以及企业公民行为预期的一种体现（Chang，2011）。企业拥有较高的环境伦理标准和较强的企业社会责任意识，将有助于提升企业的社会公民形象（Chen 等，2006）。企业通过建立和发展企业环境伦理，不仅能够使得企业满足政府的相关法律标准和社会的相关环保要求，而且能够通过实施环保策略建立竞争壁垒或障碍，即通过建立企业环境伦理、企业社会公民形象等无形资产来加强和巩固竞争优势（Chen，2008）。

（二）主动性环境管理

企业的环境管理战略是一个从被动性环境管理到主动性环境管理的演变过程（Sharma 和 Vredenburg，1998）。被动性环境管理主要是指企业遵从政府的法律要求，按照政府所颁发的标准被动地进行环境管理。比如，企业按照政府的要求建立废弃物处理设施，进行废弃物的储存处理等法定程序。主动性环境管理则是企业自愿自主性地实施旨在减少企业环境污染以及提高可持续发展绩效的实践和努力（Gonzalez Benito 和 Gonzalez Benito，2006）。比如主动减少能耗或废弃物的排放，主动地进行环境污染治理。与被动性环境管理相比，主动性环境管理更注重可持续性，其要求改造组织的日常运作惯例，协调组织软硬件资源，在减少环境污染的同时，获得企业竞争优势。例如，主动性环境管理更多的是事前管理以及事中管理，与被动性环境管理的事后管理不同，其要求在生产过程中进行环境管理，进行生产流程的再造，这种流程再造在降低污染的同时也能增强竞争优势（Aragon - Correa 和 Sharma，2003）。基于企业资源理论的研究认为，主动性环境管理是通过整合组织内部的一系列具有难以模仿性、专用性以及价值性的组织资源而加以实施，因为环境管理是一个具有广泛性与社会性的复杂管理过程，其不仅要求外部社会各个层面的协同，同时要求组织内部各个层面的协同（Aragon - Correa 和 Sharma，2003）。

（三）可持续发展绩效

企业的可持续发展是指企业与社会之间的物质流通以及企业与环境之间的物质与能源交换的永续发展。企业的可持续发展主要体现在其生产或者服务过程中，能够经济有效地保护自然资源以及节约能源，注重员工社区以及消费者的安全与健康，坚持社会责任以及创新性地激励工作群体（Veleva 和 Ellenbecker，2001）。企业的可持续发展需要企业进行变革性的重新思考，由于不同群体的环保商业伦理等要求，如来自于顾客、供应商、雇员、政府管治部门、地方社区以及其他利益相关者的不同诉求，企业已不能再像以往那样仅仅关注商业绩效或者财务绩效，而必须注重构建企业的可持续发展绩效。企业的可持续发展绩效包含三个方面的内容：其一是环境绩效，其二是社会责任，其三是经济绩效（Krajnc 和 Glavic，2005）。

三、研究假设

（一）企业环境伦理和主动性环境管理

企业环境伦理高度强调主动性环境管理的作用（Weaver 等，1999）。企业环境伦理能够影响企业环保技术以及商业运营的创新（Schlegelmilch 等，1996）。企业环境伦理能够激励企业的主动性环境管理行动，从而促进企业的绿色创新，例如促进企业运用创新性的环保技术或者低碳商业运营模式。企业环境伦理是企业获得可持续发展的一种关键性企业文化（Chang，2011），Naffziger 和 Montagno（2003）实证研究表明，企业的管理者对环境的关注程度与他们主动投入时间及资源进行环境管理之间具有显著正向相关。Gadenne 等（2009）也指出，拥有环境问题意识以及了解环境问题影响的企业管理者更注重企业的环境友好以及企业的环境绩效。基于以上文献逻辑，本文提出以下研究假设：

H1：企业环境伦理对于主动性环境管理具有显著正向影响。

（二）主动性环境管理和可持续发展绩效

对环境管理与可持续发展绩效之间的关系存在两种认识，一种认为企业由于被动地进行环境管理而增加了企业成本，导致组织财务绩效的减少（Hart，1995）；另一种则认为企业由于主动地进行环境管理，比如整合利益相关者不断学习改进和持续创新，从根源上解决环境问题的同时也创造了初始成本优势和良好的社会声誉，从而提高了组织的竞争优势和可持续发展绩效（Aragon - Correa 和 Sharma，2003；Sharma 和 Vredenburg，1998）。Hart（1997）指出，虽然从短期来看，环境管理可能不会增加企业财务收益，但是从长期来看，环境管理会增加企业经济效益。Porter 和 VanderLinde（1995）也指出，消费者认为

主动实施环境管理策略的组织更具有变革性、创新性以及社会意识，相对应地，这些组织通过大力宣传其环境承诺而使得其拥有其他竞争者所缺乏的先行优势，从而领先占据市场。另外，因为企业预先进行污染防治的投资，实施全程环境质量管理流程，而不是被迫投入更多成本进行事后污染治理，因此事先主动性地进行环境管理的企业更具有长期的成长优势（Hart 和 Ahuja，1996）。主动性环境管理之所以能够降低企业的成本，提高组织的可持续发展绩效，主要原因在于主动性环境管理要求企业改进原有的生产流程，提高生产的效率，从而在减少能源消耗和废弃物排放的同时，也降低了原有的生产流程成本；在降低对环境影响的同时，也由于合理管控而提高了资本的效率，因此主动性环境管理能够降低企业的成本，提高企业可持续发展绩效（Aragon - Correa，1998；Aragon - Correa 等，2008；Hart 和 Ahuja，1996）。基于以上文献逻辑，本文提出以下研究假设：

H2：主动性环境管理对于可持续发展绩效具有显著正向影响。

（三）主动性环境管理与企业环境伦理以及可持续发展绩效之间关系的中介效应

拥有较高企业环境伦理标准的企业通过主动实施环境管理策略，不仅能够避免环境保护组织的抗议和反对，而且能够提升企业的声誉（Chen 等，2006）。Chen（2006）进一步指出，企业的环境伦理可以被视为企业的一种关键性无形资产，企业通过此类难以复制的无形资产而拥有超出竞争者的长期持续经济效益。Rondinelli 和 Berry（2000）也认为企业的环境公民意识是企业实现可持续发展的关键要素。Chen（2011）基于台湾制造业的数据实证研究发现，企业环境伦理对于企业的绿色产品创新以及绿色流程创新具有显著的正向影响，企业应该投入更多的努力和资源发展企业环境伦理，从而提高企业的竞争优势。因此，从主动性环境管理的前因来看，企业愿意主动实施环境管理的原因主要在于企业是否拥有环境伦理环境公民意识或者社会公民意识等关键性企业文化，拥有较高环境伦理的企业会积极实施产品流程绿色创新等主动性环境管理，而创新性环境管理带来的后果是企业长期的竞争优势，如企业的可持续发展绩效等。基于以上文献逻辑，本文提出以下研究假设：

H3：主动性环境管理在企业环境伦理与可持续发展绩效之间的关系中起着中介作用。

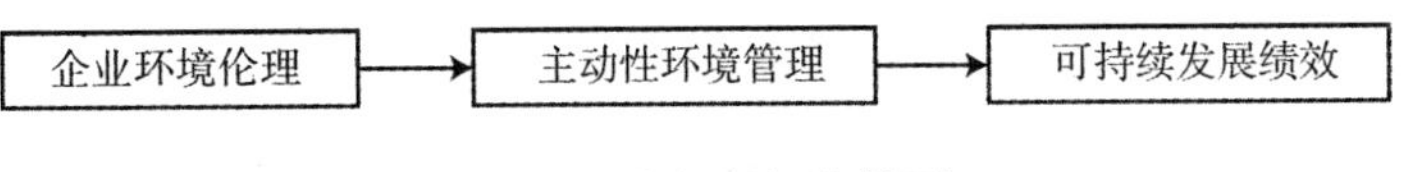

图 1　研究假设概念模型

四、研究方法及分析

（一）数据收集

数据来源于国内的汽车制造行业，选择该样本的首要原因是中国正在成为世界上最大的新兴市场，但是在经济高速发展的同时，中国也面临着比其他新兴市场更为严峻的环境压力与挑战，中国企业如何实现可持续发展成为当前国内外的一个学术研究热点。另外，选择国内同一行业的原因是为了避免行业差别所带来的测量误差（Karim 等，2007）。本文数据的收集是采取配对调查方式，课题组利用国内汽车主机厂家召开供应商年会的机会，通过主机厂家采购部领导的协助，首先访谈了供应商企业参会的总经理或其他高层管理人员，获得他们的同意之后，请他们针对其公司的可持续发展状况填写一份问卷，然后通过他们的介绍，电话联系该企业的安技环保的主管，请他们告知邮箱以便接收并填写另外一份针对其公司安技环保状况的问卷。课题组在当面访谈以及电话访谈的过程中，特别向受访者说明研究的目的以及保密性，使得他们明确虽然课题组是通过主机厂家采购部的协助来收集数据，但是访谈以及问卷只是为了学术目的，而不是为主机厂家服务。

最后，课题组在实地访谈之后回收了 240 份供应商高层主管所填写的问卷，通过电邮收到相对应企业的安技环保主管所回复的 232 份问卷，剔除含有遗漏项或其他不合格项的问卷之后，课题组保留了 214 份的配对合格问卷，安技环保主管的问卷回收率是 92.2%，供应商高层主管的问卷回收率是 89.2%。在安技环保主管反馈的 214 份问卷中，79.1%的受访者是该企业的安技环保部门的主管领导，11.3%是安技环保部门的副职领导，9.6%是安技环保部门的技术主管，他们服务企业的平均年限为 11 年（SD =7）。在供应商高层主管反馈的 214 份问卷中，47.7%的受访者是负责运营管理的主管，25.7%是企业的总经理，12.6%是企业综合管理部门的主管，他们服务企业的平均年限也是 11 年（SD =7）。

（二）测度工具

（1）企业环境伦理。对于企业环境伦理的测度，本文采用了 Gadenne 等（2009）以及 Chang（2011）所构建的测度量表，该量表使用了四个题项：企业具有清晰而具体的环

境政策；企业预算计划包含环保投资或采购；企业将其环境计划远景或任务陈述；与营销事件相互整合。该量表由企业安技环保部门的主管提供评价，量表的信度系数 Cronbach' salpha 值为 0.91，表明企业环境伦理测度量表具有良好的可信度。

（2）主动性环境管理。对于主动性环境管理的测度，本文采用 Branzei 等（2004）所建立的测度量表，该量表使用了八个题项：在环保方面提高企业声誉；避免未来更为严格的环境管制；降低与环境污染相关的法律诉讼风险；避免环保问题上的负面报道；遵守环保法规；预防及减少环境危机；限制超出监管要求的环境影响；教育员工及公众保护环境。量表由企业安技环保部门的主管基于与同行业企业的相互比较来提供评价，从而保证评价的客观性与准确性（Sharma 和 Vredenburg，1998）。量表的信度系数 Cronbach' salpha 值为 0.93，表明主动性环境管理测度量表具有良好的可信度。

（3）可持续发展绩效。对于可持续发展绩效的测度，本文采用了 Chan（2005）以及 Bansal（2005）所建立的测度量表，该量表使用了六个题项：企业高度关注环境保护；企业努力促进环境保护；企业积极承诺重大环保项目；企业经常审计环保绩效；与同业比较企业经济绩效突出；有效保护环境得到社会认可。量表由企业的高层主管基于过去三年内的行业内竞争性的表现来比较提供评价，量表的信度系数 Cronbach' salpha 值为 0.89，表明可持续发展绩效的测度量表具有良好的可信度。

（4）控制变量。基于以往的相关研究本文选取了四个控制变量。①企业规模，加入该控制变量的原因主要在于规模大的企业比规模小的企业拥有更多的资源，因而企业规模往往会对企业战略和可持续发展绩效等产生影响（Sharma 等，2007）。本文采用与 Judge 和 Elenkov（2005）相同的企业规模处理方法，将企业人数少于 100 的企业定义为小型企业，用 1 加以标识；100 ~ 1000 人的定义为中型企业，用 2 加以标识；企业人数多于 1000 人的定义为大型企业，用 3 加以标识。②所有制结构，加入该控制变量的原因主要在于企业所有制结构的不同可能导致企业的可持续发展绩效的不同（Darnall 和 Edwards，2006）。本文用 1 表示国有企业，用 2 表示非国有企业。③子行业类型，加入该变量的原因主要在于企业信息技术运用的绩效程度可能会因为该企业所处的子行业不同而有所不同（Banerjee，2002）。本文采用 Banerjee 等（2003）的方式用子行业的数量来控制子行业的行业差异可能带来的影响。④经营年限，加入该控制变量的原因主要在于企业经营的年限越长，其可能拥有的声誉资本越高，越有可能保持可持续发展绩效的持续增长（Autio 等，2000）。

以上测度量表，除了控制变量以外，均是采用李克特七点量表题项的翻译，本文采用了 Bhalla 和 Lin（1987）所采用的对等翻译方法，然后根据参与协助的英籍教员以及内地研究助理所提的建议，修改了部分量表题项的措辞。另外，因为企业环境伦理与主动性环境管理的数据收集来源相同，为了避免同源误差，本文采用了 Podsakoff 等（2003）所建议的修正方法。首先，在数据的收集过程中，课题组向受访者保证调查的保密性与学术性，减少受访者的担心；其次，采用心理分离方法进行题项设定，降低测试构想在受试者心理上的潜在联系性。

表1 各主要变量的均值、标准差和变量间相关系数

变量	均值	SD	1	2	3	4	5	6
1. 企业环境伦理	5.56	1.46						
2. 主动性环境管理	5.51	1.01	0.42**					
3. 可持续发展绩效	5.26	1.22	0.45**	0.60**				
4. 子行业类型	3.49	1.05	-0.05	-0.08	-0.02			
5. 企业规模	2.61	1.74	0.25**	0.19**	0.26**	-0.20**		
6. 所有制结构	1.33	0.47	0.02	0.07	0.02	0.02	0.25**	
7. 经营年限	9.54	5.99	0.25**	0.18**	0.19**	-0.06	0.10	-0.17*

注：** 表示 $p<0.01$；* 表示 $p<0.05$。

（三）数据分析和结果

首先，为了测度是否存在同源误差，本文采用 Harman 单因素检验法进行了统计检验（胡望斌，2011），同时对所有反映型测量指标进行因素分析。检验结果显示，第一个主成分所占载荷量为18.1%，因此本文研究不存在明显的同源偏差问题。其次，本文对于所有变量进行了描述性统计分析，各主要变量的均值标准差以及变量之间的相关系数如表1所示。企业环境管理与主动性环境管理显著正相关（$r=0.42$；$p<0.01$）；企业环境伦理与可持续发展绩效显著正相关（$r=0.45$；$p<0.01$）；主动性环境管理与可持续发展绩效显著正相关（$r=0.60$；$p<0.01$）。最后，本文采用层次回归分析方法对研究假设进行检验。检验结果如表2所示，第一组模型是模型1与模型2，模型1是控制变量对于主动性环境管理的回归模型，模型2是控制变量和企业环境伦理对于主动性环境管理的回归模型；第二组模型是模型3和模型4，模型3是控制变量和企业环境伦理对于可持续发展绩效的回归模型，模型4是控制变量企业环境伦理与主动性环境管理对于可持续发展绩效的回归模型。

模型的层次回归分析结果如表2所示，首先，第一组模型的设定目的是为了检验企业环境伦理对于主动性环境管理是否具有显著的正向影响，模型1的分析结果显示，控制变量中的企业规模以及经营年限对于主动性环境管理具有显著正向影响（M_1，$\beta_2=0.15$，$p<0.01$；$\beta_4=0.18$，$p<0.01$）；模型2的分析结果显示，模型1加入企业环境伦理变量之

后，模型的解释力增强了（M_2，$\Delta R^2=0.21$，$F=13.1$，$p<0.01$），并且企业环境伦理对于主动性环境管理具有显著正向影响（M_2，$\beta=0.45$，$p<0.01$）。因此，假设 1 得到验证支持。

表 2　层次回归分析结果

	主动性环境管理			可持续发展绩效		
	M_1	M_2		M_3	M_4	
控制变量						
子行业类型	-0.04	-0.01		0.04	0.03	
企业规模	0.15**	0.09		0.17	0.12	
所有制结构	0.07	0.05		-0.03	-0.02	
经营年限	0.18**	0.11		0.12	0.05	
自变量						
企业环境伦理		0.45**		0.23**	0.16**	
中介变量						
主动性环境管理					0.19**	
R^2	0.07	0.28		0.08	0.17	
Adjusted R^2	0.07	0.21		0.08	0.09	
F	3.84**	13.10**		3.73**	4.41**	

注：** 表示 $p<0.01$；* 表示 $p<0.05$。

其次，第二组模型的设定目的是为了检验主动性环境管理对于企业环境伦理与可持续发展绩效之间的关系是否具有中介效应。根据 Baron 和 Kenny（1986）建议的中介效应检验方法：①因变量对自变量做回归分析；②中介变量对自变量做回归分析；③因变量同时对自变量与中介变量做回归分析。模型 3 的分析结果显示，企业环境伦理对于可持续发展绩效具有显著正向影响（M_3，$\beta=0.23$，$p<0.01$）；模型 4 的分析结果显示，企业环境伦理与主动性环境管理对于可持续发展绩效均具有显著正向影响（M_4，$\beta_1=0.16$，$p<0.01$；$\beta_2=0.19$，$p<0.01$），因此，假设 2 得到验证支持，其中企业环境伦理的回归系数由 0.23 减少为 0.16，模型 4 的解释力与模型 3 相比较增强了（M_4，$\Delta R_2=0.09$，$F=4.41$，$p<0.01$），结合模型 2 的分析结果，即企业环境伦理对于主动性环境管理具有显著正向影响，第二组模型分析结果表明，在控制主动性环境管理的情况下，企业环境伦理对于可持续发展绩效的影响将减小，即主动性环境管理是企业环境伦理与可持续发展绩效之间的部分中介变量。因此，假设 3 得到验证支持。

五、研究结论与管理启示

现在全球面临的最大挑战之一就是环境保护问题（Melville，2010），为了应对环保挑战，企业应该积极创新，建立环境导向型的商业运营模式以及业务类型，积极运用主动性环境管理战略（Lopez－Gamero 等，2008）。本文探索性地实证研究了国内企业环境伦理对于企业实施主动性环境管理以及可持续发展绩效的影响。首先，本文的研究结果显示，企业环境伦理显著正向影响主动性环境管理，即拥有较高企业环境伦理的企业更倾向于实施主动性环境管理策略。该结论在一定程度上解释了后工业化国家所存在的哈里顿悖论（Harringtonparadox）现象，即发达国家很多企业会超出政府管制的要求，主动设定更高的环境管理内部标准。因为组织的外部因素（如政府管制环境压力等）对于企业实施环境管理虽然具有一定驱动作用，但是对于企业超过政府管制标准进行环境管理的原因，难以全部用这些组织外部因素来解释。实质上组织内部因素（如企业环境伦理）对于企业实施主动性环境管理具有同样重要的驱动作用。同时，该结论也佐证了国内学者的观点，即虽然政府管制等外部因素对于国内企业实施环境管理具有一定驱动作用，但是如果要真正实现国内企业环境保护机制的内部化，解决环境问题的外部性，还需要企业自身环境管理自身组织的培育（范阳东，2009）。其次，本文的研究结果显示，主动性环境管理显著正向影响可持续发展绩效，该研究结论实证佐证了 Chen 等（2006）以及 Enticott 和 Walker（2008）的推断，即主动性环境管理有利于提高企业生产效率、社会形象以及组织创新效率，从而提高组织能力以及竞争优势。拥有较高主动性环境管理的企业，能够比竞争对手更低成本地、更为有效地实现绿色创新和领先优势，从而保证企业的经济可持续发展绩效。同时，通过实施主动性环境管理，关注企业员工社区消费者以及环境的和谐发展，有助于提高企业的社会可持续发展绩效以及环境可持续发展绩效。最后，本文的研究结果还证实了主动性环境管理对于企业环境伦理与可持续发展绩效之间关系的部分中介。效应企业环境伦理对于企业可持续发展绩效的价值并不能仅仅凭借环境伦理道德而实现，即组织拥有较高的企业环境伦理并不能确保企业拥有较高的可持续发展绩效，还需要通过企业环境伦理的导向，实施主动性环境管理才能更为有效地提高企业的可持续发展绩效。

六、研究局限与未来研究方向

本文的研究囿于一定限制，存在以下研究局限：①本文研究对于企业环境伦理主动性环境管理以及可持续发展绩效的测度采用截面数据，但是二者对于可持续发展绩效的影响可能存在一定的时滞性问题（Zahra 和 Covin，1995），如果后续研究能够拓展采用面板数据进行跟踪研究，那么将有助于深入了解组织内部因素影响企业实施主动性环境管理以及可持续发展绩效的作用与机理，对本文的研究结论提供更多的佐证；②本文的研究样本数据来源于国内汽车制造行业，这样虽然有利于控制行业间差别所带来的测量误差，提高研究的内部效度，但也在一定程度上抑制了研究的外部效度，后续研究可以针对不同的行业进行调查研究，以便进一步佐证本文的研究结论。

参考文献

[1] Ahmed N. U., Montagno R. V. and Firenze R. J.. Organizational Performance and Environmental Consciousness: an Empirical Study [J]. Management Decision, 1998 (36): 57 - 62.

[2] Aragon Correa J. A.. Strategic Proactivity and Firm Approach to the Natural Environment [J]. The Academy of Management Journal, 1998 (41): 556 - 567.

[3] Aragon - Correa J. A., Hurtado - Torres N., Sharma. et al.. Environmental strategy and performance in small firms: Are - source - based perspective [J]. Journal of Environmental Management, 2008 (86): 88 - 103.

[4] Aragon - Correa J. A. and Sharma S.. A contingent resource - based view of proactive corporate environmental strategy [J]. Academy of Management Review, 2003 (28): 71 - 88.

[5] Autio E., SapienZa H. and Almeida J.. Effects of age at entry, Knowledge intensity, and imitability on international growth [J]. Academy of Management Journal, 2000 (43): 909 - 924.

[6] Banerjee S.. Corporate environmentalism: the construct and its measurement [J]. Journal of Business Research, 2002 (55): 177 - 191.

[7] Bansal P.. Evolving sustainably: a longitudinal study of corporate sustainable development [J]. Strategic Management Journal, 2005 (26): 197 - 218.

[8] Bansal P. and Roth K.. Why companies go green: A model of ecological responsiveness [J]. Academy of Management Journal, 2000 (43): 717 -736.

[9] Baron R. M. and Kenny D. A.. The moderator variable distinction in social psychological research: Conceptual, strategic, and statistical considerations [J]. Journal of personality and social psychology, 1986 (51): 1173.

[10] Bhalla G. and Lin L. Cross - cultural marketing research: A discussion of equivalence issues and measurement strategies [J]. Psychology and Marketing, 1987 (4): 275 -285.

[11] BranZei O., UrsacKi Bryant T. J., VertinsKy I. et al.. The formation of green strategies in Chinese firms: matching corporate environmental responses and individual principles [J]. Strategic Management Journal, 2004 (25): 1075 -1095.

[12] Chan R. Y. K. Does the Natural Resource Based View of the Firm Apply in an Emerging Economy? A Survey of Foreign In - vested Enterprises in China [J]. Journal of Management Studies, 2005 (42): 625 -672.

[13] Chang. The Influence of Corporate Environmental Ethics on Competitive Advantage: The Mediation Role of Green Innovation [J]. Journal of Business Ethics, 2011 (1): 7 -14.

[14] Chen Y. S. The driver of green innovation and green image? Vgreen core competence [J]. Journal of Business Ethics, 2008 (81): 531 -543.

[15] Chen Y. S., Lai S. B. and Wen C. T.. The influence of green innovation performance on corporate advantage in Taiwan [J]. Journal of Business Ethics, 2006 (67): 331 -339.

[16] Darnall N. and Edwards D. Predicting the cost of environmental management system adoption: The role of capabilities, re - sources and ownership structure [J]. Strategic Management Journal, 2006 (27): 301 -320.

[17] Enticott G. and Walker R. M. Sustainability, performance and organizational strategy: an empirical analysis of public organizations [J]. Business strategy and the Environment, 2008 (17): 79 -92.

[18] Gadenne D. L., Kennedy J. and McKeiver C. An empirical study of environmental awareness and practices in SMEs [J]. Journal of Business Ethics, 2009 (84): 45 -63.

[19] Gon Zale Z Benito J. and Gon Zale Z Benito O. A review of determinant factors of environmental proactivity [J]. Business strategy and the Environment, 2006 (15): 87 -102.

[20] Hart S. L. A natural - resource - based view of the firm [J]. The Academy of Management Review, 1995 (20): 986 -1014.

[21] Hart S. L. and Ahuja G. Does it pay to be green? An empirical examination of the rela-

tionship between emission reduction and firm performance [J]. Business strategy and the Environment, 1996 (5): 30 - 37.

[22] Hoffman A. J. From heresy to dogma: An institutional history of corporate environmentalism [J]. Strategic Management Journal, 2001 (1): 7 - 14.

[23] Karim J., Somers T. M. and Bhattacherjee A.. The impact of ERP implementation on business process outcomes: A factor - based study [J]. Journal of Management Information Systems, 2007 (24): 101 - 134.

[24] Krajnc D. and Glavic P.. A model for integrated assessment of sustainable development [J]. Resources, Conservation and Recycling, 2005 (43): 189 - 208.

[25] Lopez Gamero M. D., Claver - Cortes E. and Molina AZ orin J. F.. Complementary resources and capabilities for an ethical and environmental management [J]. Journal of Business Ethics, 2008 (82): 701 - 732.

[26] Marcus A. and Geffen D.. The dialectics of competency acquisition: Pollution prevention in electric generation [J]. Strategic Management Journal, 1998 (19): 1145 - 1168.

[27] Melville N. Information systems innovation for environmental sustainability [J]. Management Information Systems Quarterly, 2010 (34): 1 - 21.

[28] Menguc B., Auh S. and OZanne L.. The Interactive Effect of Internal and External Factors on a Proactive Environmental Strategy and its Influence on a Firm's Performance [J]. Journal of Business Ethics, 2010 (1): 1 - 20.

[29] Naff Ziger D. W., Almed N. U. and Montagno R. V. Perceptions of environmental consciousness in US small businesses: an empirical study [J]. SAM Advanced Management Journal, 2003 (68): 23 - 32.

[30] PodsaKoff P. M., MacKenZie S. B., Lee J. Y. et al. Common method biases in behavioral research: a critical review of the literature and recommended remedies [J]. Journal of applied psychology, 2003 (88): 879.

[31] Porter M. E. and Van Der Linde C. Green and Competitive: Ending the Stalemate [J]. Harvard business review, 1995 (7): 120 - 134.

[32] Rondinelli D. A. and Berry M. A. Environmental citiZenship in multinational corporations: social responsibility and sustain - able development [J]. European Management Journal, 2000 (18): 70 - 84.

[33] Russo M. V. and Fouts P. A.. A resource - based perspective on corporate environmental performance and profitability [J]. The Academy of Management Journal, 1997 (40):

534 – 559.

[34] Schaper M. Small firms and environmental management [J]. International Small Business Journal, 2002 (20): 235.

[35] Schlegelmilch B. B., Bohlen G. M. and Diamantopoulos A.. The link between green purchasing decisions and measures of environmental consciousness [J]. European Journal of Marketing, 1996 (30): 35 – 55.

[36] Sharma S., Aragon Correa J. A. and Rueda ManZanares A. The contingent influence of organizational capabilities on proactive environmental strategy in the service sector: An analysis of North American and European ski resorts [J]. Canadian Journal of Ad – ministrative Sciences/Revue Canadienne des Sciences de l' Administration, 2007 (24): 268 – 283.

[37] Sharma S. and Vredenburg H.. Proactive corporate environmental strategy and the development of competitively valuable organizational capabilities [J]. Strategic Management Journal, 1998 (19): 729 – 753.

[38] Steurer R., Langer M. E., Konrad A. et al.. Corporations, stakeholders and sustainable development I: a theoretical exploration of business? society relations [J]. Journal of Business Ethics, 2005 (61): 263 – 281.

[39] Veleva V. and EllenbecKer M.. Indicators of sustainable production: framework and methodology [J]. Journal of Cleaner Pro – duction, 2001 (9): 519 – 549.

[40] Weaver G. R., Trevino L. K. and Cochran P. L. Corporate ethics programs as control systems: Influences of executive commitment and environmental factors [J]. Academy of management Journal, 1999 (7): 41 – 57.

[41] Zahra S. A. and Covin J. G.. Contextual influences on the corporate entrepreneurship – performance relationship: A longitudinal analysis [J]. Journal of Business Venturing, 1995 (10): 43 – 58.

[42] 范阳东. 论企业环境管理自组织发展的新视角 [J]. 中国人口·资源与环境, 2009 (19).

[43] 胡望斌. 新企业创业导向转化为绩效的新企业能力理论模型与中国实证研究 [J]. 南开管理评论, 2011 (14).

企业价值管理模式研究述评①

刘 圻 王春芳

【摘要】企业价值管理是近几年来国内外经济管理理论研究的一个新热点。本文对企业价值管理模式的相关研究进行了理论梳理，在探讨企业价值管理的概念内涵和理论基础上，将企业价值管理模式划分为基于现金流的企业价值管理模式、基于利润的企业价值管理模式以及基于财务与非财务相结合的企业价值管理模式三种类型加以评述。

【关键词】企业价值；价值管理；评价模式

随着企业外部环境的复杂化和内部组织单元的多元化，企业价值管理理论一直不断演进。企业如何实现价值创造的最大化以及维持价值创造的竞争优势成为企业生存和发展的首要问题。本文试图通过梳理价值管理的相关文献，为我国企业价值管理理论研究及实践应用提供借鉴。

一、企业价值管理的内涵

早在20世纪50年代，Modigliani和Miller就率先提出企业价值的概念，并在此基础上构建了基于现金流量的价值评估体系，为价值管理理论的发展奠定了基础。Copeland和Koller对价值管理的概念和准则进行了分析。他们认为，只有当资本回报超过资本成本时公司价值才被创造，并且价值管理是贯穿于公司的整体战略和日常经营决策中，将公司愿景、价值动因分析、评估工具和管理行为紧密联系在一起，以股东价值最大化为准则的管理架构。目前，理论界主要从三个方面对价值管理的概念进行界定：一是基于结果观界定，认为价值管理是管理者集中于公司战略制定以达到股东价值最大化的一种重要的管理架构；二是基于程序观界定，认为价值管理是从目标设立、制度与架构设计、策略规划、营运过程到人力资源的薪酬制度设计的全过程，着眼于对历史的控制而展开管理流程，遵

① 《中南财经政法大学学报》，2011年第5期。

循一条未来自由现金流量最大化、股东价值最大化、企业价值最大化的价值创造路径；三是从结果观和程序观两个方面综合界定，认为价值管理是管理者致力于股东价值最大化的企业战略，以价值评估为基础、价值创造为目的，围绕企业战略、管理风险补偿、内部控制和薪酬设计，整合各种价值驱动因素和管理技术、梳理管理与业务过程的新型管理框架。

二、企业价值管理模式的理论基础

企业价值管理的内涵意义丰富且并无定论，但其研究主要在两种不同的理论基础上展开，即以经济学为基础的委托代理理论和以社会学为基础的利益相关者理论。

（一）委托代理理论

Berle 和 Means 认为，代理问题源自企业所有权与控制权相分离。Jensen 和 Meckling 把代理关系定义为在一种合同的规范下，一个或多个人雇用其他人代表他们进行一些服务，包括授予代理人一些决策制定的权力，把代理成本定义为委托人的监督成本、对代理人的约束担保成本和剩余损失的总和，认为经营者和投资者的目标函数是不一致的，在信息不对称和股东分散的情况下，会出现逆向选择和道德风险，这将导致代理成本的产生。解决逆向选择和道德风险问题的最佳补偿契约方案是风险分享与激励之间的平衡问题。价值管理的支持者认为他们解决了这个问题。Jensen 从自由现金流的角度分析了投资者和经营者之间的代理冲突问题，认为企业可以通过现金流在投融资活动关系及股利支付行为中的控制效应和并购效应来增强对管理者的约束力以减轻代理成本。而通过现金流指标在企业财务分析评价中的应用建立财务风险预警模型来保障价值的创造，价值管理归根结底是基于价值创造的现金流管理。Ryan 和 Trahan 从剩余收益的角度提出了价值管理的核心理念是资本效率，强调资本获得的收益至少要能补偿投资者的风险，即管理者需要持续关注股权的资本成本以不断提升股东价值，这增强了投资者和经营者的目标一致性，从而有利于缓解代理冲突，减少代理成本。

（二）利益相关者理论

利益相关者理论认为利益相关者对企业投入了专用性资产并分担了企业风险，因此应

该和股东一样享有企业剩余索取权。根据企业的具体情况，利益相关者分为三种类型：确定型利益相关者、预期型利益相关者和潜在型利益相关者。由于信息的不对称，在现实应用中基于经营业绩的财务指标难以全面证实代理人的行为动机和努力程度，也无法确切反映利益相关者的诉求，因此，非财务业绩评价作为财务业绩评价的必要补充有利于平衡所有利益相关者的利益，也成为价值管理理论发展的新变迁。以平衡利益相关者利益为出发点的价值管理模式最突出的做法是将财务和非财务相整合，寻求度量利益相关者价值的指标体系。Kaplan 和 Norton 提出，把平衡计分卡应用于企业价值评估中，能够有效地反映顾客、企业内部流程、员工以及公司财务层面的利益诉求，公司在为股东寻求回报的同时，还需满足经营者、债权人、供应商、顾客、员工、政府等的共同价值诉求，以协调多方利益达到价值总和最大化，实现企业多重资本的价值分享机制。

三、企业价值管理的模式分类

根据委托代理理论，有效的财务计量指标可以促使代理人持续关注股东价值，弱化代理冲突，促进委托人和代理人的利益趋同，从而实现企业代理成本最小化；根据利益相关者理论，代理人的行为动机和努力程度需要观察，非财务指标的引入可以弥补财务指标的不足，减少由于忽略非财务指标而降低财务指标应用质量的可能性。据此，对于企业价值管理计量模式的分类主要从财务层面和综合层面进行研究和检验，将其划分为基于现金流的企业价值管理模式、基于利润的企业价值管理模式以及基于财务与非财务相整合的企业价值管理模式。

（一）基于现金流的企业价值管理模式

价值管理思想的源头最早可以追溯到 20 世纪初期 Fisher 的资本价值理论。Modigliani 和 Miller 的资本结构理论（MM 理论）对价值管理产生了重大影响，唤起人们对企业价值的高度关注。20 世纪 80 年代，自由现金流量成为价值评价的标准分析工具，被投资者认为是正确的价值创造的衡量指标。Jensen 把现金流量定义为是在满足全部净现值为正的项目之后的剩余现金流量，或等于来自经营活动的税后现金流量减去经营资产上的增量投资。Rappaport 在自由现金流的基础上，沿袭了 MM 理论对企业价值的理解，把未来现金流的折现值视作企业价值，挖掘隐藏在企业价值背后的驱动因素，包括销售增长率、营业利润率、所得税税率、营运资本投资、固定资产投资、资本成本和公司价值增长期这七大价值驱动因素。前三大驱动因素体现了公司的营运能力，随后的三大驱动因素体现了公司的投融资决策能力，最后的公司价值增长期是指公司投资报酬率大于资本成本的预测年限。根据自由现金流量折现模型分析，影响企业价值增值的动因便可归结为提高销售能力、提高盈利能力、有效降低税负、压缩投资支出占销售收入的比重，减少资本成本和延长公司价值增长期。之后，Ottosson 和 Weissenrieder 提出了现金增加值（CVA）的企业价值管理模式，将企业的现金流区分为经营现金流（OCF）和经营要求现金流（OCFD），二者之差即为 CVA。同时，他们还指出企业的投资分为战略性投资和非战略性投资，在 CVA 模型中，战略投资构成资本，非战略投资被视为成本；Weissenrieder 提出了 CVA 系数概念，即经营现金流和经营要求现金流之比，他认为 CVA 包含五个主要的价值驱动因素，即销售收入、营业盈余、营运资本、非战略性投资和经营要求。随后由波士顿咨询公司和 HOLT 价值联合会提出了投资现金流收益（CFROI）的价值管理模式，建立了覆盖 36 个国家 18000 个公司的价值数据库。投资现金流收益被定义为产生的现金流与经济资本消耗之差及它们与投入资本的比率。该价值管理模式的价值驱动因素包括经营性现金流量、现金流收益率、净营运资本占用量、固定资产账面价值及其平均寿命、加权平均资金成本等。

学者们对基于现金流的价值管理模式进行了大量的实证研究。Beaver 发现经营现金流（OCF）在衡量企业的经营业绩方面优于净收益指标，可以较好地评判企业的盈利质量，确定企业真实的价值创造。波士顿资讯公司和 HOLT 价值联合会发现 CFROI、资产收益率及权益报酬率对公司股价的解释力分别为 70%、31% 和 44%，而息税前利润（EBIT）与公司股价不相关。他们认为，CFROI 与传统的会计利润指标最大的不同是其关注公司未来折现现金流，并采用消除了通货膨胀和会计政策变动影响后的折现率，当 CFROI 大于投资者要求的回报率时，说明公司为股东创造了价值。Rappetal 以 2002 ~ 2008 年的德国 1083 家公司为样本，研究投资现金流收益价值管理模式的应用与公司股市表现的相关关系。研究发现，价值管理模式的重要性日益突出并得到了普遍应用，2002 年只有 25% 的公司应用价值管理模式，2008 年 42% 的公司（大型公司 87%）都实施了价值管理模式，并且这些实施了投资现金流收益价值管理模式的公司在为期 1 ~ 2 年的整顿阶段仍能获得持续性的超额股市收益率。国内学者杨淑娥等从终极控制人的视角考察自由现金流对公司绩效的影响，研究发现，现金流权与公司绩效显著正相关，对终极控制股东存在激励效应，说明自由现金流对终极控制股东行为存在约束作用，加强自由现金流的有效控制有利于企业价值管理。

（二）基于利润的企业价值管理模式

传统意义上的利润概念并不意味着价值创造。1950 年，Electric 首先提出剩余利润的概念。Ryan 和 Trahan 明确地界定了剩余利润（RI）的计算公式，他们认为 RI 是 VBM 度量指标的主要方法。20 世纪 90 年代初，美国的两位学者 Joel Stern 和 Bennett Sterwart 在前人研究的基础上正式定义了经济附加值的概念，即考虑了资本成本后的剩余利润，强调经济附加值等于税后净营业利润扣除资本成本。Stern Stewart 咨询公司将其注册为商标 EVA，同时建立了 EVA/MVA 年排名数据库，并且每年都会在《财富》杂志上公布全美 EVA 排名前 1000 名以内的上市公司。之后，Colesetal 在《财富》杂志上指出 EVA 方法是公司工作指标的首选和评估 CEO 业绩的工具。这一价值管理模式提出了价值创造的三大因素，即税后净营业利润、投资资本和资金成本。Koller 对投资资本回报率（ROIC）的价值驱动因素进行了分解，Copelandetal 更细致地探讨了基于 ROIC 的价值管理模式，他将 ROIC 定义为调整的税后净营业利润与投资资本的比值。ROIC 与 WACC 的差其实就是经济利润率，它与经济增加值是一脉相承的价值管理理念。

Stewart、Milunovich 和 Tsuei、Lehn 和 Makhijia、Rajan 通过统计和实证的方法对基于经济利润的价值管理模式进行了研究。在 EVA 被 Stern Stewart 咨询公司普遍应用于评估公司业绩前，国外许多学者对 EVA 业绩评价的有效性进行了大量实证研究。这些研究主要采用价值相关性模型，研究在资本市场有效的前提下 EVA 与传统的会计指标相比对公司价值的解释力，试图检验 EVA 对公司价值或股票收益的相关性。他们发现在与公司价值之间的关系中，EVA 比传统的会计指标具有更强的解释力。Kantor 和 Pettit 选取了 1986 ~ 1995 年 100 家美国银行的 MVA 和 EVA 以及其他财务指标数据，研究发现 MVA 与 EVA 之间相互关系最强。同时还得出，EVA 与其他传统财务评价指标相比，它对 MVA 的解释度明显较高，这种解释度采用回归分析中的多重确定系数来表证。Fatemi 进一步论证了会计业绩考核指标如 ROE 和 ROA 没有给公司带来经济效益，因为这些指标不能解释由于公司经营者追求收益增长及规模扩大而带来的风险。Ryan 和 Trahan 在 1984 ~ 1997 年，对 VBM 体系中 84 家公司的业绩表现进行了实证研究，研究发现，实施了价值管理体系后，这些公司的剩余收益在为期五年的持续研究中得到了显著的增长和提高。在尽可能控制了样本偏差后，还发现大型公司相对于中小公司的业绩增长要慢，同时，公司采用 VBM 体系后都倾向于减少与公司成长无关的资本支出，更加关注以有限的资本最大化地提高公司的价值。

相比国外，国内应用 EVA 指标体系要晚，随着 EVA 理论在中国进一步的发展以及

EVA 在国内企业实践中的不断应用与探索，近些年国内涌现出一大批学者结合国内上市公司对 EVA 评价的有效性进行了大量研究。在理论研究方面，刘力、谷祺和于东智较早地介绍了 EVA 的价值管理模式。在实证研究方面，王化成等选取了 1999～2001 年涉及 12 个行业的 890 家公司，采用水平与变化模型进行了研究，发现在相对信息含量方面，EVA 没有表现出明显的优于传统收益指标的特性；在增量信息含量方面，EVA 的独特构成部分（资金成本和会计调整项）显示了一定的增量价值相关性，但与传统收益的构成部分（现金流量和应计项）相比较，这种增量效应不是十分显著。戴德明等对 1998～2001 年国内 326 家公司进行了研究，并得出结论：EVA 的价值相关性高于传统财务指标（譬如，经营活动现金流量、营业利润、净利润等）的价值相关性。尽管实证研究的结论存在不一致，但国内研究结论大都验证了 EVA 总体上解释力强于传统指标，经济收益 EVA 与企业价值相关程度较高。

（三）基于财务和非财务相整合的企业价值管理模式

随着企业环境以及企业组织自身的变化，技术和人力资本被视为推动价值增长的关键因素，企业价值管理工具经历了深刻的变革，即从以财务指标为核心的财务业绩评价时期进入到了全新的综合业绩评价时期。也就是说，除财务指标外，企业的发展还需关注反映企业未来盈利的潜在战略性指标，围绕顾客、内部经营过程、学习和成长等多个方面分头进行，否则整个企业将丧失这种特殊资本所带来的潜在协同收益。以传统的委托代理理论为基础，Bull 率先建立了研究非财务指标的业绩评价和奖励的分析性模型，旨在促使代理人的真实行动与委托人所合意行动相一致。之后，逐步形成了基于委托代理和利益相关者理论的非财务业绩评价的分析模型。延续财务与非财务相整合的价值管理思路，Kaplan 和 Norton 创造性地将企业价值创造的驱动因素从财务层面延伸至非财务的客户层面、内部流程层面和员工的学习与成长层面，构造了一个因果相连富有逻辑的企业价值管理的平衡计分模式，随后将这一模式推向全面的实践应用，并与企业的战略管理相融合。这一整合模式可以很好地将基于现金流或利润的财务性质的价值管理模式整合进自己的体系，同时可以与作业成本法、业务流程再造和企业资源计划等其他价值管理工具紧密结合。基于财务与非财务相整合的价值管理思想，汤谷良和林长泉构造了一个联系战略规划、战略控制、战略评价的价值管理模式，他们认为公司战略规划应该以目标战略、财务管理为价值模型，从公司财务治理、SBU 与流程来设计价值组织与流程，根据自由现金流量折现模型的关注重点分析关键价值驱动因素，并通过全面预算体系、价值报告和价值控制实施战略控制，最后形成具有战略性、整体性、行为导向的战略评价体系，保障企业实现价值最大化

目标。杜胜利从 CFO 的角度构造了包括战略计划管理者、资源价值管理者、流程系统管理者、业绩评价管理者、公司控制管理者五大角色板块的价值管理系统框架。王化成和刘俊勇基于战略目标、组织结构、全面预算管理和激励机制四个方面的因素分析，认为以财务指标作为企业目标只是企业追求的结果，它并不能告诉管理者如何影响结果，而实现这一结果的过程是企业的战略，对于过程或手段的动因分析更多的是依靠非财务指标，最后他们得出中国企业更应倾向于选择引入了非财务指标的平衡价值管理模式。王平心和吴清华将作业基础管理与基于价值的管理相结合，构建了“作业—作业链—价值链—价值管理”的基于作业的价值管理模式。之后，Tayler 提出用平衡计分卡方法作为一种战略管理的工具置于企业价值因果链中，而非仅仅用于企业绩效考核指标，这样有助于管理者树立使命感和责任感，从而积极主动地为企业创造价值。换句话说，平衡计分卡不再被划分为相互独立的四个层面，而是一个战略性的、全面的管理架构。

四、简　评

随着企业这一社会经济细胞逐渐成长、进化，价值管理作为一个崭新的管理理念被越来越多的企业付诸实践。目前，国内外学者对企业价值管理的研究主要体现在三个方面：一是基于现金流的价值管理模式；二是基于利润的价值管理模式；三是基于财务与非财务相整合的价值管理模式。现有文献对三种模式的研究几乎都建立在以经济学为基础的委托代理理论和以社会学为基础的利益相关者理论基础之上，在这些理论的指导下，研究者们进行了大量的实证研究，对企业价值管理理论进行检验、比较和修正。从现有的企业价值管理研究来看，大部分研究都是基于一个共同假设，即一旦企业的剩余控制权和剩余索取权对应，选择相适应的价值管理模式就能够有效地促进投资者和经营者的利益趋同，实现与企业所有利益相关者的价值总和最大化。然而，建立在这些理论上的价值管理模式并没有深入揭示企业价值创造的原动力，也没有显现企业价值管理流程中程序的独立价值，容易导致企业价值管理模式对价值创造计量指标的依赖。在这里，笔者认为企业价值管理模式的研究应该关注两个基础性的问题。

（1）企业价值创造的原动力。企业往往被视为一种计划秩序的载体，然而随着企业的有机成长，企业内部层级式计划秩序的局限性会越来越突出，而那种立基于每个组织成员的利己心，通过自发的试错过程和分散化的竞争性方式的组织行为将逐步体现出自身的优越性。鉴于此，我们认为，企业应该探求一种自下而上的基于自发秩序的企业价值管理路径，而无须纠结于计划秩序的精心设计。当现代企业在一个复杂系统中有机成长时，传统意义上的市场自发秩序力量将从企业内部唤起并主导企业的决策行为，这其实就是企业价值创造的原动力。这一自发秩序力量难以被精确地计划设计，它需要一种敏捷的管理程序对其进行有效疏导。一旦企业的管理程序没有很好地容纳这一自发秩序力量对企业价值创造的基础性贡献，企业的内部管理将陷入一种混乱和冲突，表现为一种无序状态。

（2）企业价值管理的程序理性。Simon 认为，在不确定性的环境下，只能依靠运用某一理性的程序来减少未来不确定性的程度。任何一家企业的价值管理环境都充满了不确定性，因而对价值管理业绩结果的改进都将难以一步企及，而通过结构化的管理程序则能够提供持续的基础保证。企业价值管理的业绩结果往往只能决定着人们的注意力，而一个恰当的价值管理程序模式则能够保证企业各利益相关方对这一价值管理结果的尊崇，它往往能在组织面临不确定的内外环境时给予行为人明确的行动结构。与此同时，Feldman 和 March 认为程序性的活动能够向第三方彰显管理者的能力。鉴于此，我们认为，企业的价值管理模式一旦基于自发秩序基础并从程序理性的思想切入，则无须计较企业价值创造结果用何种业绩指标（现金流、经济利润或平衡计分卡加权分数）进行计量，对企业价值管理程序质量的保证也即对结果质量的认同。

参考文献

[1] Copeland, Tom, Tim Koller, Jack Murrin. Valuation: Measuring and Managing the Value of Companies [J]. Wiley, 1994 (21): 34 – 37.

[2] Harley E. Ryan, Jr., Emery A. Trahan. Corporate Financial Control Mechanisms and Firm Performance: The Case of Value – based Management Systems [J]. Journal of Business Finance and Accounting, 2007 (13): 111 – 137.

[3] Kaplan Norton. The Balanced Scorecard measures that Drive Performance [J]. Harvard Business Review, 1992 (8): 71 – 79.

[4] Rappoport, Alfred. Creating Shareholder Value: A Guide for Managers and Investors [M]. New York: The Free Press, 1986.

[5] Erik Ottosson, Fredrik Weissenrieder. Cash Value A dded: A New Method for Measuring Financial Performance [J]. Gothenburg Studies in Financial Economics, 1996 (15): 1 – 10.

[6] Fredrik Weissenrieder. Value Based Management: Economic Value Added or Cash Value Added? [J]. Gothenburg Studies in Financial Economics, 1998 (17): 142.

[7] Fatemi, A, Desai, A. S., Katz, J. P. Wealth Creation and Managerial Pay: MVA

and EVA as Determinants of Executive Compensation [J]. Global Finance Journal, 2003 (9).

[8] Kaplan, R S. Norton, D. P. Putting the Balanced Score card to Work [J]. Harvard Business Review, 1993 (18): 134 - 147.

[9] Kaplan, R S., Norton, D. P. U sing the Balanced Scorecard as A Strategic Management System [J]. Harvard Business Review, 1996 (16): 75 - 85.

[10] William B. Tayler. The Balanced Scorecardas A Strategy Evaluation Tool: The Effects of Responsibility and Causal Chain Focus [J]. The Accounting Review, 2010 (8).

[11] Simon, H. A. Rationality Process and Product of Thought. American Economic Association Papers and Proceedings [J]. Richard. Tely Lecture, 1978 (68): 1 - 16.

[12] 汤谷良，林长泉．打造 VBM 框架下的价值型财务管理模式 [J]. 会计研究，2003 (12).

[13] 杨淑娥，苏坤．终极控制、自由现金流约束与公司绩效基于我国民营上市公司的经验证据 [J]. 会计研究，2009 (4).

[14] 王化成，刘俊勇．企业业绩评价模式研究兼论中国企业业绩评价模式选择 [J]. 管理世界，2004 (4).

[15] 戴德明，王艳．经济增加值与传统指标的价值相关性研究 [J]. 会计论坛，2004 (1): 1 - 13.

[16] 杜胜利．构建 CFO 管理模型及其价值管理系统框架 [J]. 会计研究，2004 (6).

[17] 王平心，吴清华．基于作业价值分析的价值链管理：一个理论框架 [J]. 管理评论，2005 (4).

[18] 刘圻．论企业财务秩序的自发性 [J]. 管理世界，2008 (7).

[19] 刘圻．企业价值管理创新模式研究——基于自发秩序与程序理性的视角 [J]. 会计研究，2010 (8).

企业文化测量的实证研究——对股份制商业银行企业文化建设的调查与分析[①]

何 淼 汪 毅

【摘要】 企业文化作为一种“文化资本”在现代企业的发展中扮演着愈发重要的角色，也得到了企业管理层的高度重视。企业文化的建设以企业文化测量为基础，通过企业文化测量，能够准确把握已有的企业文化，并对企业文化的变革方向做出判断。本文立足于丹尼森企业文化模型，以一股份制商业银行为调查对象，根据其企业性质，预测度结果以及相关访谈，构建其企业文化的综合测评模型，并利用此量表对该银行的企业文化软实力进行评估。在总体情况以及分组统计两个层面对该企业的文化软实力进行分析，并提出加强改革创新能力和服务客户能力，提升核心文化的凝聚力和推动力等企业文化提升建议。

【关键词】 企业文化；测评模型；文化评估；文化变革

一、前 言

企业文化作为一种“文化资本”，在现代企业改革和发展的过程中发挥着愈发重要的作用，构成了企业发展的文化“动力因”。综观世界各大知名企业，文化是推动企业蓬勃发展的核心要素之一。而优秀企业文化的形成离不开对企业文化的系统认知和理性判断，因此，本文以某一股份制商业银行（以下简称 N 银行）为研究对象，通过建立企业文化的综合测评模型并予以测量，形成对该银行企业文化现状诊断、存在问题和设计思路的理性认知及思考。

① 《技术经济与管理研究》，2011 年第 12 期。

二、研究对象、研究内容及方法

（一）研究对象

N银行是一家由国有股份、中资法人股份、外资股份及众多个人股份共同组成的股份制商业银行，实行一级法人体制。在10多年的发展中，N银行已经形成了自身的企业文化，包括企业精神、核心价值观、企业哲学等。目前，N银行正进入新一轮企业发展规划的实施期，企业发展也提出了对企业文化更高的要求。在此背景下，对N银行企业文化现状进行诊断，从而形成对存在问题和设计思路的理性认知及思考，对于进一步地做好N银行企业文化建设工作，创造N银行未来发展的“文化资本”，实现企业的可持续发展，形成具有现代金融企业特色的企业文化有着重要的意义。

（二）研究内容及方法

本次研究内容主要为对N银行文化软实力的综合测评。以丹尼森（Denison）企业文化模型为蓝本，借鉴赵世刚提出的企业文化的特殊性，本次研究建立了N银行文化软实力综合测评模型。

本次研究在对N银行进行正式的企业文化测度之前进行了一次样本量为110人的预测度，从而建立N银行的文化软实力综合测评模型，并保证其针对性和有效性。同时，最终确定了“N银行企业文化软实力综合测评模型”，如图1所示。

本次调查根据企业内的各职位分布情况采取分层抽样的方法，共发放问卷550份，涉及N银行总部、分行、支行等诸多机构，回收有效问卷534份，问卷回收率达到97.1%。同时，就N银行的企业历史沿革、文化建设现状、战略发展方向等与企业高层、中层、普通员工进行了深度访谈，作为补充材料。

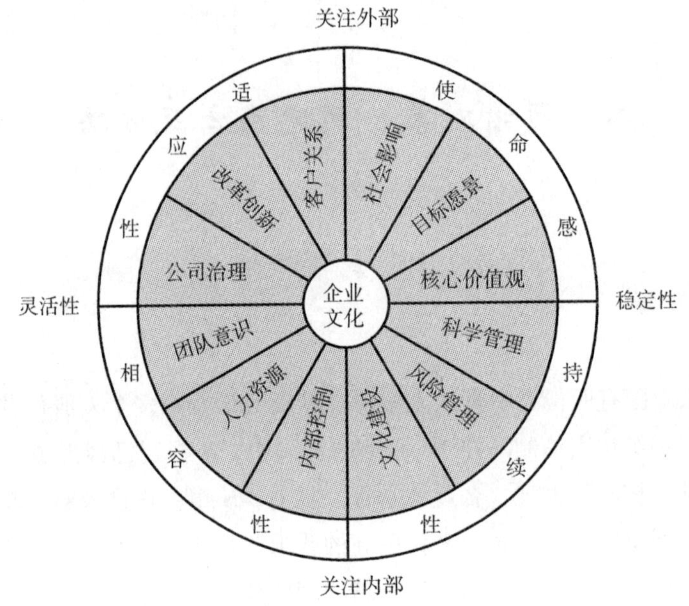

图 1　N 银行企业文化软实力综合测评模型

三、结果与分析

（一）N 银行企业文化软实力综合测评

1. N 银行企业文化软实力的总体情况

总体而言，N 银行在各维度的表现都相当不错，“使命感”为 56.63 分，“持续性”为 56.93 分，“相容性”为 57.76 分，“适应性”为 54.44 分，得分均处于较高的水平。具体而言，在四个企业文化维度上，N 银行在“相容性”上表现最为突出，说明企业各个部分正在形成一个有机统一的整体，各个部门间的配合及团队内的配合较为有效，个人也在此氛围中得到了较好的成长；“使命感”和“持续性”的得分其次，并接近于“相容性”的得分，说明对于被调查者来讲，企业在这两方面有较好的表现，但也需要进一步地提升；企业在“适应性”方面的得分落后于其他各项且存在一定差距，说明 N 银行在应对外部环境变化、积极改革创新、紧跟市场步伐方面还有待加强。

在了解企业文化四个维度的基础上，对其进行细致剖析，可以发现，N银行在12个文化因子的得分表现上不太均衡，如表1所示。

表1 N银行12企业文化因子得分表

文化因子	社会影响	目标愿景	核心价值观	科学管理	风险管理	文化建设	内部控制	人力资源	团队意识	公司治理	改革创新	客户关系
得分	18.78	19.57	18.28	17.14	21.11	18.68	19.12	20.00	18.64	18.96	17.78	17.70

首先，N银行在“风险管理”上表现十分突出，领先于其他各指标，说明作为一家金融机构，强烈的风险防范意识、风险控制意识已经在N银行有效地树立起来，并形成了强有力的风险控制能力，风险防范体系在N银行得到了有效的建立与整合。

其次，在“人力资源”上，N银行也有相对较高的得分，表明企业为员工提供了较好的发展机会和平台，员工的自我实现感较高。

再次，“目标愿景”、“核心价值观”、“社会影响”、“团队意识”、“内部控制”，以及“公司治理”、“文化建设”得分一般。以上说明：企业使命感还有待进一步提升；企业协调整合与配合能力需要在以后的文化建设中加强构建，公司内部各部门之间、不同员工之间的统筹协调的情况需要改善；企业文化建设和公司治理需要在提升企业可持续发展能力中进一步发挥作用。

最后，企业在客户关系改革创新和科学管理上得分最低：①对外而言，企业以客户为中心的理念还需进一步贯彻，服务理念必须落实到工作的各环节中。同时，改革创新能力亟须提升，作为一家金融企业，只有保持创新活力，才能在市场竞争中占据先发优势，这也契合了访谈中广大员工对创新文化建设的重视以及对勇于创新作为核心价值观的认可。②对内而言，企业应注重科学管理，尤其应注重以人为本的管理，重视职工的愿望价值和积极作用，在企业决策中建立充分的信息共享和沟通机制。

2. N银行企业文化软实力的分组统计分析

（1）性别上的差异：女性员工评价略高于男性员工。

（2）年龄上的差异：40周岁及以下的中青年员工总体评价高于40周岁以上的员工。

在被调查者中，总体而言：31~40周岁年龄段的员工对企业文化软实力的评价最高，其次为30周岁及以下年龄段的职工，而41~50周岁和50周岁以上的员工评价普遍较低，尤其是51周岁及以上的员工在企业的“社会影响”、“目标愿景”和“核心价值观”三个文化因子上的评分尤低（见图2、图3）。这说明：一方面，中青年员工比较认可目前N银行的企业文化软实力建设，尤其是31～40周岁年龄段的员工，在N银行已经工作了一段时间，见证了企业的发展历程，自身适应环境的能力也在企业发展中提高，由此提高了对于企业发展环境的适应能力及认可程度，30岁以下的青年职工作为N银行的新生力量，能够对企业给予较高的评分也表明了对N银行的认可，而由此带来的工作干劲对于N银行而言极为有益；另一方面，41周岁及以上的员工可能由于在N银行已经工作了较长的时间，并且多为企业管理层的中坚力量，对企业及本行业有着较深的了解与认知，由此可能相应地产生了较高的要求和期待，因此在评分上较为严格，造成评分较低的情况。

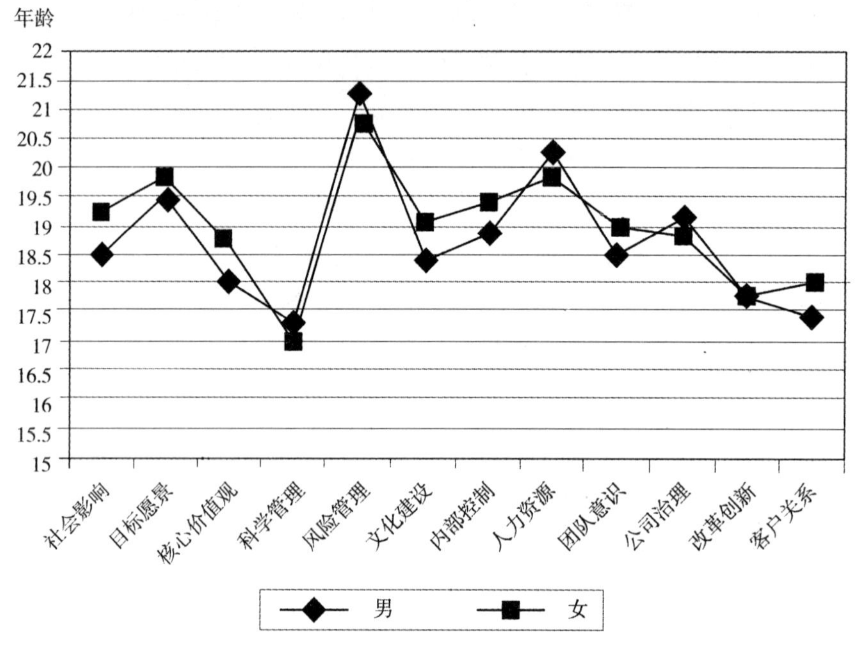

图2　企业文化软实力测评在性别上的差异

（3）受教育程度上的差异：受教育程度与评价水平呈现出明显的负相关——受教育程度越高，评价水平越低。

图4直观地表现出了受教育程度与评价水平之间的负相关关系：随着受教育程度的提升，12个文化因子的评分均出现了下降的趋势。这表明：N银行在人才政策上应该有所提升，对于高学历人群，如何做到人尽其才，提供其发挥才能的平台，为其谋划出一条职业发展路径是未来需要解决的问题。受教育程度愈高可能导致其对自身的职业生涯期待及对公司期待愈高，因此，在现状可能达不到其期望时，往往容易产生较低的评价。

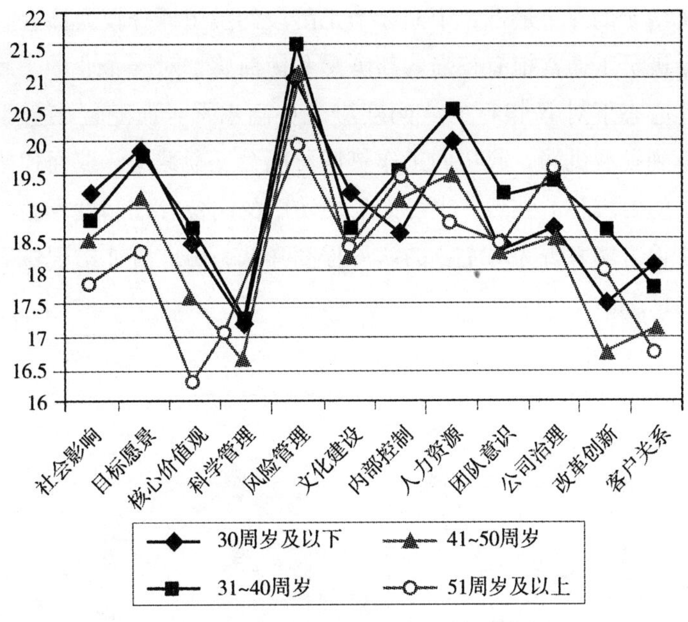

图3　企业文化软实力测评在年龄上的差异

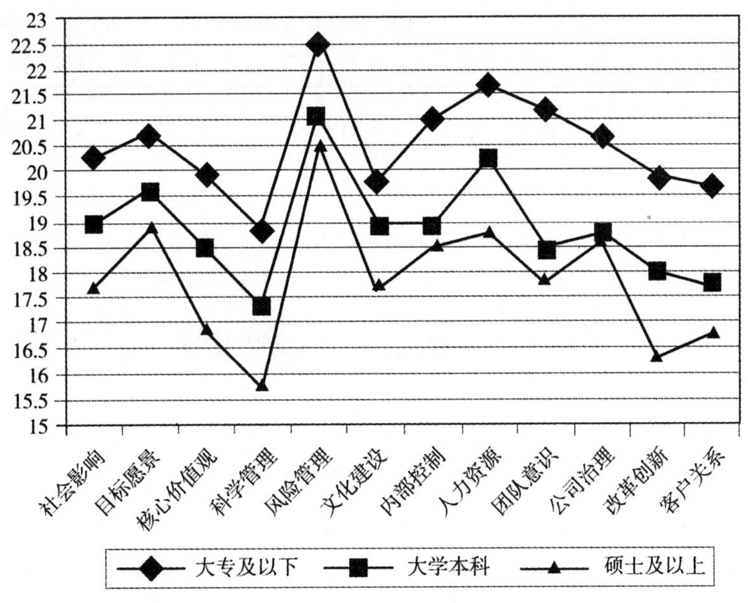

图4　企业文化软实力测评在受教育程度上的差异

（4）工龄上的差异：比较而言，新进职工评价最高，老员工评价最低。

由图5可以看出，工龄在5年及以下的新进员工对企业文化软实力的评价最高，而16

年及以上的老员工给予的评价最低，中间2个工龄段的员工评分较为接近。

一般而言，新进员工通常抱有较强的新鲜感和使命感，对于企业的了解程度不深却有较高的期望值，此心态下对N银行的认同度应该在高水平。而随着在企业供职时间的加长，如果长期得不到发展机遇，起初的工作热情可能会逐渐减退，取而代之的是对未来职业发展和个人回报的要求日益强烈，很可能与现实中的岗位升迁制度及薪酬奖励制度产生冲突，不满的情绪很可能表现为对企业的认可程度降低，由此可能出现供职时间较长的员工评分水平下降的情况。

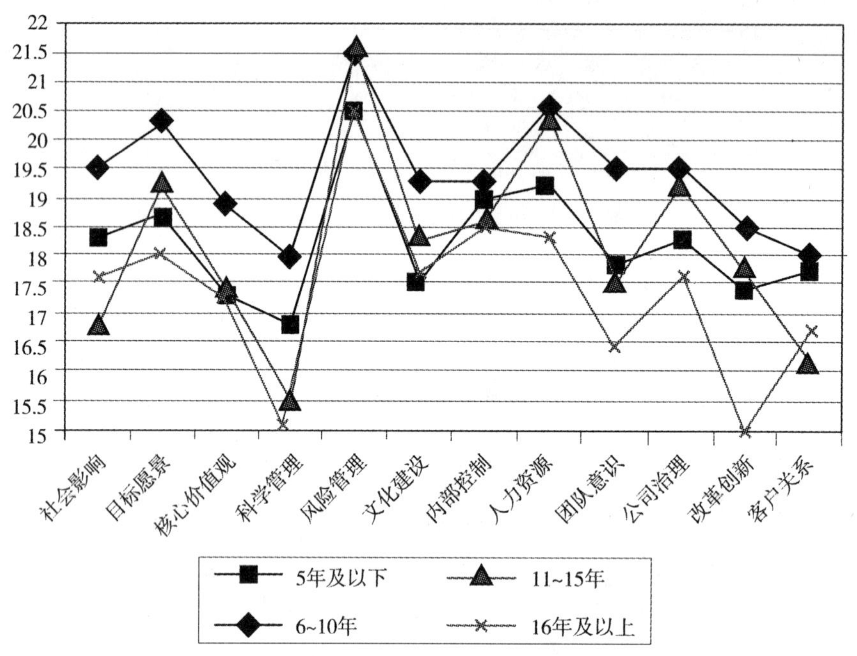

图5　企业文化软实力测评在工龄上的差异

（5）职位上的差异：员工层与行长层评价接近，中层管理者评价最低。

通过图6可以发现，行长、员工对于N银行企业文化软实力的评价基本接近，中层管理干部的评价最低。

这可能是因为：一方面，中层管理者作为企业各项制度的执行者，承担着企业高层与员工的沟通桥梁的角色，对自身的工作要求较高；另一方面，高层领导可能有好的想法、明确的思路，中层管理干部可能在落实和贯彻中存在着力不从心的感觉，相较于高层领导评价较低，同时中层管理干部在企业执行层面有着更深的认知和更紧密的接触，因而较之于一般员工，对企业存在的问题有着更深刻的认知，出现了评价较低的情况。

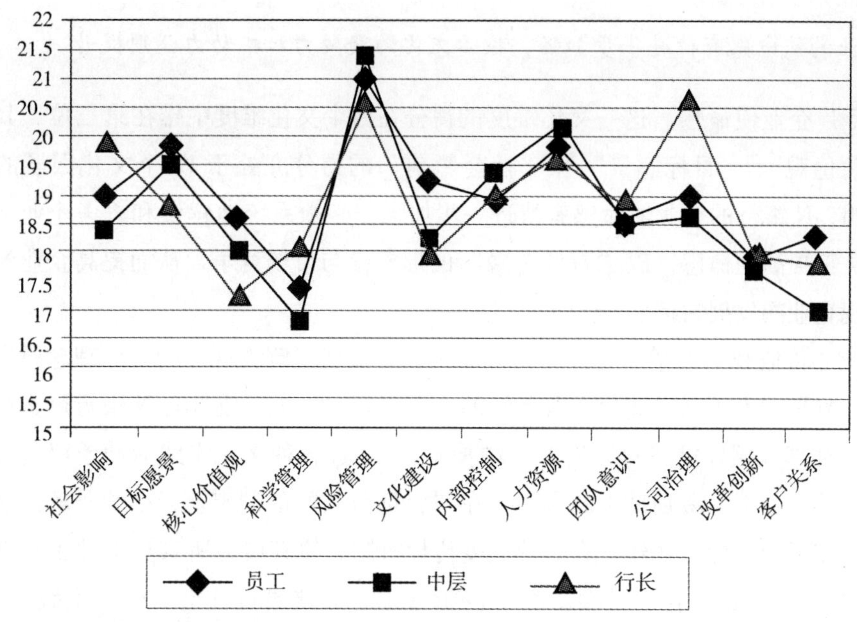

图 6　企业文化软实力测评在职位上的差异

（二）企业文化提升的建议

通过此次调查，可以认为 N 银行的企业文化建设已经取得了较好的成效：N 银行基本的文化框架已经形成，企业文化的各个方面均得到了被调查者的基本认可，但仍面临着诸如企业文化主导特色不明、企业文化灵活度和开放性不够等问题。针对调查中呈现出的 N 银行企业文化建设的问题，提出以下建议：

1. 企业文化稳健有余而灵活不足，亟须加强企业的改革创新能力和服务客户能力

就 N 银行在 12 个文化因子的得分而言，“风险管理”的得分远高于其他 11 个因子，一方面，充分肯定了 N 银行在风险管理上的成功，以及风险管理意识的深入人心，表现了 N 银行企业文化稳健的特征；另一方面，过于稳健可能造成保守型的发展策略，而使得企业活力不足。这也表现在“使命感”、“持续性”、“相容性”、“适应性”四个文化维度中。“适应性”维度落后于其他三项，且存在着明显的差距。这说明，N 银行对企业外部环境变化反应能力和适应能力还有待培养和加强，“以客户为中心、以市场为导向”的经营理念还须进一步提升。

2. 企业的使命感有待进一步加强，核心文化的凝聚力和推动力还须提升

N 银行“企业使命感”这一文化维度的得分在四个文化维度中排在第三位，其所对应的“核心价值观”、“目标愿景”和“社会影响”的得分亦处于 12 个文化因子的中等水平。这说明，N 银行的企业使命感有待进一步加强，必须系统地建设和思考企业文化，让每个企业员工提高使命感，以“责任金融”的形象参与市场竞争，从而提高企业的核心竞争力，实现企业的发展目标。

在“核心价值观”的塑造上，据访谈总结，必须切实解决现存的主导理念模糊、核心特色缺乏、凝聚能力不强、文化实践不够的四大问题。应该形成具有 N 银行风格和特色的企业文化（如部分领导提到的“创先”精神），并通过各种文化实践活动予以落实，才能真正起到引导、吸引、激励员工的作用。在“目标愿景”的制定上，必须分解出切实可行的远期目标和近期目标，并建立有效的制度传导机制，使其成为所有员工的工作准则、行为标准和“目标愿景”。在“社会影响”的形成上，必须履行社会责任，实践社会承诺，这将有助于 N 银行建立和客户、社会的良好关系，为企业品牌影响力的提升添加筹码，同时这也是对 N 银行企业自身、对员工的一种训练，让企业整体对社会更加敏感。

3. 企业的可持续发展能力存在“短板”，须以“科学管理”和“文化建设”作为两大着力点

就“科学管理”而言，通过访谈发现，N 银行的弱点表现在基于信息共享和沟通机制的民主管理和科学决策能力不强，忽视了员工在企业管理和决策中的积极作用。未来，应在企业管理中，充分倾听员工的意见，通过定期开展员工座谈会、建立员工发表意见的渠道，让员工参与企业决策制定，使其更加深入地理解决策的内涵，明白决策的重要性。

就“文化建设”而言，N 银行主要存在着企业文化系统不健全（主要表现为缺乏独立的企业文化管理机构），企业文化落地难的问题。而企业文化是企业发展的关键核心要素，因此，必须积极开展各种企业文化实践活动，完善企业文化的管理机制、执行机制和考核机制，真正使企业文化成为企业持续发展的动力源。

4. 中层的执行力须落实到可运作层面，变“喊出来”的企业文化为“做出来”的企业文化

企业文化建设不仅要求将企业文化纲领“喊出来”，更重要的是要围绕行业价值观形成的理念、制度等“做出来”，并成为全体干部职工自觉的行为习惯。在这个过程中，企

业中层承担着重要的责任，既是企业文化的直接推动者，也是企业文化的实践者，同时还是部门内部文化的引导者。

在本次对于N银行企业文化软实力的综合测评中，具“承上启下”作用的中层管理者给出的评价最低，表现了对企业文化软实力较低的评价度，这可能与中层管理者在企业文化建设的具体过程中感到的“心有余而力不足”有关。

面对以上问题，N银行的中层管理者必须当好企业文化建设的“二传手”，将自身的执行力落实到可运作层面。一方面，自身要形成对企业文化的高度认识，自觉地把企业文化置于企业生产经营活动的先导地位；另一方面，要积极推进企业文化的深化改革，通过相应的制度建设传播企业文化。

5. 重视高学历员工的职业生涯规划和培训，帮助其实现自我价值，提高该群体对企业文化的整体评价水平

近年来，N银行对所录用员工的要求不断攀升，高学历员工作为符合公司当前和未来发展需求的群体之一，无论数量上还是所做贡献上都与日俱增。而本次调查却反映出，对企业文化软实力的综合评价呈现出随着学历上升而满意度下降的趋势。

因此，针对高学历员工群体，N银行必须建立起相应的激励机制，满足这一群体员工的自我价值实现的要求，进一步提高他们的工作热爱度和满意度，以增强企业整体竞争力和发展后劲。同时，帮助高学历员工做好职业生涯规划，使员工需求与企业目标相统一，协助他们在企业快速发展的大背景下树立个人职业发展目标。通过建立奖励与晋升制度，完善公平合理的绩效考核制度，鼓励他们自觉主动地为企业发展尽其所能，发挥潜力，为企业发展做出贡献。通过访谈也发现，高学历员工群体均提出N银行应该在“职业发展留人”、“人性化福利发展留人”方面予以着力，充分说明了高学历人才对个人发展以及工作环境的双重要求。

参考文献

[1] David S. Landes. The Wealth and Poverty of Nations [M]. New York: W. W. Norton & Company, 1998.

[2] 赵世刚. 中国商业银行企业文化测度研究 [D]. 大连理工大学博士学位论文, 2007.

[3] 王先琳. 员工参与决策更科学 [J]. 企业文化, 2009 (7).

团队创新气氛量表研究——基于长三角地区的实证分析①

耿 昕 石金涛 陈梦婕 刘 云

【摘要】 创新气氛测量工具的选择取决于创新气氛的研究层次。团队层面上，创新气氛的测量工具为 TCI（Team Climate Inventory）量表。通过对 TCI 量表相关研究的回顾，发现绝大多数国外研究支持 TCI 四因子模型和五因子模型。采用实证研究的方法对 TCI 量表进行修订，最终确定的量表包括目标认同、任务导向和创新支持，参与安全和团队互动共五个因子 25 个题目，该结论与国外 TCI 量表五因子模型基本一致。未来可自主开发适合中国企业文化的团队创新气氛量表和对团队创新气氛进行关系研究。

【关键词】 创新气氛；团队创新气氛；团队创新气氛量表

组织行为学具有多层次性，主要表现为它是一门综合研究组织中个体、团队和整个组织行为的发展规律，以及它们与社会环境关系的知识系统。创新气氛作为组织行为学的一个变量，是一个多维度的概念，按照个体、团队和组织层次依次称为心理创新气氛、团队创新气氛和组织创新气氛。心理创新气氛是群体成员对工作环境的个体感知，创新气氛作为团队和组织层次的概念时是指员工对其所在团队或组织中的政策、程序和惯例的共享知觉。国外对创新气氛的研究越来越多地采用多层次的研究方法，而国内有关创新气氛的研究还大多局限在个体层次。因此，加强对团队层次或组织层次的创新气氛的研究是未来创新气氛研究领域的发展趋势。本文在对创新气氛测量工具，尤其是团队创新气氛测量工具相关研究回顾的基础上，以长三角地区企业员工为研究样本，对 TCI 量表进行修订，以期对后续研究提供合适的测量工具。

① 《系统管理学报》，2011 年第 6 期。

一、团队创新气氛及其测量工具

（一）团队创新气氛的界定

定义团队创新气氛这一概念前，首先要定义创新这一概念。创新的定义有很多，不同的学者对创新的定义有所不同。做研究时，应该根据不同的研究角度选择不同的定义，否则即使对同一问题进行研究但得出的结果也会大相径庭。在研究团队层面上的创新时，West 等的定义被广泛认可并采用，他们将创新定义为在个体、群体、组织或广泛的社会中，有目的地提出和应用新想法、新程序、新产品及新流程，此将有利于个体、群体乃至更广泛的社会大众，并指出团队创新气氛是团队成员对影响其创新能力发挥的工作环境的共享知觉。

（二）创新气氛测量工具

创新气氛测量工具的研究是创新气氛研究领域的一个重要内容。对于创新气氛的测量很多学者进行过探索。测量创新气氛的量表主要有 SSSI 量表（Siegel Scale of Support of Innovation），该量表以员工对组织气氛的感知作为测量基础，用来评估创新型组织中的气氛；KEYS 量表（Assessing the Climate for Creativity）测量的是对组织气氛的个体感知，是评估创造气氛的量表；TCI 量表（Team Climate Inventory）测量的是团队层面上的创新气氛，体现的是团队成员对创新气氛的共享知觉，是评估创新气氛的量表；CCQ 量表（Creative Climate Questionnaire），该量表是对组织层面上创新气氛的评估，体现的是组织中的员工对创新气氛的共享知觉；以及 SOQ 量表（Situational Outlook Questionnaire），该量表是 CCQ 在英国的修订版。如表 1 所示。

表 1　创新气氛主要测量工具

研究层次	创新气氛类型	主要测量工具
个体层次	心理创新气氛	SSSI（Siegel 和 Kaemmer，1978）；KEYS（Amabile et al.，1996）
团队层次	团队创新气氛	TCI（Anderson 和 West，1996）；CCQ（Ekvall，1983）
组织层次	组织创新气氛	SOQ（Isaksen 和 Lauer，1999）

（三）团队创新气氛测量工具——TCI 量表

TCI 量表的题目参考了其他测量创造力和创新的量表，其中有四个题目参考了 SSSI 量表，有 15 个题目参考了 Constructive Controversy 量表，其他题目是专门针对测量团队创新气氛而设计的。原始的 TCI 量表包含 61 个题目，Anderson 等经过多次测试，提取出 38 个题目。38 个题目的 TCI 量表已在瑞典、芬兰、意大利等许多国家和地区得到了修订和广泛应用。作为成熟的测量工具，TCI 量表具有很好的心理学测量特性。

在对不同的团队使用 38 个题目的 TCI 量表进行实证研究时，West 等提出的 TCI 四因子模型以及 West 提出的五因子模型得到广泛支持。West 等提出的 TCI 四因子模型分别是远景目标、参与安全、任务导向和创新支持。远景目标对团队成员来说是有价值的，它代表了一个更高的目标要求，激励成员更努力地工作，共 11 个题目；参与安全指的是团队成员对自己参与决策的过程被鼓励的一种心理感知，成员的工作环境中没有人际关系的威胁，共 12 个题目；任务导向指的是团队为了达到卓越的团队绩效，重视评估和修正工作方法，通力合作，实时监督，互相评价，共七个题目；创新支持指的是团队期待创新，赞成创新，并对工作策略和方法的改进提供实质上的支持，共八个题目。TCI 量表使用的是李克特五点量表，程度从极不同意到非常同意，分值越高代表越强的团队创新气氛。West 等认为，TCI 量表的四个维度均与创新的数量和质量有关，然而不同的维度对创新的数量方面和质量方面的影响程度有所不同。创新支持和参与安全感主要影响创新的数量，也就是多提出新想法；远景目标和任务导向主要影响创新的质量。

Anderson 等将 TCI 的四个维度进一步细分为 13 个子维度，如图 1 所示。

West 提出的五因子模型分别为远景目标、任务导向、创新支持、参与安全和互动频率。其中，第五个因子是从 TCI 四因子模型中参与安全中提取的（相对应的题目如团队成员定期保持联系，团队成员互动频繁等），其他因子的题目和因子的定义与 West 等的四因子模型相同。Kivimaki 等发现，在工作复杂程度低的情况下，四因子模型与五因子模型都适用；而在工作复杂程度高的情况下，五因子模型更适合。进一步使用验证性因子分析发现，五因子模型比四因子模型数据拟合程度更好。因此得出结论：五因子模型相比四因子模型在结构上更合理，更不易受工作复杂程度的影响。Anderson 等通过探索性因子分析，得出五因子模型是最优的结构，并通过验证性因子分析，对五因子模型和四因子模型进行了检验，结果显示五因子模型与数据拟合得最好。

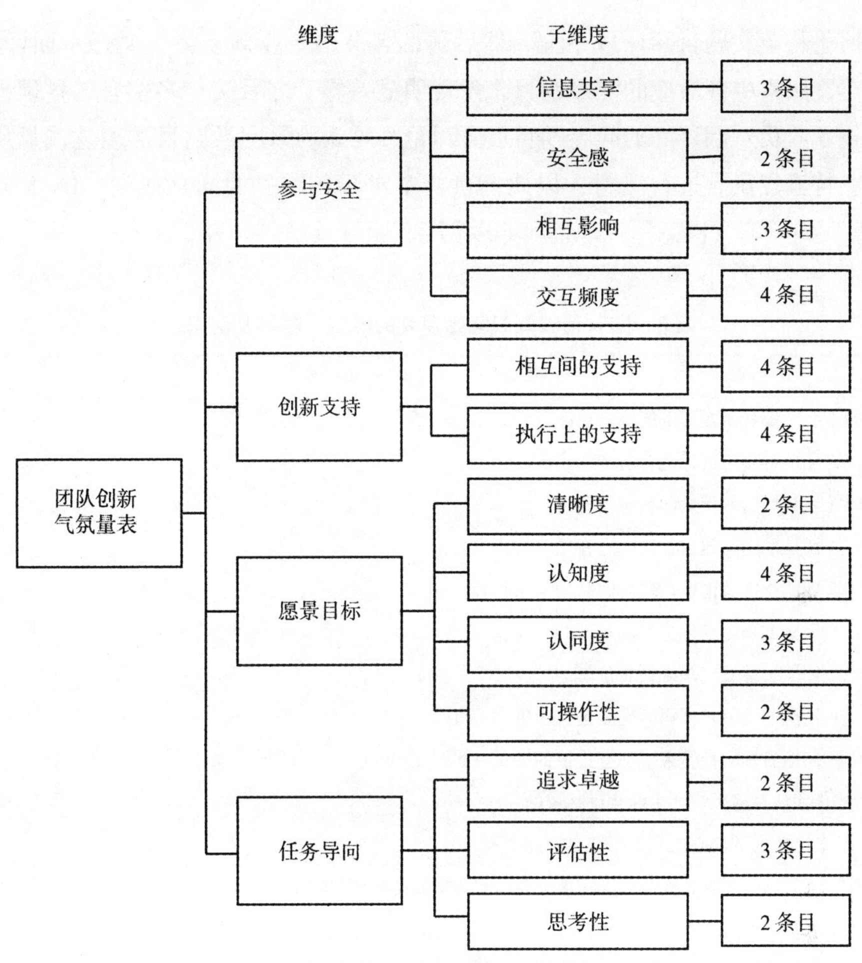

图1 信用风险利差期限结构曲线

二、预测试

（一）问卷编制

Anderson 等提出的 38 个题目的 TCI 量表已在许多国家得以验证，并被广泛认可。因此，本文采用 38 个题目的 TCI 量表进行修订。采用翻译—回译方法，请有英语专业背景的管理学博士将英文题目翻译成中文，然后请两名英语专业硕士将中文译本回译成英文。比较两个英文版本中各对应的测量题目未发现明显差异。之后又与多位有工科硕士学历背景的企业技术人员对翻译好的问卷题目展开讨论，均认为该问卷题目的表述浅显易懂。问卷采用李克特五点量表进行测量，以此衡量样本对于各题目的同意程度，1～5 分别代表“极不同意”到“非常同意”。初始量表的维度、题目及编码如表 2 所示。

表 2　团队创新气氛初始量表的维度、题目及编码

维度	题目
远景目标	VV1 我了解我所在团队的预定目标
	VV2 团队的预定目标是合适的
	VV3 我认同所在团队的预定目标
	VV4 团队中的其他成员认同所在团队的预定目标
	VV5 团队中的其他成员理解团队的预定目标
	VV6 团队的预定目标是可以实现的
	VV7 团队目标对我来说是有价值的
	VV8 团队的目标对公司的发展是有价值的
	VV9 团队目标对社会来说是有价值的
	VV10 团队目标是切合实际且可达成的
	VV11 团队成员全心致力于团队目标的实现
任务导向	TO1 团队的其他成员提供有用的想法和切实的帮助使我更好地完成工作
	TO2 工作中，团队成员互相监督以保证工作的高质量
	TO3 工作中，团队成员经常会去思考所做的与目标是否有关
	TO4 团队成员会在工作过程中思考潜在的不足以提高团队的工作绩效
	TO5 团队成员会集思广益以提高团队的工作绩效
	TO6 团队成员关注团队是否达到最高的绩效水平
	TO7 团队存在明确的衡量绩效标准
创新支持	SI1 团队致力于找到解决问题的新方法
	SI2 团队成员在产生新想法的过程中是可以获得帮助的
	SI3 我们的团队对革新保持积极的态度
	SI4 团队成员试图用新的角度看待原有的问题
	SI5 团队成员愿意花时间以寻求解决问题的新想法
	SI6 团队成员互相合作、促进新想法的产生和实施
	SI7 团队成员会为新想法的实施而共享资源
	SI8 团队成员会互相提供帮助来支持新想法的产生和实施

续表

维度	题目
参与安全	PS1 团队成员之间分享信息
	PS2 团队成员认为彼此是一个“荣辱与共”的整体
	PS3 团队成员间在工作中互相影响
	PS4 团队成员就工作中的事情会互相沟通
	PS5 团队成员间彼此理解并彼此认可
	PS6 团队中的每个人的观点都会被认真倾听
	PS7 团队中的每个人都努力与他人共享信息
	PS10 团队成员在工作中彼此交换意见
互动频率	PS8 团队成员定期保持联系
	PS9 团队成员互动频繁
	PS11 团队成员互相保持密切的联系
	PS12 团队成员之间会展开正式或非正式讨论

（二）样本选择

本文选择上海市 17 家企业中的 30 个团队作为预试样本，发放团队创新气氛问卷 380 份。对回收问卷进行处理，删除填答不完整或反应倾向过于明显的问卷，得到有效问卷 290 份。

样本（n = 290）人口特征分布如下：性别，男为 61.7%，女为 38.3%；最高学历，高中及以下为 1.3%，大专为 6.2%，本科为 49.7%，研究生及以上为 42.8%；加入团队时间，1 年以下为 17.2%，1 ~ 2 年为 28.3%，2 ~ 5 年为 35.9%，5 ~ 10 年为 11.7%，10 年及以上为 6.9%；年龄 25 岁以下为 26.2%，26 ~ 30 岁为 41.7%，31 ~ 35 岁为 21.0%，36 ~ 40 岁为 6.9%，41 岁以上为 4.1%；工作性质，研发为 35.9%，工程技术为 20%，运营为 10.3%，生产及服务为 16.9%，其他为 16.9%；所属行业，电子通信为 17.9%，机械制造为 9.3%，软件服务为 21.0%，金融及咨询业为 31.4%，科学研究所为 7.2%，其他为 13.1%。

（三）统计分析

使用 SPSS15.0 对收集到的数据进行探索性因子分析，运用主成分分析法和方差最大旋转法抽取因子。经过分析发现，Bartlett 球形检验值为 3195.377，显著水平小于 0.001，说明相关矩阵不可能是单位矩阵；取样适合性 KMO 值为 0.911，说明该问卷适合做因子分析。

在对初始问卷进行探索性因子分析时，以特征根大于 1 为因子抽取的原则，以确定抽取因子的有效数目，同时对抽取到的因子进行方差最大旋转。将在所属因子上的载荷系数小于 0.5，或者在其他因子上的交叉载荷系数超过 0.4 的测量题目作为具有明显缺陷的条目予以删除，每删除一个题目都重新进行因子分析。通过因子分析删除了 13 个题目，分别为创新支持维度中的 SI6、SI7、SI8；远景目标维度中的 VV6、VV7、VV8、VV9、VV10、VV11；任务导向维度中的 TO1；参与安全维度中的 PS6、PS7、PS10。最终提取出五个因子，共保留 25 个题目，即正式问卷的题本。五因子累计方差贡献率达到 59.446%。此外，这 25 个题目的分布也符合理论构思，如表 3 所示。

表 3　团队创新气氛预试量表的探索性因子分析结果（n=290）

	Compgrent				
	1	2	3	4	5
SI4 团队成员试图用新的角度看待原有的问题	0.753	0.078	0.197	0.055	0.200
SI3 我们的团队对革新保持积极的态度	0.708	0.172	0.112	0.237	0.181
SI5 团队成员愿意花时间以寻求解决问题的新想法	0.702	0.174	0.253	0.156	0.109
SI1 团队致力于找到解决问题的新方法	0.617	0.066	0.329	0.269	0.156
SI2 团队成员在产生新想法的过程中是可以获得帮助的	0.590	0.185	0.203	0.322	0.175
VV3 我认同所在团队的预定目标	0.085	0.787	-0.002	0.111	0.095
VV4 团队中的其他成员认同所在团队的预定目标	0.213	0.770	0.169	0.143	-0.036
VV2 团队的预定目标是合适的	0.081	0.751	0.100	0.058	0.141
VV1 我了解我所在团队的预定目标	-0.032	0.671	0.200	0.091	0.146
VV5 团队中的其他成员理解团队的预定目标	0.307	0.661	0.117	0.133	0.026
TO4 团队成员会在工作过程中思考潜在的不足以提高团队的工作绩效	0.071	0.066	0.692	0.140	0.214
TO3 工作中，团队成员经常会去思考所做的与目标是否有关	0.265	0.133	0.659	0.199	0.117
TO6 团队成员关注团队是否达到最高的绩效水平	0.252	0.084	0.639	0.091	0.177
TO2 工作中，团队成员互相监督以保证工作的高质量	0.022	0.137	0.624	0.278	-0.047
TO5 团队成员会集思广益以提高团队的工作绩效	0.375	0.092	0.556	0.275	0.156
TO7 团队存在明确的衡量绩效标准	0.250	0.169	0.526	0.027	0.095
PS1 团队成员之间分享信息	0.169	0.011	0.175	0.714	0.208
PS3 团队成员间在工作中互相影响	0.084	0.159	0.244	0.703	0.157
PS2 团队成员认为彼此是一个“荣辱与共”的整体	0.171	0.165	0.294	0.659	0.188

续表

	Compgrent				
	1	2	3	4	5
PS4 团队成员就工作中的事情会互相沟通	0. 280	0. 159	0. 106	0. 647	0. 256
PS5 团队成员间彼此理解并彼此认可	0. 369	0. 209	0. 101	0. 594	0. 238
PS9 团队成员互动频繁	0. 121	0. 087	0. 175	0. 202	0. 814
PS11 团队成员互相保持密切的联系	0. 248	0. 141	0. 029	0. 269	0. 733
PS8 团队成员定期保持联系	0. 133	0. 065	0. 247	0. 251	0. 654
PS12 团队成员之间会展开正式或非正式讨论	0. 406	0. 166	0. 202	0. 194	0. 618
特征根（非旋转值）	8. 896	2. 117	1. 500	1. 287	1. 061
累计解释方差比例/%	13. 298	25. 425	37. 365	49. 234	59. 446

从表 3 中可以看出，各个题目在相应因子上的载荷都在 0. 5 以上。因子 1 可解释的方差比例为 13. 298%，有五个题目，均为原量表“创新支持”这一因子中的题目，把该因子命名为“创新支持”；因子 2 可解释的方差比例为 25. 425%，有五个题目，均为原量表“远景目标”这一因子中的题目，把该因子命名为“目标认同”；因子 3 可解释的方差比例为 37. 365%，有六个题目，均为原量表“任务导向”这一因子中的题目，把该因子命名为“任务导向”；因子 4 可解释的方差比例为 49. 234%，有五个题目，均为原量表“参与安全”这一因子中的题目，把该因子命名为“参与安全”；因子 5 可解释的方差比例为 59. 446%，有四个题目，与原量表中“互动频率”这一因子题目相同，把该因子命名为“团队互动”。

三、正式调查

根据预测试的结果，发放正式问卷。对问卷收集到的数据使用 SPSS15. 0 进行描述性统计和信度分析，再使用 LISREL8. 7 进行验证性因子分析。

（一）样本选择

选择长三角地区 20 家企业中的 32 个团队作为正式调查样本，并发放团队创新气氛问卷 500 份。同时对回收问卷进行处理，删除填答不完整或反应倾向过于明显的问卷，得到有效问卷303份。

样本（n=303）人口特征分布如下：性别，男为62.4%，女为37.6%；最高学历，高中及以下为4.6%，大专为13.5%，本科为47.5%，研究生及以上为34.3%；加入团队时间，1年以下为20.1%，1~2年为25.4%，2~5年为27.4%，5~10年为14.2%，10年及以上为12.9%；年龄25岁以下为29%，26~30岁为41.3%，31~35岁为12.9%，36~40岁为5.3%，41岁以上为11.6%；工作性质，研发为27.7%，工程技术为38.9%，运营为4%，生产及服务为18.8%，其他为10.6%；所属行业，电子通信为11.9%，机械制造为11.6%，软件服务为13.5%，金融及咨询业为6.3%，科学研究所为21.1%，能源为20.5%，其他为15.2%。

（二）描述性统计，相关矩阵与信度分析

表4列出了本研究中各个维度的均值、标准差、相关系数和Cronbachα系数。各维度之间显著正相关（$p<0.01$）；各维度之间的相关系数在0.378~0.665，表明各维度存在一定的联系且不会引起多重共线性；各维度的信度值都达到了0.70以上，且问卷总的Cronbachα系数为0.902，而且在删除任一题目后的值均低于每个构想目前的状态，说明25个题目的内部一致性比较理想，因此所有题目予以保留。

表4　各维度的均值、标准差、相关系数和内部一致性系数（n=303）

维度	均值	标准差	1	2	3	4	5
1　目标认同	3.862	0.477	(0.797)				
2　任务导向	3.779	0.491	0.436**	(0.702)			
3　创新支持	3.862	0.504	0.380**	0.559	(0.757)		
4　参与安全	4.024	0.502	0.469**	0.489**	0.496**	(0.789)	
5　团队互动	3.976	0.563	0.378**	0.449**	0.523**	0.665**	(0.758)

注：括号中的数值是各维度的Cronbachα值。

（三）验证性因子分析

验证性因子分析的目的是比较基准模型与多个竞争模型间的优劣，确定最佳拟合模型。衡量模型优劣的拟合指标很多，卡方与自由度比值χ^2/df、RMSEA和SRMR，越接近0表明模型拟合越好。一般认为$\chi^2/df<3$，表示整体模型拟合得非常好，当样本容量较大时小于5也可以接受；RMSEA<0.08，SRMR<0.08模型拟合理想。其他拟合指标，如

GFI、AGFI、NFI、NNFI、CFI 的变化范围均在 0~1 间，越接近于 1 越好，大于 0.90 被认为拟合很好，大于 0.80 被认为拟合较好，可以接受。在国外已有的文献中，团队创新气氛量表的结构绝大部分是四因子模型或五因子模型。因此，本文对五因子模型和四因子模型进行比较，以确定五因子模型是否为最优，模型的拟合指数如表 5 所示。

表 5　结构模型拟合指标比较

模型	χ^2	df	χ^2/df	RMSEA	SRMR	NFI	NNFI	CFI	IFI	GFI
五因子模型（目标认同 + 任务导向 + 创新支持 + 参与安全 + 团队互动）	606.40	265	2.288	0.065	0.057	0.92	0.95	0.95	0.95	0.86
四因子模型（目标认同 + 任务导向 + 创新支持 + 参与安全）	624.99	269	2.323	0.066	0.059	0.92	0.94	0.95	0.95	0.86

从表 5 的结果可以看出，五因子模型的各项拟合指标均达到理想水平。四因子模型的各项拟合指标同样达到理想水平，但略逊于五因子模型。此外，根据国外已有文献的论证，五因子模型比四因子模型在结构上更合理，更不易受工作复杂程度的影响。因此，本文赞成五因子模型为最优。五因子结构模型如图 2 所示。

四、结　论

本文以长三角地区企业员工为研究样本，对 TCI 量表进行修订，经过实证分析得出团队创新气氛五因子模型，共 25 个题目。五个因子分别为“创新支持”（五个题目）；“目标认同”（五个题目）；“任务导向”（六个题目）；“参与安全”（五个题目）；“团队互动”（四个题目）。这一结论与 West 提出的 TCI 五因子模型基本一致，只是对少数题目进行了删减。TCI 量表的五因子模型已在许多国家得到验证，结合本文的实证研究，说明该量表具有一定的跨文化适用性。值得注意的是，团队创新气氛是团队层次的变量，在做实证研究时，通常使用该量表对个体进行测量，把得到的数值集合到团队层次，再取其平均值来代表整个团队的创新气氛水平。

未来可做如下方面的研究：本研究使用 West 的团队创新气氛量表对长三角地区的企业进行调研，在未来的研究中，可以通过在全国范围内随机收集更多的数据，从而更加全

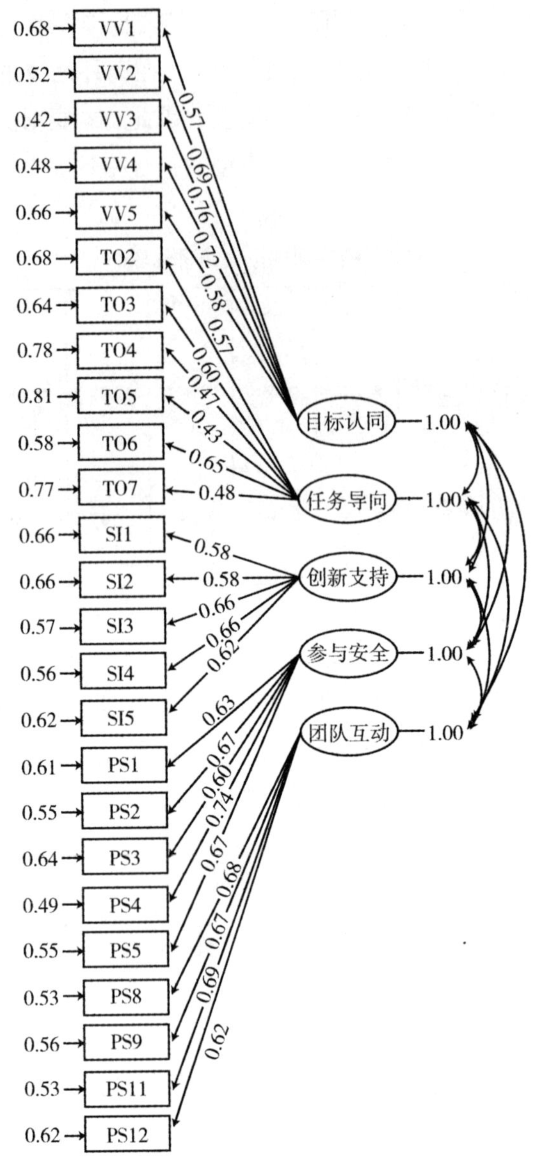

图 2　五因子结构模型

面地对该量表进行修订和完善；未来还可自主开发适合中国文化的、新的团队创新气氛量表；未来可在中国企业文化背景下对不同研究层次下的创新气氛测量工具如 KEYS 量表、TCI 量表、SOQ 量表做比较研究；在对 TCI 量表进行修订以后，未来可探讨团队创新气氛的前因变量和结果变量；探讨团队创新气氛在其他变量关系中所起到的调节效应或中介效应以及团队创新气氛的跨层次效应等。

参考文献

[1] Wallace C, Chen. A multilevel integration of personality, climate, self – regulation and performance [J]. Personnel psychology, 2006 (59): 529 – 557.

[2] Mathisen G E., Torsheim T., Einarsen S. The team level model of climate for innovation: At wo – level confirmatory factor analysis [J]. Journal of Occupational and Organizational Psychology, 2006 (79): 23 – 36.

[3] Francisco G., Rico R., Alcover C. M., et. al. Change oriented leadership, satisfaction and performance in work groups: Effects of team climate and group potency [J]. Journal of Managerial Psychology, 2005 (20): 312 – 328.

[4] Samuel T. H., Katrina E. B., Michael D. M. Climate for creativity: A quantitative review [J]. Creativity Research Journal, 2007 (19): 69 – 90.

[5] Mathisen G. E., Einarsen S. A review of instruments assessing creative and innovative environments within organizations [J]. Journal of Creativity Research, 2004 (16): 119 – 140.

[6] Anderson N. R., West M. A. Measuring climate for work group innovation: Development and validation of the team climate inventory [J]. Journal of Organizational Behavior, 1998 (19): 235 – 258.

[7] West M. A., Farr J. L. Innovation and creativity at work: Psychological and organizational strategies [M]. Chichester: Wiley, 1990.

[8] West M. A. Effective team work [M]. Leicester: BPS, 1994. electrical and electronic equipment in India [J]. Resources, Conservation and Recycling, 2009 (53): 136 – 144

[9] Spicer A. J., Johnson M. R. Third – party manufacturing as a solution for extended producer responsibility [J]. Journal of Cleaner Production, 2004 (12).

[10] Corbett C. J., Karmarkar US. Competition and structure in serial supply chain with deterministic demand [J]. Management Science, 2001, 47 (7): 966 – 978.

[11] 邱皓政，陈燕桢，林碧芳．组织创新气氛量表的发展与信效度衡鉴 [J]．测验学刊，2009 (56).

[12] 温素彬，薛恒新．面向可持续发展的延伸生产者责任制度 [J]．经济问题，2005 (2).

[13] 姚卫新．电子商务环境下闭环供应链的原子模型研究 [J]．管理科学，2003 (2).

[14] 魏洁，李军．EPR 下的逆向物流回收模式选择研究 [J]．中国管理科学，2005 (6).

[15] 魏洁，李军，梁争柱. PRO 组织参与的逆向物流回收合作 [J]. 系统管理学报，2007 (2).

[16] 柳键，马士华. 供应链合作及其研究 [J]. 管理工程学报，2004 (1).

[17] 黄祖庆，达庆利. 直线型再制造供应链决策结构的效率分析 [J]. 管理科学学报，2006，9 (4).

[18] 黄祖庆，易荣华，达庆利. 第三方负责回收的再制造闭环供应链决策结构的效率分析 [J]. 中国管理科学，2008，16 (3).

[19] 邱若臻，黄小原. 具有产品回收的闭环供应链协调模型 [J]. 东北大学学报 (自然科学版)，2007，28 (6).

以战略成本管理提升企业核心竞争力[①]

余晓玲

【摘要】战略成本管理是指提高企业长期竞争能力的成本管理手段。本文从战略成本管理的内涵出发，分析了战略成本管理与企业核心竞争力的关系，探讨如何通过战略成本管理来提升企业核心竞争力。

【关键词】战略成本管理；核心竞争力；价值链

随着社会主义市场经济和现代企业制度的逐步建立和完善，传统成本管理已难以满足现代企业管理的要求，以提高企业竞争能力为目标的战略成本管理的形成和发展是现代市场经济的必然结果。

一、战略成本管理的内涵和特点

战略成本管理是在战略管理的一个或多个阶段对成本信息的管理性运用，是服务于企业战略的开发与实施，是从战略高度对企业成本结果与成本行为进行全面了解、控制和改善，从而寻求企业长期竞争优势的一种成本管理手段。战略成本管理在理念、目的、侧重点、方法等方面都与传统成本管理有所区别，战略成本管理有以下特点：

（1）长期性战略成本管理着眼于实现企业的战略目标，其目的是在保证企业成本优势的同时建立企业的长期竞争优势。

（2）预防性战略成本管理通过改进成本发生的基础条件，以从根本上改进企业的成本结构，从而从源头上控制成本。

（3）全面性战略成本管理是多角度、全方位的分析，不仅进行企业内部价值链分析，还进行行业价值链分析和竞争对手价值链分析，在全面研究的基础上做出决策，从而提高企业竞争力。

① 《价值工程》，2011 年第 30 期。

二、战略成本管理与核心竞争力的关系

核心竞争力是在某一组织内部经过整合的知识和技能，尤其是关于怎样协调多种生产技能和整合不同技术的知识及技能。核心竞争力形成路径如图1所示。

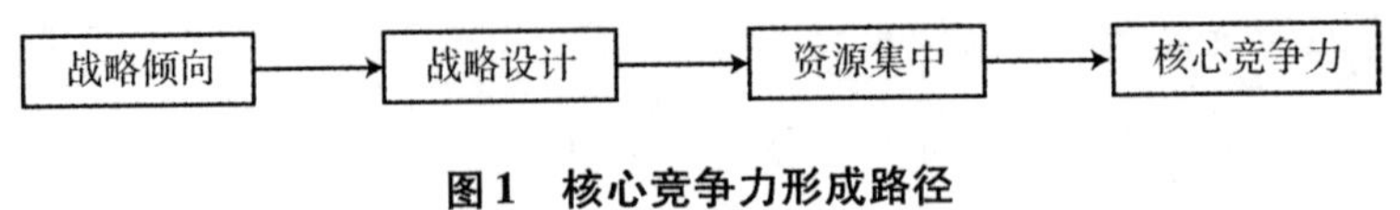

图1 核心竞争力形成路径

从图1可以看出，企业核心竞争力源于对企业内部资源的整合及合理利用，是在充分适应外部环境的基础上以战略的层面而逐步形成的。随着市场环境的不断变化，如何通过增强成本管理能力形成长期竞争优势成为企业考虑的首要问题。战略成本管理从战略的高度出发，以确定企业竞争优势为目标而进行成本管理，是提升企业核心竞争力的主要手段和必然要求。

三、实施战略成本管理，提升企业核心竞争力

关于如何实施战略成本管理以提高企业竞争优势，桑克模式提出三个主要工具——价值链分析、战略定位分析和成本动因分析，三个工具构成了相互联系、密不可分的体系。

（一）价值链分析

价值链由迈克尔·波特提出，即企业设计、生产、营销、交货和对产品提供支持的内部流程或一系列价值创造活动的集合。价值链分析从企业内部、行业、竞争对手三方面分析，帮助企业从战略角度形成竞争优势和成本持续降低的环境，达到企业战略成本管理的目标，以提高企业核心竞争力。企业内部价值链又分为企业整体、各业务单元、业务单元内部的价值链，而对企业内部设计、采购、生产、营销等作业的分析，可以发现是否需要通过整合或解除来降低成本、能否对某些环节进行改进等问题以保持成本优势。行业价值

链分析是通过对上下游企业即供应商和购买商的价值链进行分析，研究企业在行业中的地位，从而发现利用上下游价值链管理成本的可能性，并对企业的战略进行分析和改进，建立企业的长期竞争优势。竞争对手价值链分析即通过对竞争对手的价值链进行调查、分析和模拟，测算出竞争对手的成本，通过比较确定企业成本的强势与弱势，并结合分析结果确定“扬长避短”的策略来战胜对手。例如宝钢在实施战略成本管理时非常注重对价值链的分析，首先对企业内部价值链进行分析，对每一生产环节的消耗进行具体研究，确定增值作业，消除不增值作业，优化作业链和价值链，提高作业效率。其次对行业价值链进行分析，采取“以客户为中心、精益制造、快速敏捷响应客户需求”的销售供应链管理措施，并发展与战略供应商的战略合作关系，以保证采购渠道的稳定性，减少库存、质检等不增值环节，减少检验和供应链存货成本。宝钢还重视分析竞争对手的价值链，主动开展与竞争对手的成本对标，从而激励管理人员及员工提升公司成本竞争力。

（二）战略定位分析

战略定位分析就是要求通过战略环境分析，即对其所面临的内外部竞争环境进行全面系统的分析后确定应采取的战略，从而明确自己在竞争中的机会、威胁、优势和劣势，明确成本管理的方向，建立与企业战略相适应的成本管理战略。运用 PEST 法可以分析政治、经济、社会、技术等环境因素对企业发展的长期影响，并制定合理的战略。运用 SWOT 法可以将企业面临的机会、威胁同企业的优势弱势进行对比分析，从而选择适合企业自身特点的战略。企业要保持持久的竞争优势，应发扬优势、弥补劣势，明确企业的战略定位，同时对于外部环境的不断变化，要抓住机会，对威胁做出敏锐、积极的反应。

（三）成本动因分析

成本动因是指引起产品成本的一种推动力或成本的驱动因素，也就是引起产品成本高低的原因。战略成本动因分为结构性成本动因（主要包括规模、范围、经验、技术和复杂性）和执行性成本动因（主要包括员工对企业投入的向心力、全面质量管理、生产能力运用、厂房布局规划、产品结构和联系等）。战略成本动因对成本的影响比较大，企业可以通过控制成本动因和重新配置价值链活动等方法取得成本优势，并提高企业的竞争能力。如宝钢抓住质量管理这一执行性成本动因，通过稳定产品的质量，有效地降低了成本，形成企业独特的成本竞争优势。

四、结　论

实施战略成本管理有利于改善并加强企业的经营管理，有利于提高企业的竞争能力，有利于实现企业经营发展的战略目标。目前，不少企业仍存在成本管理意识淡薄、成本管理制度不健全等现象，要想全面实施战略成本管理，提高我国企业的竞争能力，宏观上，应健全、维护经济运行的法律体系，完善成本管理体制；微观上，各企业应更新成本管理理念，提高全体员工的战略成本意识。

参考文献

[1] 夏宽云．战略成本管理 [J]．上海立信会计学院学报，2009（1）.

[2] 焦跃华，袁天荣．论战略成本管理的基本思想与方法 [J]．会计研究，2001（2）.

[3] 杜云月，蔡香梅．企业核心竞争力研究综述 [J]．经济纵横，2002（3）.

[4] 迈克尔·波特．竞争优势 [M]．陈小悦译．北京：华夏出版社，1997.

[5] 高立娜．战略成本管理在我国企业中的应用 [D]．东北财经大学硕士学位论文，2007.

[6] 陈轲．企业战略成本管理研究 [M]．北京：中国财政经济出版社，2001.

知识管理视角下企业核心竞争力的提升模式及战略选择研究[①]

徐建中　冷　单

【摘要】知识管理渗透在企业核心竞争力提升的每一个环节和过程中，贯穿于企业进行技术创新、产品创新等一系列活动的始终。核心竞争力提升的各个阶段都涉及知识管理的内容，包括知识准备、知识内化及外化、知识创新、知识孵化。本文概括了在企业核心竞争力提升过程中的知识和知识管理内涵，分析了知识管理对企业核心竞争力提升的导向作用，构建了以知识管理为导向的企业核心竞争力的提升模式，最后给出提升企业核心竞争力的战略选择。

【关键词】知识管理；企业；核心竞争力；提升模式；战略选择

随着知识经济的日益崛起，企业的经营和持续发展不再主要依赖资本、自然资源、劳动力等传统资源，而是更多地依赖专业知识、想法和洞察力这些智慧资产。21 世纪的社会已经进入一个以知识为主导的时代，知识管理逐渐成为现代企业管理的核心内容。目前，很多企业的核心竞争力普遍较低，自主创新能力和知识自主学习能力相对缺乏，同时在提升企业核心竞争力的过程中对知识和知识管理内容重视程度也不够，这些成为制约我国企业核心竞争力提升的“瓶颈”。因此，如何以知识管理为导向来提升企业的核心竞争力成为管理学界探究的新目标，对增强我国企业国际竞争力具有重要的意义。

一、企业核心竞争力提升过程中的知识与知识管理内涵

（一）企业核心竞争力提升过程中的知识

企业核心竞争力这一概念从诞生的那天起就深深地印上了知识的烙印。虽然目前对

① 《中国科技论坛》，2011 年第 12 期。

企业核心竞争力的研究很多，但对什么是企业核心竞争力还没有形成统一的认识。核心竞争力是企业在市场中拥有的独特的技术、知识与技能的组合。本文赋予了企业核心竞争力新的内涵，即认为企业核心竞争力本质上是企业进行知识积累、创新和应用的一种能力，对核心竞争力的管理就是对知识的管理，因此核心竞争力的本质可以认为是知识。同时知识也是企业核心竞争力的基础特性，企业是知识的独特集合体，蕴藏在组织中的集体知识构成了企业长期竞争优势的源泉。企业会从内部或者外部获取多种类的知识，如市场知识、技术知识和管理知识等，获取这些知识之后将其整合并且运用于企业自身，会形成自己独特的竞争优势。具有知识的企业更容易实现核心竞争力的提升，因为知识具有传递性和共享性，在此过程中，知识又可以进行创新，即知识衍生出知识，企业从内部或者外部获取的知识不能拿过来就用，而是要通过深加工并进行提炼，这需要一个完整的过程。

（二）企业核心竞争力提升过程中的知识管理内涵

对获取的知识进行提炼并深加工的完整过程即包含知识准备、知识内化及外化、知识创新和知识孵化四部分内容，正是这四部分的循环运转，才保证了企业知识的正常“新陈代谢”，推动了整个企业知识系统的良性循环，为企业的知识内存打下了坚实的基础。知识的良性循环与企业核心竞争力的提升紧密相关并且相互作用。知识准备为企业积累发展过程中必要的知识存量，最终形成一个巨大的知识库而为企业补给“养分”。企业根据自身内部存储的知识存量通过知识的内化及外化与其他企业竞争，获取更多横向和纵向合作的机会，为企业带来经济利润。同时，企业在此过程中通过投入知识创新的要素：知识、人员、资金、技术等，有效利用创新机会，在知识创新能力的支撑下，获得创新的知识成果。对创新的知识成果形成过程中的相关知识经验进行总结提升，形成企业的新知识，新知识使企业能够快速适应产品的更新换代、市场的变幻莫测以及核心能力的领先优势。企业提升核心竞争力的终极目标是将知识成果商业化，及时转化为符合和适应社会生产发展需要的实际应用成果，从而获得最高的市场占有率。企业在知识创新之后通过把握市场需求和市场动向将知识成果商业化，完成了企业最终的知识孵化，即完成了企业核心竞争力提升过程中的知识管理内容，通过不断的循环提升了知识管理的水平，使企业的核心竞争力也得以提高，最终使企业核心竞争力得以提升和发展。

二、知识管理对企业核心竞争力提升的导向作用分析

（一）知识准备营造“长期目标”

在原始准备阶段，企业需要根据自己的战略规划和市场需求，投入人力资源和R&D经费，以进行新产品和新服务的开发和生产，企业对核心竞争力提升的战略规划比较狭隘，只重视现有知识资产方式管理。但是重新从知识管理的角度考虑问题，不仅要增强对当前知识效用的考虑，还要考虑获得更多的未来知识。越来越多的企业开始聚焦知识管理的重要内容，以确定他们为提升核心竞争力所预备的知识专长和表现能力。华为技术有限公司（以下简称华为）开始由于没有资金，没有科研人员，其主要业务是代理香港康利公司的HAX交换机。华为公司的前期知识准备和积累主要是向外部企业学习，由于华为公司刚起步时面临很多问题和困境，与先进企业之间的知识差距太大，国外先进企业的核心隐性知识难以被华为感知。因此，华为学习的重点是企业外部存在的公共显性知识。外部公共显性知识的获取和积累给华为注入了新鲜的“血液”和“原动力”，使这些显性知识能够在企业内部员工之间形成快速的流通和吸收，并被企业员工及时吸收和融合，为以后转化为隐性知识奠定基础，也为华为确立长期经营目标和提升核心竞争力蓄积了能量。

核心竞争力和以知识为中心的企业观点都要求相应的知识管理变革，需要采取能够实现战略联盟的知识管理方法，从知识综合与创新的效率、范围、灵活性等方面测量知识管理。核心竞争力的营造体现了企业的长期目标，是公司通过重新认识与整合内部及外部已有的及新的知识，使自身素质发生变化的过程，它能为企业未来的发展提供知识基础。

（二）知识内化和外化提升“深度创新”

知识内化的前提是企业要有提升核心竞争力的愿景，从市场需求出发，根据企业自身的现状和顾客的价值导向来确定今后核心竞争力的提升方向。知识外化的前提是企业要具备形成新的创新体系的愿景，即企业要有进行横向合作和纵向合作的愿望。知识外化的过程是创新能力和参与能力提升的重要阶段。一方面，企业要想拥有核心竞争力，必然要对核心技术进行研发。但是由于技术研发费用不是每一个企业都能够独自承受的，且技术有

公共产品的性质，这决定了企业很难独占研发的技术成果。企业为了提升创新能力，希望能够和产业链上同一环节的企业合作，共同分担高额的研发费用，减少企业的风险，提高技术创新的成功率。同时，这样也可以使技术的外部性内部化，减少溢出效应给企业带来的损失，因此企业有希望实现横向合作的愿望。另一方面，企业为了获得更多、更好的人力资源和资金资源，需要在同一区域政府的指导下与相应大学和研发机构，以及上游企业和下游企业建立合作关系，于是企业就有了纵向合作的愿望。

华为公司从 1992 年以后首先通过交流合作的方式，从消费者、合作伙伴以及其他相关企业获取很多新的知识，把握了真正的顾客需求和市场需求，从而扩展了华为本身的知识基础。然后，华为公司开始探索知识学习、知识共享以及知识交流合作等模式和机理，将提升核心竞争力作为企业愿景，促使知识在企业内部和外部实现良性循环流动。例如，不定期的顾客访问及调查、了解上游供应商的产品质量及库存状况、与技术组织协商技术合作项目等。

1. 知识创新形成“动力驱动”

知识的创新应渗透在企业运营过程的每一个环节中，企业核心竞争力提升的知识创新过程主要指在特定的内在知识动力因素相互影响和相互作用下，为了使企业获得持续的竞争优势以及发展所需的能力，以一种持续均衡的方式推动企业核心竞争力提升的能够持续稳定发展的动力系统（见图 1）。核心竞争力提升的知识创新“动力驱动”分为内在知识驱动和外在知识驱动，内在知识驱动是提升企业核心竞争力的内在动机和需要，而创新是其提升的关键，企业技术知识创新、管理知识创新以及文化知识创新构成了内在知识驱动的基本因素。技术知识创新水平决定其能否在同行中拥有难以被模仿的核心竞争力，是核心竞争力提升的源泉；管理知识创新是提升企业核心竞争力的关键，管理水平能否提高以及管理制度能否完善对核心竞争力的提升具有关键的作用；文化知识创新是企业提升核心竞争力的智力动力。外部知识驱动是提升企业核心竞争力的外在媒介和动力，其主要通过企业与外部环境（包括与其他企业、政府、科研机构及大学、中介机构等）的互动耦合，如信息共享、知识转移和传递等作为手段来提升企业核心竞争力。

2002 年以后，华为将运营范围转向国际领域，同时发展模式也由模仿创新发展到自主创新阶段，华为经过前期的充分准备，将组织结构、分配制度、管理制度、业务流程以及企业文化根据自身企业的特点量身定做，并建立了华为自己的知识门户——LotusNotesR6，这是华为利用知识创新提升核心竞争力的重要表现。同时，综合利用国际国内资源提升企业国际竞争力，华为在此阶段与科研院所和高校建立了互动的合作关系，定期拨出专款实施产品和技术的研究开发与拓展，并资助多所一流高校学子，为自己储备人才。同时，充

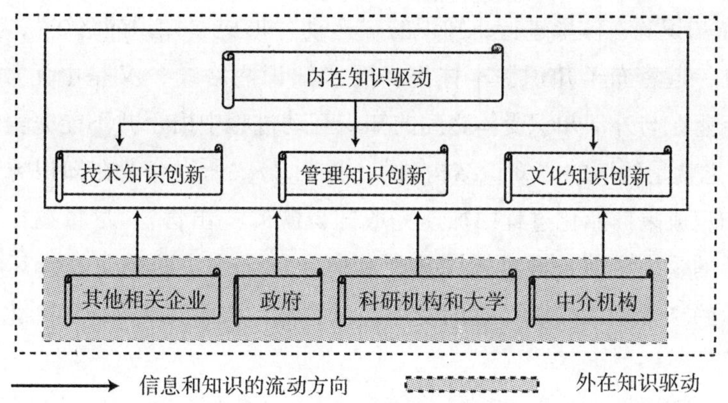

图 1 知识创新提升企业核心竞争力的动力驱动图

分利用它们的信息平台和信息通道，及时把握国内外电子信息领域的前沿技术潮流和产业发展动态。在国际化的进程中，华为积极与跨国大公司形成战略联盟，提升自己的核心竞争力。

2. 知识孵化消除“知识结构洞”

企业核心竞争力的提升重点是形成别人难以模仿的最终技术和产品，而一项技术和产品的研发成功，最终目标都是将其推向市场，取得经济效益。在此阶段，企业提升核心竞争力的终极目标是将知识成果商业化，及时转化为符合和适应社会生产发展需要的实际应用成果，从而获得最高的市场占有率，取得竞争优势，赢得竞争。截至 2009 年 12 月底，华为累计申请专利 42543 件。华为持之以恒地对标准和专利进行投入，以掌握未来技术的制高点。在 3GPP 基础专利中，华为占 7%，居全球第五位。同时，华为积极参与国际标准制定，加入 123 个标准组织，如 ITU、3GPP、3GPP2、ETSI、IETF、OMA 和 IEEE 等，并在这些标准组织中担任 148 个职位。目前，华为向标准组织共提交文稿 18000 多篇，87000 名员工中的 43% 从事研发工作。这些数据都表明，华为已经在自身核心竞争力提升的过程中真正地将知识转化为商业成果，并为企业带来巨大的市场潜力和经济利润。华为将自身的研发产品、技术与市场进行完美的结合，实现了真正的“知识孵化”过程。

在知识孵化过程中，企业更专注于技术知识的转移和扩散，帮助企业填补市场上的“知识结构洞”。“结构洞”原指“社会网络中与某个或某些个体发生直接联系，但与其他个体不发生直接联系，无直接关系或关系间断的现象，从网络整体看好像网络结构中出现了洞穴”。本文的“知识结构洞”主要是指企业在提升核心竞争力的过程中所要弥补的知识源本体和知识受体之间的知识缺口，帮助完成二者之间的知识互动。企业内部存在具有自身特色的知识源本体，这些知识源本体是企业储存内部知识的实体，企业内部知识的一切“运动”都在知识源本体里进行，知识的“运动”形成“知识网络线”，无数条“知识网络线”交织在一起密布于知识源本体里，而“知识网络线”又是由无数个“知识源”个体构成的。企业在与外部知识受体之间的知识互动过程中由于并不能完美结合，所以会产生“漏洞”，也就是所谓的“知识结构洞”（见图 2）。所以企业在知识孵化的过程中尤其是在企业的知识成果商业化过程中加速完成知识源的“出售”，尽量在自身内部搭建一个时间和空间上的受力实体，通过知识重组和商业化运作协助企业改善其内部的创新流程，使图中所示的“知识结构洞”逐渐变小直至消失，从而实现知识的孵化功能，最终消除“知识结构洞”。

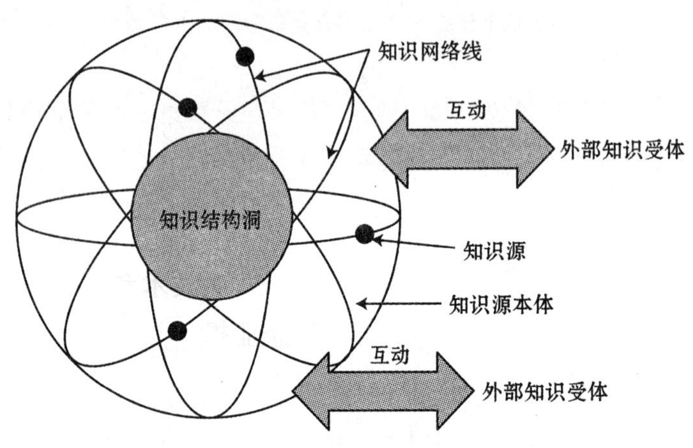

图 2　知识孵化过程的“知识结构洞”

三、以知识管理为导向的企业核心竞争力提升模式的构建

（一）知识管理对企业核心竞争力的能动效用特殊性分析

从根本上说，企业知识管理能力的强弱决定了核心竞争力的提升效率和效果，既是企业核心竞争力提升的保证，也是其具体体现。在企业核心竞争力提升的过程中，其价值保持增值的链条是靠知识管理能力来协调和控制的。知识管理对核心竞争力的导向和能动效用通过相互之间的信息流通、传递和共享得以实现，并对核心竞争力的多个方面产生影响。而知识管理的能动效用对提升核心竞争力具有特殊性，因为其不同于以往的信息管

理、人力资源管理等的表现形式，具体特殊性如下：

企业知识管理的目标和对象有别于信息管理。企业进行信息管理是为了实现技术和信息的开发，而知识管理的目的在于激发集体的创造力和创新力。信息管理的对象是容易识别的显性知识，而知识管理不仅管理显性知识，还要对隐性知识加以管理。

从某种意义上讲，企业知识管理的管理对象和传统人力资源管理一样，也是人力资源，但知识管理更侧重于对知识资本的管理。知识被视为一种资产，而人仅是知识的载体，知识是企业获取财富的巨大源泉。

知识管理与传统的企业管理在管理重点和效率标准上有明显差异。传统的企业管理更注重原材料、劳动力、资本等有形资产的投入，管理重点是生产，效率标准是劳动生产率；而知识管理以智力、信息等无形资产——知识为管理对象，管理重点是知识的开发和传播，其效率标准是知识生产。

知识有别于传统资源。资本、劳动力、土地、能源等传统的资源要素具有稀缺性，以此为基础的经济活动满足收益递减规律，企业管理职责是有效分配、利用稀缺资源。知识经济时代，知识成为占主导地位的资源要素。知识是无形的，使用人的多少对它不会产生任何的损耗，收益递增规律成为首要经济规律，企业管理职责是创造适宜于新知识资本的良好环境，智力因素成分成为衡量成功的标准。

（二）基于知识管理的企业核心竞争力的提升模式构建

知识管理对企业核心竞争力的提升模式如图 3 所示。

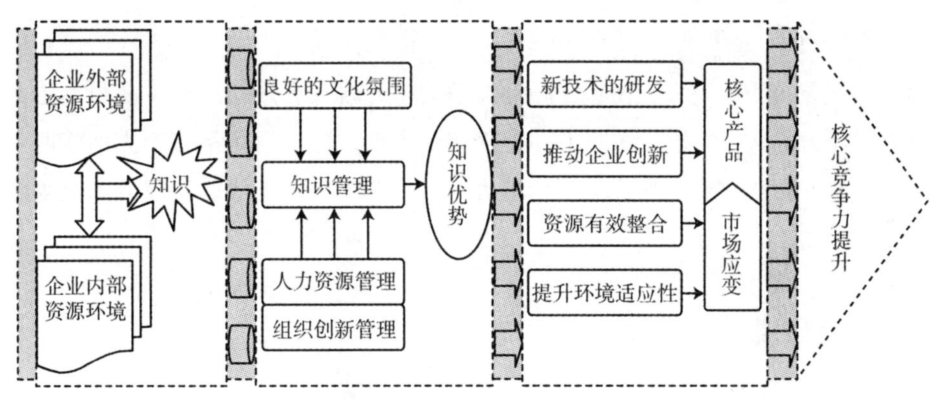

图 3　基于知识管理的企业核心竞争力提升模式图

（1）知识管理影响企业核心竞争力。企业知识水平由企业员工素质和知识水平，以及企业所拥有的技术诀窍和专利等储备来反映。企业所拥有的知识水平影响着企业的新技术、新产品的研究与开发，也对劳动生产率的提高、企业效益的改善有很大影响，因此知识管理对提升企业核心竞争力有着重要影响。

(2) 知识管理有助于企业的创新。对于企业，尤其是大型龙头企业，在创新过程中面临的挑战是跨越空间和地域的限制，将各部门、各区域的员工组织在一起讨论和研究。知识管理的一个突出特点是可以利用信息技术来实现所需信息的传递和获取，使团体的交流超越简单的讨论而实现创新，进而不断增强企业创新能力。

(3) 知识管理有助于提高企业对环境的适应性。在外部环境瞬息万变的现代商业社会，主动应对变化的“以变应变”能力对企业显得尤为重要。知识管理能够协助企业感知微弱的商业信号，通过提高企业内部合作的密切程度对各种资源进行有效组织，使企业能够对突发事件做出迅速有效的反应，快速适应多变的环境，提升企业的市场竞争力。同时，成功的知识管理通过创造知识分享的企业文化，提高员工学习的自觉性、加快员工的学习速度，在员工的整体素质得到提高的基础上进而提高企业的适应性。

(4) 知识管理有助于资源的有效整合。组织内独特的技术资源和人力资源相结合能够增强企业的竞争优势。在企业内部推行知识管理，旨在发挥人的主观能动性，在组织内充分共享个人所掌握的知识以及企业的技术资源，实现对散乱知识的集成整合，形成企业新的异质性战略资源。

四、企业核心竞争力提升的战略选择

在知识管理导向的作用下，使企业核心竞争力提升模式有效地运行，从根本上改变企业过去核心竞争力的状态，这个过程并不是简单的累加过程，而是从多个方面将两者相互融合、相互渗透、相互整合，从而实现价值创造，企业要从宏微战略管理方面统筹规划和安排。

(一) 提高知识内化

企业要想提升其核心竞争力就必须明确一个目标：实现引进知识的内化。知识的内化是企业提升核心竞争力的一个关键环节，企业从外部获得知识只是提升的初级阶段，如何将知识进行内化（即消化和吸收）是提升的最终阶段，只有提高知识的内化程度，企业才

能根据自己的特点创新，从而实现推进和提升核心竞争力的目标。企业必须具备良好的人力、物力、财力，才能更好地实现知识内化，内化的过程就是投入和产出互相转换的过程，投入的多少决定产出的多少，引进知识内化能否成功的关键是企业能否运作好资金、资源和人力。对于企业来说资源是有限的，如果可以通过知识内化整合资源、进行知识创新将大大地节省成本开支，节省的资金可以重新进行投资融资，这加强了企业自身的投资融资功能，使之逐步建立起以企业为主体，多渠道、全方位的知识内化资金支持和保障体系。

（二）增强知识互动效力

增强知识互动效力最关键的环节是通过引进技术从而转化与吸收知识，将其融合成一种足以支持企业持续发展的力量，在此基础上培养大批研究开发人才，专职从事知识内化的技术工作。对于大型企业来说，其拥有强大的技术并且可以依靠自己的力量组建企业知识内化的技术中心。另外，自主创新对企业来说尤其重要，依托自身的设备条件、人力资源、生产要素以及信息技术进行知识的内化和整合。自主创新更重要的是将原有的传统工艺加以提升和改进，使企业能够拥有强大的具有可持续竞争优势的先进工艺，引进新的技术是为了改造原有的技术并创新产品，从而形成企业自主知识产权。

（三）建立科学的外联业务决策机制

外联决策机制的建立是企业的一种发展战略规划，外联业务规划的好坏对企业的长期发展具有关键作用。在知识管理指导企业核心竞争力的提升过程中，科学的外联业务决策机制能够确定合理分配与使用资源的方案，使之成为近期和远期外联业务的目标和手段。对于规模较大的大中型企业，有实力和条件建立科学的外联业务决策机制。要想提高和改善决策质量，企业可以利用咨询机构，如外联人力资源、外联财务、外联战略、外联法律及策划，这些都可以解决外联业务发展过程中所遇到的各种专业问题。为了顺应企业多元化经营战略，企业建立科学的外联业务决策机制是必要的。同时应该注意，企业建立外联业务决策机制绝不只是为了顺应经营战略发展的潮流。随着市场经济的发展和技术的不断更新，很多企业经营产品线越来越长，经营的事业越来越广，经营的产品品种越来越多，这标志着企业的内部机制必须标准化和科学化，而建立相应有效的外联业务决策机制，也是为了提升企业的核心竞争力。

为了降低外联业务的管理成本和避免决策失误，科学的外联决策机制还应该包含风险评估。风险评估可以有效地预警和减少企业的失误，企业可以通过从外部聘请专家进行咨询，这样其享受的是专业服务并且改掉了企业主管决策的习惯。

(四) 差异化企业对各种影响因素的反映

知识管理促进企业核心竞争力的提升是一个复杂的、循环作用的系统，其影响因素很多也很复杂。为了保障提升核心竞争力的过程能够顺利进行，企业必须对不同的影响因素做出不同的反映。在众多影响因素中，并不是所有的因素都会对企业核心竞争力的提升产生重大的影响，企业往往对这些影响因素进行识别和选择，并对识别和选择的结果做出差异化的反映。

参考文献

[1] Ross Chapman, Paul Hyland. Complexity and learning behaviors in production innovation [J]. Technovation, 2004 (24): 553 -561.

[2] Frank W. Geels. From sectoral systems of innovation to sociotechnical systems: insights about dynamics and change from sociology and institutional theory [J]. Research Policy, 2004 (33): 897 -920.

[3] 蒋天颖，季伟伟，施放. 制造企业组织学习对组织绩效影响的实证研究 [J]. 科学学研究，2008，26 (1).

[4] 徐建中，孙德忠，荆玲玲. 知识管理能力与企业竞争力关系的实证研究 [J]. 情报杂志，2008 (10).

[5] 吴一鸣等. 现代制造业知识管理模式分析 [J]. 科学学与科学技术管理，2004 (10).

[6] 李阳，蒋国瑞. 制造企业知识管理逻辑结构研究 [J]. 情报杂志，2007 (11).

[7] 张杰，刘志彪，郑江淮. 中国制造企业创新活动的关键影响因素 [J]. 管理世界，2007 (2).

[8] 田波，李春好，辛杨. 创新型企业知识管理与创新能力提升互动机理研究 [J]. 情报科学，2007 (9).

[9] 王培林. 对华为知识创新过程的理性分析 [J]. 科技进步与对策，2010 (9).

[10] 荆玲玲. 制造企业核心竞争力互动网络研究 [D]. 哈尔滨工程大学博士学位论文，2008.

[11] 吴冰，刘仲英. 供应链协同的知识创新模式研究 [J]. 情报杂志，2007 (10):

2－4.

［12］叶茂林，刘宇，王斌．知识管理理论与运作［M］．北京：社会科学文献出版社，2003.

［13］孙涛，邢以群，吕明．基于知识管理的企业动态核心能力构建［J］．技术经济与管理研究，2003（3）：93－95.

［14］刘军．基于知识管理的企业核心能力构建［J］．经济论坛，2004（11）.

［15］刘治江．论企业的核心能力与知识管理［J］．企业经济，2004（8）.

［16］白景坤．企业知识管理与竞争优势的形成［J］．当代经济研究，2004（7）.

［17］徐建中，荆玲玲，陆军．知识管理促进技术创新以提升企业核心竞争力的动力机制研究［J］．科技进步与对策，2008（11）.

中外合资企业企业文化冲突与绩效关系实证研究——基于中国合资企业的数据[①]

田 晖

【摘要】 本文首先在界定企业文化冲突、关系资本和合资企业绩效及其测度指标的基础上，建立中外合资企业企业文化冲突、关系资本和绩效之间关系的理论模型，并提出相关研究假设。其次，对43家中外合资企业中有经验的278名管理人员进行问卷调查，利用结构方程模型对数据进行信度和效度分析，并对中外合资企业企业文化冲突、关系资本与绩效之间的关系进行检验。在此基础上，利用二次回归分析法进一步考察关系资本对企业文化冲突的缓冲效应。结果表明，企业文化冲突与中外合资企业绩效负相关，而关系资本与中外合资企业绩效正相关，并能有效缓解合资企业中企业文化冲突对绩效的负面影响。这些研究结果有助于揭示中外合资企业中企业文化冲突与绩效之间的动态关系，为中外合资企业跨文化冲突管理提供有益启示。

【关键词】 中外合资企业；企业文化冲突；绩效；结构方程模型；二次回归分析法

一、引 言

作为国际投资的一种主要形式，合资企业虽然被广泛运用，但其绩效却不尽如人意。研究者从不同角度，利用不同方法，对国际合资企业绩效进行研究，得出的结论也各不相同，但他们一致认为，文化冲突对合资企业绩效有很大威胁。中外合资企业中，母公司和子公司之间不仅存在国家文化差异，而且还存在企业文化差异，所以，合资企业面临双重文化冲突：国家文化和企业文化冲突。然而，现有研究大部分侧重于国家文化冲突对合资企业绩效的影响，且主要关注合资企业中硬性因素的管理。国际战略联盟的成功不仅要关注联盟管理的硬件方面，而且还要关注软件方面，即在联盟中发展和管

① 《系统工程》，2011年第1期。

理关系资本。鉴于上述原因，本文引入关系资本作为调节变量，将企业文化层面的冲突作为自变量，将合资企业绩效作为因变量，首先提出相关假设，然后对43家中外合资企业中有经验的278名管理人员进行问卷调查，利用结构方程和二次回归模型进行数据分析，考察中外合资企业中企业文化冲突、关系资本和绩效之间的关系，以期揭示中外合资企业中企业文化冲突与绩效之间的动态关系，为中外合资企业跨文化冲突管理提供有益启示。

二、变量及其指标的界定

（一）中外合资企业企业文化冲突

大多数研究者将企业文化分为四个层次：物质文化、行为文化、制度文化和精神文化。据此，本文将合资企业的企业文化冲突分为物质文化冲突、行为文化冲突、制度文化冲突和精神文化冲突四个维度，每个维度均设计了四个问题。采用李克特五点测量法测量这四个维度上的冲突频率和强度。在测试冲突频率和强度时，分别采用“几乎从不、很少、有时、经常和总是”以及“很低、低、中等、高和很高”五个等级，并依程度不同分别赋予分值1~5。企业文化冲突的频率和强度的计算公式为：

$$E_1 = \sum_{h=1}^{h} \beta_h [\sum_{k=1}^{k} \rho_k e(n, h, k)]$$

$$E_2 = \sum_{h=1}^{h} \beta_h [\sum_{k=1}^{k} \rho_k e(n, h, k)]$$

式中，E_1、E_2分别表示企业文化冲突的频率和强度，e（n，h，k）表示第n个企业第h大类第k个测量项目的分值，表示第k个测量项目的因子负荷值（权重），h表示第h大类的权重。为了全面反映中外合资企业企业文化冲突水平，本文采用G. M. Habib的研究方法，利用企业文化冲突的频率与强度的乘积$E_1 \times E_2$衡量中外合资企业冲突水平，具体测试内容如表1所示。

表1 中外合资企业企业文化冲突水平测量表

序号	企业文化冲突	测量指标
1	物质文化冲突	薪酬福利方面的分歧
		管理层职位安排方面的分歧
		晋级与提拔方面的分歧
		产品开发和生产策略变革方面的分歧
2	行为文化冲突	中外双方领导行为方面的分歧
		沟通方式方面的分歧
		冲突处理策略方面的分歧
		合作方式方面的分歧
3	制度文化冲突	法规观念方面的分歧
		管理风格方面的分歧
		员工激励方面的分歧
		决策风格方面的分歧
4	精神文化冲突	员工尊重及其职业发展方面的分歧
		中外双方企业家精神方面的分歧
		经营理念方面的分歧
		人才观念方面的分歧

（二）关系资本

在前人研究的基础上，本文将中外合资企业的关系资本界定为建立在个人或组织层次上的以相互信任为主要内容，以相互沟通为重要手段，以文化认知为基本社会心理因素的战略联盟伙伴专有的独特性关系资源。在整合社会资本维度和关系资本维度的基础上，将关系资本分为信任、沟通与文化认知度。其中，文化认知度包括文化差异认知度与文化冲突感知度两个维度（以下分别简称认知度和感知度）。仍然采用李克特五点测量法，通过中外双方管理者的赞同程度来测量。赞同程度用“非常不同意、不同意、中立、同意、非常同意”五个等级表示，并依程度不同分别赋予分值1~5，要求被调查者根据赞同程度对每项内容进行评价。关系资本具体测试内容如表2所示。

表2　中外合资企业关系资本测量表

序号	关系资本	测量内容
1	文化差异的认知程度	双方应该相互适应和学习
		在选择合资方时，合作伙伴的国籍很重要
		有的文化差异是必要的，因为它们对合资企业的绩效有正面影响
		如果文化差异过大，会导致合资企业的失败
2	合作伙伴间的沟通	双方并不总是遵守他们的承诺
		双方定期相互通知所有重大问题
		双方有保留地与对方分享信息
		双方在超出合同范围外的方面并不相互帮助
3	合作伙伴间的信任	双方在工作时相互干扰，因为他们彼此缺乏信任
		双方并不关心彼此的命运
		双方在工作关系中完全信任彼此
		双方都认为对方采取了合作的态度
4	文化冲突的感知程度	双方在解决问题方面风格不同，使得解决冲突变得更加困难
		双方间存在大量冲突

（三）中外合资企业绩效

本文的中外合资企业均指在中国境内由中国企业和外国企业所组成的股权合资企业和合作经营企业。目前测量合资企业绩效的常用的方法主要有三类：一是侧重财务绩效的测量方法，如盈利能力、销售增长等客观指标；二是主观指标的测量法，如经理对合资企业经济目标实现程度的评价；三是基于合资企业生存的测量法，如合资企业的生存和寿命、不稳定性等。由于一般很难得到合资企业实际的财务绩效指标，因此，本文重点参考Geringer等验证过的主观绩效测量法，采用两个指标来度量绩效：中外双方管理者对公司战略目标实现程度的评价及其对合作伙伴的满意度。其中，公司战略目标实现程度包括效率、竞争优势两个维度，仍然采用李克特五点测量法，要求被调查者采用“很低、低、中等、高和很高”五个等级，对合资企业战略目标实现程度做出评价，并依程度不同分别赋予分值1～5。满意度采用“非常不满意、不满意、一般、满意和非常满意”五个等级，同样依程度不同分别赋予分值1～5。中外合资企业绩效测量指标如表3所示。

表3 中外合资企业绩效测量表

序号	绩效	测量指标
1	效率	产品组合多样化 降低固定成本 减少总资金投入 快速进入市场和迅速得到回报 利用规模经济，降低平均成本 通过利用合资双方的比较优势，降低成本
2	竞争优势	交换专利和市场 减少竞争 研究和开发 获取资金 获取技术和管理知识 获取劳动力
3	满意度	合资双方对合资企业的承诺 合资双方之间的交流 合资双方之间的合作 合资双方之间的信任 合资企业的管理 合资企业的盈利情况 你方对合资企业的整体满意度 对方对合资企业的整体满意度

三、理论模型及研究假设

（一）理论模型

理论界对企业文化冲突与绩效的关系主要存在两种观点：一是否定观点，这种观点认为企业文化冲突对中外合资企业绩效具有破坏性；二是相互作用观点，该观点认为企业文化冲突对绩效的影响有可能是建设性的，也有可能是破坏性的，这两种作用取决于冲突的性质和强度。我们认为企业文化冲突本身无所谓好坏，关键在于深入了解企业文化冲突产生和解决的动态过程，并对其进行有效的管理。合资企业中的企业文化冲突从产生到解决是一个不断循环的过程，这个循环过程有可能是良性的，也有可能是恶性的。如果建立有效的企业文化冲突协调机制，打破冲突的恶性循环过程，那么，企业文化冲突将有利于企业的创新，最终使之向有利于合资企业绩效的良性循环发展。因此，在界定上述变量及其指标的基础上，本文从理论上建立中外合资企业企业文化冲突、绩效和关系资本三者之间的关系模型，其中企业文化冲突为自变量，关系资本为调节变量，中外合资企业绩效为因变量，具体理论模型如图 1 所示。

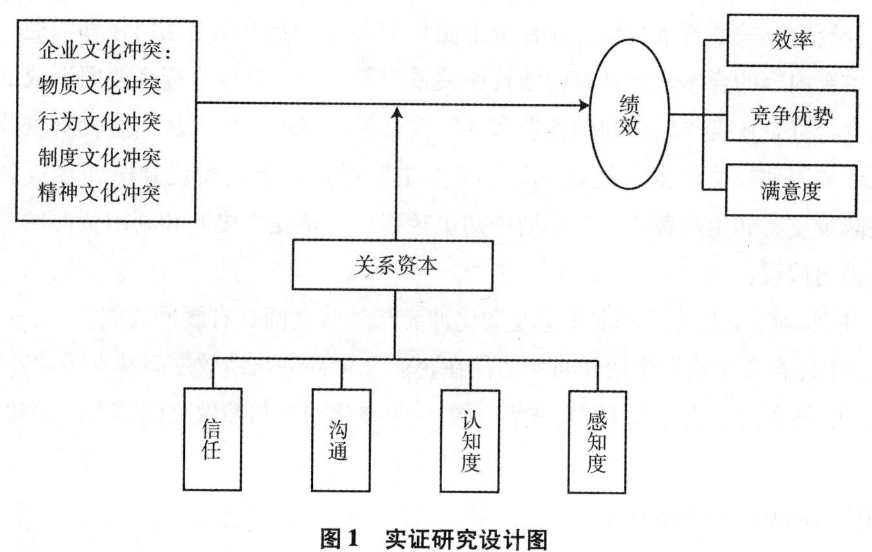

图 1 实证研究设计图

（二）研究假设

1. 中外合资企业企业文化冲突与绩效

合资企业中的企业文化差异使合作伙伴的管理实践产生差异，并对企业各职能部门产生影响，从而导致员工之间的冲突。由于不同的企业文化类型使合资企业产生不同的心理环境，合作伙伴必须花费时间和精力建立共同的管理惯例和常规以促进交往，这比来自相同或相似企业文化的合作伙伴花费的成本要高，引起更多的不信任，而由这些问题引起的冲突更多地体现在企业实际运作中。

Brown、Rugman 和 Verbeke 一致认为，企业文化与实践的不相容是影响组织绩效的重要因素。有关组织环境相似性与绩效关系的研究表明，选择组织文化相似的合作伙伴的企业绩效较高。所以，提出假设：

H1：中外合资企业企业文化冲突与绩效负相关。

H1a：中外合资企业物质文化冲突与绩效负相关。

H1b：中外合资企业行为文化冲突与绩效负相关。

H1c：中外合资企业制度文化冲突与绩效负相关。

H1d：中外合资企业精神文化冲突与绩效负相关。

2. 中外合资企业关系资本对企业文化冲突与绩效关系的缓冲效应

中外合资企业关系资本是建立在合资企业和个人层次上的以相互信任和沟通、以文化认知度为主要内容的合作伙伴专有的独特性关系资源上的。通过合资企业而形成的关系资本能够减少合资企业合作伙伴间的竞争和冲突性行为，促进合作，从而为合资企业带来其他企业无法复制和模仿的竞争优势。关系资本主要通过以下途径提升中外合资企业的绩效：一是减少交易和生产费用；二是增进知识转移；三是提高协调和利用资源的能力。因此，本文提出假设：

H2：中外合资企业关系资本在企业文化冲突与绩效之间具有缓冲效应。

H2a：中外合资企业合作伙伴间的信任在企业文化冲突与绩效之间具有缓冲效应。

H2b：中外合资企业合作伙伴间的沟通在企业文化冲突与绩效之间具有缓冲效应。

H2c：中外合资企业合作伙伴间的文化差异认知程度和文化冲突感知程度在企业文化冲突与绩效之间具有缓冲效应。

四、问卷设计与数据获取

（一）问卷设计

本文所需数据无法从公开资料中获得，因此，采用了问卷调查的方式。在参考大量的国内外文献的基础上自行设计问卷，经过征求学术团队意见、深度访谈合资企业管理者以及预测试等环节，根据反馈结果反复修改后形成了调查问卷的最终稿。同时结合自身所掌握的获取数据的渠道，利用各种方式发放调查问卷，对回收问卷数据采用 LISREL8.2 软件进行分析。

（二）数据来源

本文以了解中外合资企业内部运营情况的中高层管理人员作为调查对象，共发放问卷350份，回收问卷296份。剔除无效问卷后，得到有效问卷278份，有效问卷回收率为79%，问卷的回收率较高，样本数量满足实证研究的要求。

本次调查的企业涉及制造业（汽车制造、医药制造、石油化工等）、租赁和商务服务业（租赁、咨询等）、批发和零售业以及计算机服务和软件业四大行业。被调查企业的合资伙伴的国籍包含美、加、澳、法、德、日、韩、沙特阿拉伯、卡塔尔等，但以中西合资企业为主，占样本总数的82.73%，其中来自美国、加拿大与澳大利亚的外资方占63.67%，欧洲外资方占19.06%。大部分企业运营时间超过5年。在被调查的人员中，2%为公司董事长或CEO，33%为高层管理人员，54%为中层管理人员，基层管理人员为11%。

五、问卷信度与效度

（一）信度分析

本文采用修正后项目总相关系数（Corrected Item - Total Correlation，CITC）来净化测量项目，利用Cronbach's α系数检验问卷的信度。问卷各部分的数据分析结果如表4所示，从表中可看出，信度皆为0.7以上，说明本问卷具有良好的信度，具有较高的内部一致性。

表4 问卷各部分Cronbach's α系数

	测量项数	Cronbach's α系数
企业文化冲突频率	16	0.933
企业文化冲突强度	16	0.937
关系资本	14	0.775
合资企业绩效	20	0.902

（二）效度分析

采用验证性因子分析方法分别检验企业文化冲突、关系资本以及合资企业绩效的影响因素各自的模型拟合程度，评价它们的建构效度。验证性因子分析得出的估计负荷、误差项、t 值以及标准化参数值用来检验收敛效度。修正指数（MI）用来检验区分效度（限于篇幅，各验证性因子分析详细结果略去）。经检验，企业文化冲突、关系资本及绩效的验证性因子分析结果都表明其效度满足研究需要。

六、实证分析

（一）中外合资企业企业文化冲突、关系资本与绩效关系

1. 结构方程模型

利用 LISREL8. 2 软件对企业文化冲突频率、企业文化冲突强度及关系资本与企业绩效关系假设模型进行检验，得到的结构方程模型（SEM）实证数据如表 5 及图 2 所示。

表 5　结构方程模型的测试结果

路径	系数权重	标准误差	T 值
企业文化冲突频率→合资企业绩效	-0. 328	0. 056	-3. 933
企业文化冲突强度→合资企业绩效	-0. 188	0. 040	-2. 582
关系资本→合资企业绩效	0. 258	0. 097	2. 787

注：所有 T 值在 P =0. 000 显著。

2. 整体模型拟合优度检验

整体模型 SEM 拟合优度统计值（Fit Measures）如表 6 所示。

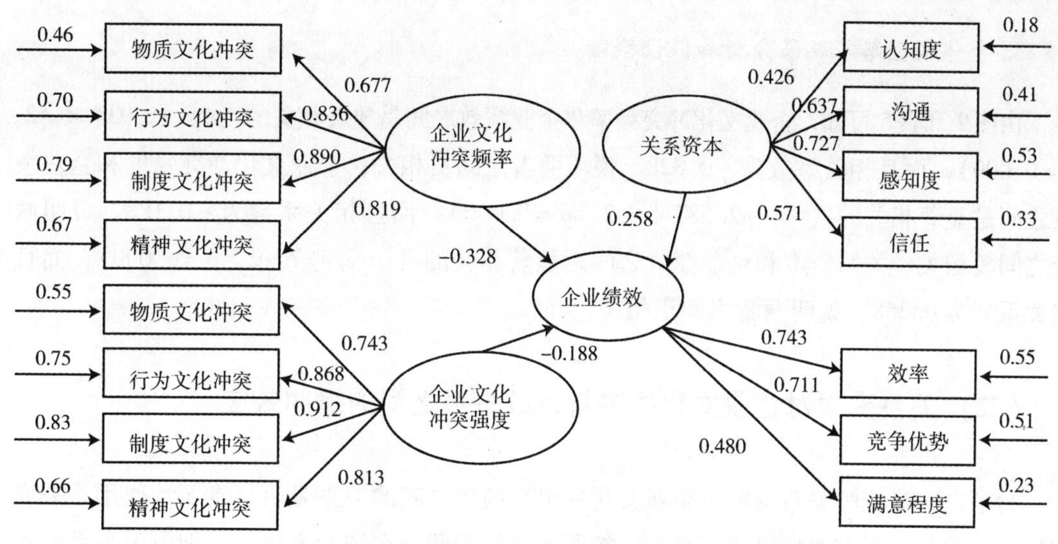

图 2　中外合资企业企业文化冲突与绩效关系结构方程模型

表 6　整体模型 SEM 适配度统计值

χ^2	df	χ^2/df	RMR	GFI	AGFI	NFI	CFI	RMSEA
341.5	278	1.228	0.021	0.875	0.896	0.987	0.953	0.059
		<3	<0.05	>0.80	>0.80	>0.90	>0.90	<0.08

绝对拟合优度指标用来决定理论的整体模型能够预测观察协方差或相关矩阵的程度。由表 6 可知，本文整体模型的绝对拟合优度测量指标 $\chi^2/df = 1.228 < 3$，GFI = 0.875 > 0.80，与理想值 1 非常接近，RMSEA = 0.059 < 0.08，因而该模型绝对拟合优度良好。

均方根残差（RMR）是指样本数据与假设协方差矩阵中要素的评价误差，它的值越接近 0，表明整体模型拟合程度越好，其值要求小于 0.05；调整拟合优度指标（AGFI）是指将 GFI 指标以模型自由度与其相对的变量个数比值，它的值越接近 1 越好，其值要求大于 0.80；比较适合指标（CFI）通过与独立模型相比较来评价拟合程度，即使对于小样本估计模型拟合时也能做得很好，一般来说，CFI 要求在 0.80 以上；基准拟合优度指标（NFI）反映了设定模型与独立模型的改善"增量"关系，NFI 的值要求在 0.90 以上。由表 6 可知，以上所有的测量指标都满足要求。实证分析结果显示，企业文化冲突频率、强度及关系资本与合资企业绩效三个构面内的所有指标的标准化载荷系数估计值很好，且 P < 0.001，模型的收敛效度非常理想。

整体而言，该模型的拟合优度非常理想，因此具有良好的整体建构效度。

3. 整体模型路径效果分析和假设检验

由图2和表5可知，企业文化冲突频率和企业绩效之间是显著相关的（$t=-3.933<-2$，$p=0.000$），而且相关系数为 -0.328，说明两者之间负相关；企业文化冲突强度和企业绩效之间是显著相关的（$t=-2.582<-2$，$p=0.000$），而且相关系数为 -0.188，说明两者之间负相关；关系资本和企业绩效之间是显著相关的（$t=2.787>2$，$p=0.000$），而且相关系数为 0.258，说明两者之间正相关。

（二）关系资本对企业文化冲突与绩效关系之间的缓冲效应

为了进一步检验关系资本对企业文化冲突与绩效之间的关系是否具有缓冲作用，需要利用二次回归分析方法加以实证分析。按照通常检验调节作用的方法，分别引入关系资本各维度（文化差异认知程度、沟通、信任和文化冲突感知度）与企业文化冲突水平之间的乘积项，当乘积项系数的符号显著为正时，表明该维度对冲突与绩效之间的关系起到了调节作用，即该维度的关系资本能够缓解冲突对绩效的负作用。为了避免多重共线性的影响，在对以上维度相乘之前先对相应维度进行标准化处理。即：

$$V\_i_{standard}=\frac{V\_i-\min V}{\max V-\min V}$$

式中，$V_i_{standard}$表示标准后的第 i 个样本变量 V 的得分，V_ i 表示标准化前的第 i 个样本变量 V 的得分，maxV 和 minV 分别表示变量 V 的最大值和最小值。表 7 列出了关系资本对企业文化冲突水平与绩效之间关系的调节作用的实证结果。

表7 关系资本对企业文化冲突水平与绩效之间关系的调节作用

序号	模型1	模型2	模型3	模型4	模型5	模型6
Constant	-0.433*** (-3.495)	-0.634** (-2.052)	-1.874*** (-3.646)	-0.460 (-1.069)	-0.349 (-3.394)	-2.019*** (-0.858)
一次项	-1.419*** (-3.967)	-2.544 (-1.569)	-0.820 (-0.925)	-1.265* (-1.868)	-1.798*** (-2.337)	-2.403** (-2.631)
二次项		-1.185 (-0.712)				
认知度			0.423*** (2.867)			

续表

序号	模型 1	模型 2	模型 3	模型 4	模型 5	模型 6
企业文化冲突水平 * 认知度			1.008 * (2.700)			
沟通				0.007 (0.050)		
企业文化冲突水平 * 沟通				0.369 * (2.284)		
信任					0.527 *** (2.699)	
企业文化冲突水平 * 信任					1.844 *** (2.994)	
感知度						0.014 (0.101)
企业文化冲突水平 * 感知度	1.169 *** (2.800)					
R^2	0.054	0.056	0.184	0.055	0.100	0.065
Adjust R^2	0.051	0.049	0.175	0.045	0.090	0.051
F	15.740	8.109	20.489	5.334	10.065	6.289

注：括号内为 t 值，***、**、* 分别表示在 99%、95% 和 90% 的水平下显著。

模型 1 首先对中外合资企业中的企业文化冲突水平与绩效之间的关系进行了分析，企业文化冲突水平的一次项系数为 -1.419，且在 99% 的显著性水平下显著，表明企业文化冲突水平与绩效负相关；模型 2 进一步考察了企业文化冲突水平的平方项对绩效的影响；模型 3 ~ 模型 6 则分别考察了关系资本四个维度（认知度、沟通、信任和感知度）对企业文化冲突水平与绩效之间关系的调节作用。由模型 3 ~ 模型 6 可知，由于各乘积项的系数均显著为正，表明关系资本各个维度对企业文化冲突水平与绩效之间关系具有显著的调节作用，即关系资本各个维度均能有效缓解企业文化冲突水平对绩效的负作用，本文假设成立。

七、结论分析及启示

通过实证分析，本文得出如下结论：

(1) 整体上而言，企业文化各维度上的冲突均与中外合资企业绩效负相关。企业文化是一种从属于国家文化的亚文化，企业文化的冲突有历史、文化、地域差别的原因，也有包括企业精神、经营理念等在内的价值观念上的差异，这种文化上的差异造成的冲突给企业经营活动带来负面影响。这一结论从一个侧面说明，企业文化冲突通过人们的行为对组织效率和竞争力的影响是十分巨大和不可回避的。此外，企业文化上的冲突和障碍，会给文化整合带来意想不到的负面影响和后发阻力，甚至导致合资企业目标最终难以实现，这将在很大程度上降低合作伙伴对合资企业的满意度，从而严重阻碍资源互补协同作用的产生。

(2) 合作伙伴之间的关系资本与中外合资企业绩效正相关，并能有效缓解企业文化冲突对绩效的负面影响。这一结论表明，合作伙伴之间的信任、文化认知度和沟通将提高中外合资企业效率和竞争优势，进而提高合作伙伴对合资企业绩效的满意度。因此，合资企业成功组建后，不仅应关注经济利益等硬性因素，还应加强伙伴关系等软性因素的管理。

综上所述，中外合资企业中的企业文化冲突在所难免，关键在于有效处理这些冲突。中外合资企业成立后，应该着重解决以下两方面问题：

第一，建立有效的冲突协调机制，充分发挥关系资本的协调作用。中外合资企业合作伙伴不同的文化背景、语言与习俗，使员工形成不同的文化态度和感性认识，造成沟通误会，从而导致冲突。要避免企业文化冲突导致的管理问题，就必须培养合资企业员工的文化认知感，发展文化认同感，使他们对合作伙伴的国家文化、企业文化有全面、准确的认识，克服各种认知心理效应所导致的对合作伙伴文化的错误认知，从而有效减少因突然接触不同文化而产生的强烈的不良情绪、情感反应。此外，组织信任与合资企业绩效之间存在显著的直接关系。在信任的条件下，合资企业双方会有意识地发现更多的文化共同点，使共同的方面越来越多，同时处理差异的信心因共同点而增强，处理差异的方法会越来越灵活和多样，从而有效减少文化冲突的负面作用，促使组织成员之间实现互助合作，使人际间的沟通更加顺畅，部属愿意配合上司的决策，成员能够认同组织目标等，因此，合资企业合作伙伴信任关系的建立有利于文化冲突的化解和绩效的提高。关系资本的重要方面是沟通。由于文化差异的存在，合资企业中来自不同文化背景的员工在理解另一种文化背

景信息时，总是根据自己的文化背景以及由此决定的编码方式加以解释，从而导致对信息理解错误，造成沟通失误。减少沟通失误的主要手段就是双向沟通。双向沟通有助于员工全面正确地理解不同文化背景的信息，缓解文化冲突的负面影响，大大降低签约成本、监督成本和各种适应性成本，从而大大减少合资企业的运作成本，最终提高合资企业绩效。

第二，建立中外合资企业独特的企业文化。中外合资企业的企业文化应该具有较强的包容性、开放性，使来自不同文化背景的全体员工认同，从而指导企业行为，激发员工能力潜质。韦尔奇认为，企业文化与价值观是企业管理中最模糊的领域，也是迄今为止最具挑战性的一环。对于中国境内的中外合资企业而言，成功的关键在于发挥中国传统管理文化的优势，引进西方先进管理理念和方法，建立刚柔相济的“合金”文化，实现制度管理与柔性管理，追求卓越与追求和谐的辩证统一，这将有利于增强中外合资企业的文化变迁能力和内部凝聚力，最终减少文化冲突的负面效应。

参考文献

[1] Harrigan R. K. Joint ventures and competitive strategy [J]. Strategic Management Journal, 1988, 9 (2): 141 - 159.

[2] Cullen J. B., Johnson J. L., Tomoaki S. Success through commitment and trust: The soft side of strategic alliance management [J]. Journal of World Business, 2000, 35 (3): 223 - 240.

[3] Habib G. Measures of manifest conflict in international joint ventures [J]. Academy of Management Journal, 1987, 30 (4): 808 - 816.

[4] Nahapiet J., Ghoshal S. Social capital, intellectual capital, and the organizational advantage [J]. Academy of Management Review, 1998 (23): 242 - 266.

[5] Lee S. C., et al. The effect of knowledge protection, knowledge ambiguity and relational capital on alliance performance [J]. Knowledge and Process Management, 2007, 14 (1): 58 - 69.

[6] Geringer, et al. Measuring performance of international joint ventures [J]. Journal of International Business Studies, 1991, 22 (2): 249 - 263.

[7] Park S. H., Ungson G. R. The effect of national culture, organizational complementarity, and economic motivation on joint venture dissolution [J]. Academy of Management Journal, 1997, 40 (2): 279 - 230.

[8] Brown L. T., Rugman A. M., Verbeke A. Japanese joint ventures with western multinationals: Synthesizing the economic and cultural explanations of failure [J]. Asia Pacific Jour-

nal of Management, 1989, 6 (2): 225 - 242.

[9] Fey C. F. , Beamish P. W. Organizational climate similarity and performance: International jintventures in Russia [J]. Organization Studies, 2001, 22 (5): 853 - 882.

[10] Zucker L. G. Production of trust : Institutional source of economic structure, 1840 - 1920 [J]. Research in Organizational Behavior, 1986 (8): 53 - 111.

[11] Mayer R. C. , Davis J. H. , Schooman F. D. An integrative model of organizational trust [J]. Academy of Management Review, 1995 (20): 709 - 734.

[12] 黄铁，韩福荣，徐艳梅. 中外合营企业寿命周期研究 [J]. 管理世界，1997 (5).

[13] 王东. 我国外资并购中的企业文化差异问题 [J]. 河南商业高等专科学校学报，2004，23 (4).

企业战略管理中人本策略模式选择①

周　红

【摘要】管理理论与实践的发展不是单一线条的，每一种管理理论的提出都源自于一个管理视角，但管理实践需要多角度的管理理论相结合。实践中，将不同的管理理论相结合的管理方法至关重要，但极其缺乏将以知识经济时代为背景的人本管理理念运用到企业战略管理中，本文构建了战略目标与战略行动协调、激励与利益协调、静态管理与动态管理协调的管理策略模式，给出企业管理与时代背景相结合的范式。

【关键词】企业；战略管理；人本策略；模式选择

在当今企业环境越来越复杂多变，竞争越来越激烈的时代，战略管理作为企业高层管理人员的活动内容，越来越显示出它在企业管理中的重要性。战略管理通常包括战略制定、战略实施及战略评价等，其中任一过程都需要贯彻人本管理理念以提高管理效率。根据战略管理的全局性、过程性及动态性等特征，可以在实施中选择如下的人本策略模式。

一、宏观战略目标转化为员工的实施行动策略

战略是长期的、全局性的策略，其制定的目的是为了达到战略目标，因此战略的关键在于实施。战略实施过程是将战略按照一定途径贯彻到组织内的每个角落，这种途径便是组织结构，也叫层级。将战略分解、细化为不同层次分目标的过程，是个人目标与组织目标协调一致的前提，而个人目标与组织目标协调一致则是从企业战略角度出发，尊重员工的个人发展，显然这是一个行之有效的人本管理模式。

宏观战略目标转化为员工的实施行动过程并不复杂，其要点是将企业看作一个复杂系统甚至是开放的复杂巨系统，其由不同的子系统部门员工构成。这些子系统及管理层次和管理分目标相联系。当企业实施战略管理时首先必须科学合理界定子系统的界限和功能，

① 《现代管理科学》，2011 年第 5 期。

其次必须采用科学的方式界定战略层次，最后要将企业战略层次与分目标相结合物化为员工的个人行动方向与目标。

具体而言，其流程为：

（1）确定企业的边界，即企业以其核心能力为基础，在与市场的相互作用过程中形成的经营范围和经营规模。其中，企业的经营范围是纵向边界，经营规模是横向边界。

（2）确定企业战略层次。一般是按照战略管理的公司级、经营级、职能级来进行两线整合：①由高至低，根据公司级战略整合经营级战略，根据经营级战略整合职能级战略，根据职能级战略整合所涉及的要素。②由低向高，首先整合职能级战略所涉及的元素，形成职能级战略系统，其次将职能级战略整合成经营级战略，最后将经营级战略整合成公司级战略。在确定企业管理战略层次划分的科学与否时还应关注以下几个方面：一是各层次的战略本身是一个自组织系统；二是战略的每一个层次之间也有能量信息的交换；三是各层次在本系统内部相互作用并作为整体向前发展的同时有条件、有选择、有过滤地向其他子系统开放，同时保持自身的相对稳定性。

（3）确定企业战略分目标。从狭义理解，系统战略是组织实现其宗旨和长期目标的一种比较宽泛和基本的计划及方法。战略实施的前提是在科学总结的基础之上将战略目标划分为几个方面，从而进行更进一步的细化和分解并转化为行动。

值得注意的是，高效率整合资源在进行企业战略管理的分目标确定时，应该将层次与阶段相联系，遵循以下几个规律：

（1）服从系统主从律，分清主次，寻找企业战略管理各层次的关键因素，此外还要明确非主要因素或者非关键因素可能在一定条件下转化成主要因素或者关键因素。主从规律要求后勤战略分目标科学确定后成为相互关联、相互促进的目标群以创造可持续的竞争优势，即战略分目标的目的不仅关注个体的最优发展而且也发展结构合理的子系统群，以便能够通过协同效应创造出远高于企业资源投入的高效益。

（2）服从分目标阶段性规律。每个层次的分目标不可能都是最终目标，对于阶段性目标要考虑资源的利用效率，实施有效的衔接。

（3）服从战略目标的确定性与不确定性规律。企业战略目标必须非常明确，并牢牢根植于企业的文化和行为中，才能真正对企业的发展起指导作用。同时，企业战略又具有不确定性，应避免被具体目标所误导。

（4）服从管理的自组织性和突变性。战略的执行需要较长的时间才能达到目标，因此战略目标需要在一定时期内保持稳定才能保证组织战略的有效执行，组织战略目标的稳定性是通过系统的自组织性实现的。在面对外部环境的不断变化时，系统通过一定范围内的自我调节保持或恢复所制定战略的有序状态、结构和功能，保证战略的发展指导作用和约束作用，保证组织的行为始终与战略要求保持一致，而不是相差很远，保证行为始终围绕战略在运行。但是企业战略管理是一个动态过程，在外部环境变化很快的时候，战略分目标会呈现出两种突变性：①在战略执行过程中的突变。此时环境或者内部资源的突然变化会对战略产生巨大的影响，战略分目标可能会终止或失效。②后续突变。此时相对前一战略分目标外部环境和内部条件已经发生突变，战略分目标也应该能够随机应变，以适应核心竞争能力蓝图的实现。

（5）服从战略管理的相似性规律。系统相似性表现为系统具有同构和同态的性质，体现在系统的结构和功能存在方式及演化过程具有共同性，这种相似性是一种有差异的共性。虽然不同系统所面临的情况以及自身条件有所不同，战略管理的具体内容有所不同，但战略的维度结构功能是相似的，表现出一定的分形结构，体现出多样性的统一。正是因为战略管理的相似性不同，组织间的战略管理才可供相互借鉴、相互学习，战略分目标的确定在此基础上也能够进行学习和借鉴。

二、内外激励协调一致的利益尊重策略

管理在追求效益的过程中，人的主观能动性越来越受到重视，管理理论对组织内成员的行为研究也比其他方面要多。激励是管理者最欲解决的问题，当核心能力成为超竞争环境下的竞争优势时，激励不再是追求管理目标的单纯因素，而成为组织内外利益相关者主观能动性基础之上的、均衡持久上升的辅助要素。在企业战略管理中，追求人本管理理念相对于激励可以通过三条途径解决利益问题：一是极大调动内驱动力；二是将外驱动力与内驱动力协调一致；三是调动所有利益相关者的积极性，在他们满意的基础上促进变革。

企业战略管理中，人本策略模式通过以下方式调动组织内成员的积极性：一是积极向员工宣传企业的战略和愿景，使员工理解、认可组织的战略框架；二是在此基础之上将高层战略目标转化为个人和团队的目标；三是定期举行全面的教育沟通计划，调动员工的积极性，促使他们发挥主观能动性，积极提出合理化建议，积极将个人目标向组织目标校准。由于阐明了业务单位的战略目标并将这些目标与相关的业绩驱动因素相联系，从而使员工明白自身行动与组织长期目标之间的关系，他们不再为领取奖金而只做好本职工作，而是深刻认识到自己应该在什么地方表现卓越，以自己的才能帮助企业实现战略目标，将高层控制的目标转化为局部的营运层面的指标。这种指标包括目标和实现计划，是企业员工认可并积极构建的，也是内在激励产生的源泉。

当企业员工的个人目标、行动与团队目标一致时，内在激励就发生了。这些内在激励即便在没有外在激励的情况下也能很好地起作用。在市场经济条件下，经济利益成为人们生活中一个重要的因素，使得管理者不得不考虑外在激励。但有时外在激励会削弱或排斥内在激励，解决的唯一有效途径是促使内在激励与外在激励的协调一致。如果抛弃传统的、基于结果的薪酬制度，将奖金与绩效测评指标结合在一起，依据能力、努力以及决策和行动质量来计算薪酬，在此基础上再根据绩效结果确定奖金，便可有效解决内外激励相协调的问题，使外在激励成为内在激励的促进因素而非制约因素。

在信息极其丰富的时代，只关注一部分表面上更具影响力的利益相关者，如投资者和服务对象而忽视其他利益相关者的做法是不利于企业的长期生存和繁荣的。公司必须设法提前了解其利益相关者的需要并满足这些需要，而不是以后再获悉这些需要是什么。在管理者与组织成员进行沟通的基础上，通过一系列的沟通教育计划，使企业的其他利益相关者了解并积极参与战略目标制定，在关注内部员工与外部投资者的利益满足基础上，再关注供货商、客户、立规者、立法者、社会活动者、社团等的利益及满意度，企业就能达到利益相关者的平衡，即通过考虑所有重要利益相关者的需求，使用多种方法达到利益相关者的满意，贯彻利益相关者的价值（意味着组织与成员之间的互惠关系）等途径，使得企业战略管理效果达成源自利益相关者的贡献，使得利益相关者成为变革的参与者、促进者，从而达到资源利用的均衡与利益公平。

三、监控测评与管理相结合的动态过程策略

战略管理是战略规划、战略决策、战略实施及战略评价的动态过程，包括持续过程的动态及内外环境协调的动态。现代企业战略管理虽然克服了以往事后监控的弊端，实施全过程监控，但这种监控只考虑战略管理的过程动态性而忽略了战略管理的环境动态性。监控、测评与管理相结合的动态过程策略以企业战略管理各级目标为方向，以绩效测评为工具，以环境战略与能力相协调原则，在实施绩效测评过程中不断审视环境的变化来校准管理目标与员工行动。换言之，这个绩效测评过程既是对员工行动向管理目标的校准过程，也是战略目标向环境变化的校准过程。

监控测评与管理相结合的动态过程模式包括：

（1）构建以战略管理和获得核心竞争能力为出发点的绩效测评体系。首先要能够自上而下地将企业愿景与战略转变为一系列有形的目标和计量方法，实现战略目标细化和分

权；其次要将结果性的评价与动因性的评价综合起来，既包括对有关股东、客户和其他利益相关者的外部评价，又要兼顾有关的重要经营过程、技术革新和学习成长的内部评价，同时保留了结果性的财务评价，调动战略执行的各种驱动因素；最后要将客观评价与带有一定的主观因素的评价结合在一起，将战略目标行动结果相联系，围绕战略进行测评管理，在实现战略的过程中通过解决组织资源协调发展利益和激励个人目标与组织目标协调一致等问题，达到循环学习和增加组织附加值等创新基础及目标，借此获得组织的核心竞争能力。

（2）测评体系是具有诊断功能的交互控制系统。首先构建绩效测评体系的任务流程，依据事先设定目标对产出进行计量，计算业绩差异，将业绩差异信息进行反馈，以改变投入或经营过程，使得业绩的变化与预定的目标或标准取得一致。该诊断控制系统的主要任务是保证战略按既定的轨道运行。此外，该测评体系还是一个能够对环境的不确定性具有强反应与适应能力的有效交互控制系统。包含的信息必须易于理解，系统必须能够提供有关战略不确定性方面的信息，系统必须在企业的各个层次中加以运用，系统必须能够激发产生新的行动计划。将注意力集中在战略的不确定性上，管理层可以利用交互的控制过程发现新的机会，激发创新行为并进行快速反应，对不确定环境下容易发生紊乱的经营过程进行有效的控制。

（3）从命令与控制走向战略学习反馈和创新流程。这种流程表现在通过传达战略，使每个员工明了个人活动对整体战略的贡献，以实现共享的战略框架，确立战略学习与创新的首要条件，收集有关战略的业绩资料，检验根据战略目标和行动方案之间的关系所做的假设，形成反馈流程。同时分析业绩资料，从中吸取经验教训，然后调整战略以适应新的形势和问题，形成团队解决问题流程。通过上述流程实现动态的系统思维，使组织内的成员能够明确个人与全局的关系，了解每个角色之间的相互影响，以协助组织确定业绩驱动因素和实现方案，从而衡量变革并鼓励变革最终实现，促进团队学习的效果，由此造就组织持续的学习循环过程和创新能力。

参考文献

［1］魏宏森，曾国屏．系统论［M］．北京：清华大学出版社，1999.

［2］姜定维，蔡巍．平衡计分卡保证发展［M］．北京：北京大学出版社，2004.

［3］吴隽，黄梯云．多因素层次分析综合评价方法在电子商务经济增长中的应用研究［J］．数量经济技术经济研究，2002（4）.

［4］蓝海林．动态竞争下的战略思维模式［J］．销售市场，1999（19）.

［5］休考特尼．不确定性管理［M］．北京：中国人民大学出版社，2000.

企业隐性知识管理方法研究①

李　纲　王忠义

【摘要】知识经济时代，知识尤其是占知识绝大部分的隐性知识是企业核心竞争力的关键所在，因此隐性知识管理对企业来说具有重要的意义。本文在对隐性知识基本理论进行深入分析的基础上，提出一种基于主题图的隐性知识管理方法，该方法以主题图作为知识组织和导航工具，综合隐性知识管理的编码化和人格化两种模式的优势，实现对不同类别的隐性知识分别进行有针对性的管理，以提高企业隐性知识管理水平。

【关键词】隐性知识；主题图；知识管理；企业

一、引　言

随着知识经济的兴起和快速发展，知识已经成为企业宝贵的资源，是企业提高创新能力和保持竞争优势的重要保障。企业中的知识分为显性知识和隐性知识，由于显性知识易于被其他企业习得，而隐性知识因具有内隐性的特点，使其难以被其他企业所模仿与复制，因此隐性知识已成为企业形成自身核心竞争力的一个重要来源。与显性知识相比，隐性知识更能为企业创造价值。当前，有关隐性知识的管理主要有两种模式：编码化模式和人格化模式。编码化模式是指对企业拥有的隐性知识，通过各种手段外化为显性知识，然后将这些外化后产生的显性知识进行加工整理并存储在数据库中加以利用的方式；人格化模式是指通过与知识创造者的直接接触和交流，实现对企业隐性知识的学习和共享的方式。然而，由于隐性知识自身的特性（默会性、实践性、情境性、个体性等），单独使用其中任何一种管理模式都无法实现对其的有效管理，而综合两种模式对隐性知识进行管理的理论探讨为数不多，相关实证方面的研究从目前已有的资料来看还未发现。为此，本文在对企业隐性知识及其管理的相关理论进行深入分析的基础上，综合隐性知识管理两种模

① 《图书情报工作》，2011 年第 10 期。

式各自的优点，提出一种基于主题图的企业隐性知识管理方法。该方法能够对隐性知识进行有效组织，准确定位隐性知识资源，进而实现对企业隐性知识的较为全面的管理。

二、隐性知识及其分类

隐性知识这一概念最早由波兰尼（Polanyi）提出，自其之后，不同领域的专家对隐性知识进行了深入的研究。然而有关隐性知识的内涵和外延的界定，不同的学者从不同的角度提出了自己的理解和相应的理论。通过波兰尼、斯腾伯格（Sternberg）、克莱蒙特（Clement）、野中郁次郎（Ikujirononaka）、钟义信、金明律和徐耀宗等国内外学者专家提出的有关隐性知识的理论，我们发现，隐性知识和显性知识的界限并不是绝对明确的。事实上，显性知识和隐性知识之间以及隐性知识内部都形成了一个连续性的谱系。波兰尼认为，隐性知识是显性知识的基础，一切显性知识都有其隐性知识的根源，显性知识必须依赖于隐性知识去理解和运用，一种完全显性的知识是不可思议的。也就是说，就知识本身而言，往往是既具有隐性知识成分又具有显性知识成分，而且两种知识之间也不是彼此独立的，而是存在某种联系。此外，波兰尼也一再告诫我们，不要把隐性知识理解为神秘的经验，隐性知识的存在，并不是否定我们可以将隐性知识外化，而只是否定我们能充分地实现隐性知识向显性知识的转化。隐性知识的以上特性，为我们对隐性知识的管理提供了理论依据：隐性知识可以外化，只是有些隐性知识由于隐性知识拥有者自身的编码能力有限或人类尚未创造出合适的符号代码来表述这些知识，而使得人们无法完全表述这些隐性知识，从而使其表现为内隐状态；知识的连续谱系性为我们对那些目前尚且无法编码化的隐性知识的管理提供了可能。我们可以通过对知识中已经编码化的显性部分的管理，来实现对知识的尚未编码化的隐性部分的定位（找到隐性知识载体也即专家），而后通过与隐性知识的载体进一步地交流，较为全面地获取隐性知识，从而实现对隐性知识的间接管理。

通过对隐性知识的研究成果的分析，我们同时又发现，造成当前各位学者对隐性知识内涵和外延的理解不尽相同的主要原因在于，对隐性知识内隐程度的界定不同（事实上，这主要是由于隐性知识的连续谱系性造成的）。为此，我们可以根据隐性知识内隐程度的不同对隐性知识进行分类，一方面有利于我们对隐性知识含义的把握和理解，另一方面有利于我们对不同层次的隐性知识进行有针对性的管理。结合挪威哲学家格里门（Grimen）对近半个世纪以来的有关隐性知识研究的梳理，本文将企业的隐性知识分为以下四类：无法编码化的隐性知识，指那些无法用符号代码外化的隐性知识；格式塔式的隐性知识，只有在特定的情景下才能被诱发出的潜意识的隐性知识；无意识欠编码化的隐性知识，能够通过编码化被外化，但由于未意识到该隐性知识的存在而欠编码化的隐性知识；有意识欠编码化的隐性知识，出于某种目的，有意识地将能够通过编码化而外化的知识隐藏起来，而不被编码化的那部分隐性知识。

三、基于主题图的企业隐性知识管理

借助于主题图这一知识管理工具，综合隐性知识管理的两种模式的优点，本文提出了一个基于主题图的企业隐性知识管理的方法，如图1所示。

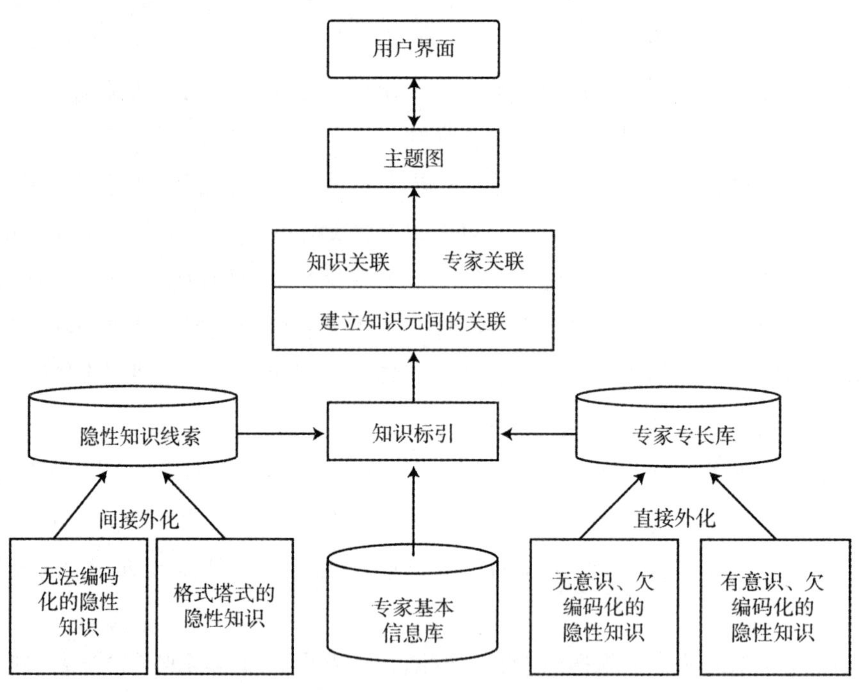

图1　企业隐性知识管理模型

从图1可以看出，该模型主要包括以下几个功能步骤：间接外化、直接外化、知识标引和建立知识元间的关联等。

间接外化，主要是获取无法编码化的隐性知识和格式塔式的隐性知识的一些隐性知识线索，存储在隐性知识线索库中，以便对其进行标引。

直接外化，主要是通过采取各种软的管理方面的措施或硬的技术方面的措施，实现对无意识欠编码化的隐性知识和有意识欠编码化的隐性知识的编码化，并存储在专家专长库中，以便对其进行标引。

知识标引，主要是在隐性知识线索库、专家专长库和专家基本信息库的支持下，实现对专家拥有的隐性知识的标引，生成知识元。需要说明的是，专家基本信息库中存储的专家的一些基本信息如姓名、性别、年龄、职务、学历、专业、联系方式等，这些基本信息可以从企业的人事部门获得。

建立知识元间的关联，主要是通过知识元之间的各种关系（如属分关系、同义关系、内在逻辑关系等）和专家之间的人际关系分别建立主题图和专家网络图。主题图的作用是用来定位编码化的隐性知识和未被编码化的隐性知识载体（专家）；而专家网络的作用在于实现通过专家找专家，并建立信任关系。

四、基于主题图的企业隐性知识管理方法的实施

从上述模型可以看出，本文提出的企业隐性知识管理方法，采取的是编码化模式和人格化模式相结合的方式。该方式一方面采取编码化模式将隐性知识中易于或能够编码化的部分通过采取各种措施实现编码化，然后将这些已经编码化的隐性知识存储在专家专长库中，对其进行索引，供人们检索利用；另一方面采取人格化模式，通过各种途径获取无法编码化的隐性知识的线索，对这些隐性知识线索进行标引，其索引地址为拥有该隐性知识的专家。这样用户要想获得知识库中这些尚未被编码化的隐性知识部分，则只需与该专家取得联系，然后通过与该专家直接或间接的交流来获取其所需要的这些隐性知识。

（一）隐性知识的间接外化

无法编码化的隐性知识和格式塔式的隐性知识是强隐性知识，强隐性知识凸显了知识和人工符号代码之间的逻辑鸿沟，它们原则上是不能用人工符号代码来充分表达的。然而，这并不是说其不能被外化。格里门在其强的隐性知识理论中指出，强的隐性知识并不是完全不可外化的，它无法用语言这一工具外化，但可以通过行动来外化；强的隐性知识也并不意味着其无法被获得，它完全可以通过师徒关系来获得。格里门的强的隐性知识理

论告诉我们，尽管无法编码化的隐性知识和格式塔式的隐性知识无法被编码化，但我们可以通过一些方式获取这些强的隐性知识的一些线索，然后以这些隐性知识线索作为找到拥有这些隐性知识的专家的指南，最后通过与这些专家的直接或间接交流获取这些隐性知识。依据以上原理，本文对这些强的隐性知识的外化采取的是间接外化的方式，依据这些通过间接外化获得的隐性知识线索对隐性知识载体（专家）进行标引，进而通过对这些专家的定位和管理实现对其拥有的这些强隐性知识的间接管理。

针对无法编码化的隐性知识和格式塔式的隐性知识这两类强隐性知识的特点，本文采取访谈问卷调查、文献调查和网络调查等方法获取这些强的隐性知识的一些线索。

访谈按照访谈的结构可以分为结构性访谈、非结构性访谈和半结构性访谈。结构性访谈是获取格式塔式隐性知识线索的一种有效方法。我们通过结构性访谈，事先将某个情景描述出来，在特定场景下，询问专家此种情况下可能采取的行动，从而获得格式塔式隐性知识的一些线索。对于无法编码化的隐性知识，我们采取非结构性访谈和半结构性访谈相结合的方式来获取无法编码化的隐性知识的一些线索。非结构性访谈主要由被访问者引导话题的方向，而采访者则根据被访问者谈话中呈现的话题进行提问。在访谈初期，通过非结构性访谈获得一些访谈资料，为半结构性访谈确定一个访谈的主题。接下来，采用半结构性访谈的方式，围绕非结构性访谈中确定的主题提出问题。当然，在访谈的过程中仍然采取开放的方式。

问卷调查法实质上是一种书面形式的谈话调查，它是通过让被调查者填写问卷的形式进行的，适用于了解被调查对象不愿面对面交谈的问题或有顾虑的问题。同样，问卷按结构可以分为无结构型问卷、半结构型问卷和结构型问卷。结构型问卷是首先设定某种情景，然后根据情景状况设计详细并列出一些问题，这些问题可以是选择式、判断式等，我们主要使用其获取格式塔式的隐性知识线索。对于无法编码化的隐性知识主要采取无结构型问卷调查和半结构型问卷调查来获取其线索。无结构型问卷是对问题不拟定，只限定调查的方向，主要是进行探索性的调查，获取专家所拥有的隐性知识的主题类别。半结构型问卷是将无结构型问卷与结构型问卷融合在一起的一种问卷形式，在专家隐性知识的主题类别确定之后，采取此种问卷可以获取更多的隐性知识线索。

文献调查主要是根据专家发表的期刊论文、会议论文拥有的专利等编码化的显性知识，获取专家拥有的强的隐性知识线索，是一种通过专家知识中的显性部分获取专家知识中强的隐性知识线索的一种重要的方法。

网络调查法主要是通过检索分析专家在博客论坛、维基百科、微博等网络环境中发表的言论来获取专家拥有的强的隐性知识线索的一种重要方法。由于这些网络空间为用户提供了某种情景，专家往往在不经意间流露出自己所拥有的隐性知识。

通过以上方法我们可获得谁拥有什么主题类型的隐性知识等强的隐性知识的线索，这些隐性知识线索尽管不是隐性知识本身，但却是通往隐性知识载体的重要途径。

（二）隐性知识的直接外化

隐性知识的直接外化主要是对无意识欠编码化和有意识欠编码化的两种类型的隐性知识的外化。无意识欠编码化的隐性知识是能够被编码化但由于未意识到该隐性知识的存在而欠编码化的隐性知识。对于这类隐性知识，一方面，应培养企业员工的知识素养、知识意识和捕捉知识的能力；另一方面，要建立良好的企业文化、组建知识学习和创新型团队，使成员在相互交流中相互学习，取长补短，并经常开展一些正式或非正式的头脑风暴活动，使企业员工在不经意间表达自己的隐性知识。有意识欠编码化的隐性知识往往是知识的拥有者出于某种目的（如担心因隐性知识的外化导致自己影响力或地位的降低，利益受损等)，有意识地将能够被编码化的知识隐藏起来。而不被编码化对于这类隐性知识，通常采取激励的方式促使其外化。这些激励措施主要分为三类：物质激励、精神激励和环境激励。物质激励是指为奖励隐性知识的拥有者提供的隐性知识而给予的经济报酬，物质激励的方式主要包括隐性知识产权保护制度、知识股权期权制度、知识薪酬支付制度等；精神激励主要包括荣誉表彰、知识晋升制度、知识署名制度等；环境激励是指在企业中营造一种易于企业员工将自己的隐性知识外化的环境，主要包括便利的办公自动化系统、适于隐性知识外化的技术平台、扁平化的企业组织结构和提倡知识共享的企业文化等。

通过以上各种措施使得企业员工主动将自己头脑中的无意识欠编码化和有意识欠编码化的两种类型的隐性知识表达出来，实现这些隐性知识的外化然后对这些外化的隐性知识进行编码，存入专家专长库中。

（三）知识元（节点）标引

通过对隐性知识的间接外化和直接外化，我们获得了强的隐性知识的线索和编码化的弱的隐性知识。为实现对这些隐性知识的管理，需要对它们进行统一的规范性描述，也即进行知识元标引，生成索引条目。与一般的显性知识管理中的标引不同的是，这里的知识元标引生成索引条目的地址有两种类型：一种是物理存储地址（编码化的弱的隐性知识载体)，另一种是人（强的隐性知识的载体也即专家)。之所以将人作为隐性知识的地址，是由隐性知识的个体性（或私人性）决定的。隐性知识的个体性首先表现为隐性知识是个体通过长期的生产和生活实践获得的，隐性知识获取的整个过程较少或不需要环境的支持，也即隐性知识是专属于个人的，以人作为隐性知识的载体也可以做到产权明晰；其次表现在隐性知识是以人脑为载体的知识，具有主体依附性。其知识元标引如图 2 所示。

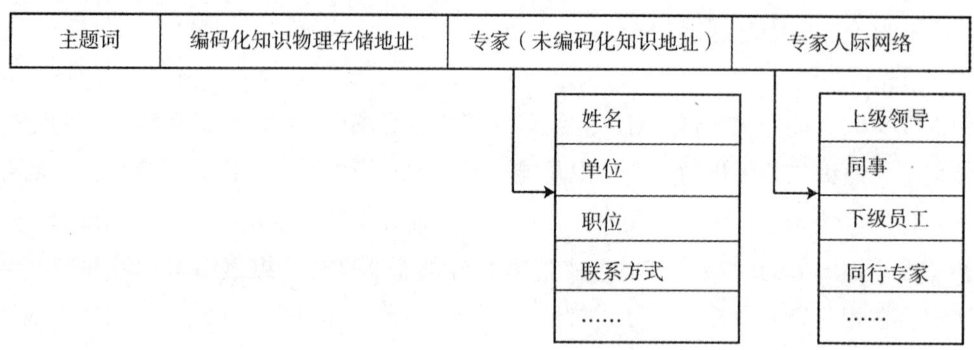

图 2　专家隐性知识索引条目

（四）知识元（节点）关联

知识元标引完成之后，接下来就是建立各知识元之间的关系，以生成一张对企业隐性知识进行管理的主题图。主题图是一种基于主题的元数据组织和描述工具，提供了语义级的知识导航和组织方式，它可以表示知识概念之间的相互关系，定位某一知识概念的资源位置。在本文中，主题图的构建是基于 Protégé + TMTab 的，在集成 TMTab 的 Protégé 开发环境下，可以创建自己的 XTM 本体，并可以以 XTM 的格式导出本体。在使用 Protégé + TMTab 构建主题图时，知识元之间关联建立的依据主要有两个：一个是知识元中各主题词之间的语义关系，这些语义关系主要包括属分关系、同义关系、相关关系、近义关系、主题逻辑关系等；另一个是知识元中专家的个人人际网络，依据专家之间的这种相识关系建立知识元之间的关联。通过每个专家的个人人际关系信息建立企业级的人际网络，以便通过专家找专家，建立专家间的知识交流的信任关系，如图 3 所示。

通过以上过程构建的企业隐性知识主题图能够实现对企业隐性知识的定位，也即形成一个有关企业隐性知识的语义索引，通过该索引我们可以实现基于语义的检索，方便用户查找到自己所需的隐性知识和隐性知识载体（隐性知识专家），实现对企业隐性知识的有效管理和利用。

（五）用户检索界面

我们为用户设计了一个较为友好的检索界面，提供初级检索和高级检索两种检索功能。

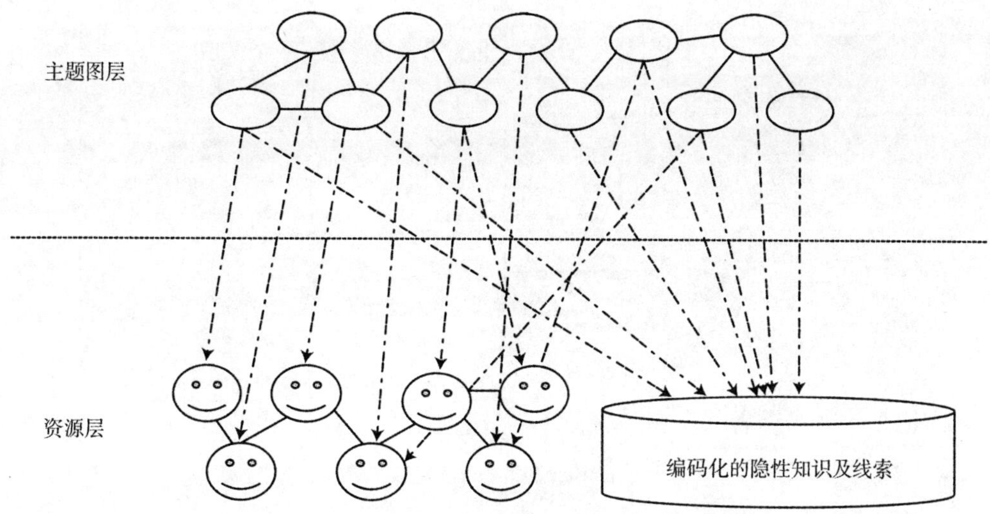

图3　企业隐性知识主题图

在初级检索界面中，用户只需根据自己的知识需求，在输入框中输入能表达自己知识需求的主题词进行检索，即可获得与该主题相关的隐性知识和隐性知识线索，在默认情况下，空格表示逻辑与的关系。在高级检索界面中（见图4），用户可以通过布尔逻辑算符来确切表达自己的知识需求，以提高检准率。返回的检索结果分为两部分：一部分是相关的已经被外化的隐性知识的摘要信息和链接，点击该链接即可获得所需的隐性知识；另一部分是拥有该类隐性知识的专家，点击该专家名字可以获得该专家的个人信息，包括姓名、单位、职务、联系方式和该专家的人际网络，这样用户就可以通过与该专家取得联系以获得那些无法被外化的隐性知识，实现对企业隐性知识的全面管理，以促进企业隐性知识的共享和利用。

五、结　语

在知识经济时代，知识在企业中发挥的作用越来越大，在一定程度上决定着企业的存亡，由于知识中80%左右都是隐性知识，因此隐性知识管理对企业来说具有较为重要的意义。本文在对隐性知识的基本理论进行总结和分析的基础上，根据隐性知识内隐化程度的不同对隐性知识进行了划分，将其分为无法编码化的隐性知识、格式塔式的隐性知识、无意识欠编码化的隐性知识、有意识欠编码化的隐性知识四类，并在此基础上，提出了一种基于主题图的企业隐性知识管理方法。该方法采取的是编码化模式和人格化模式相结合的方式，充

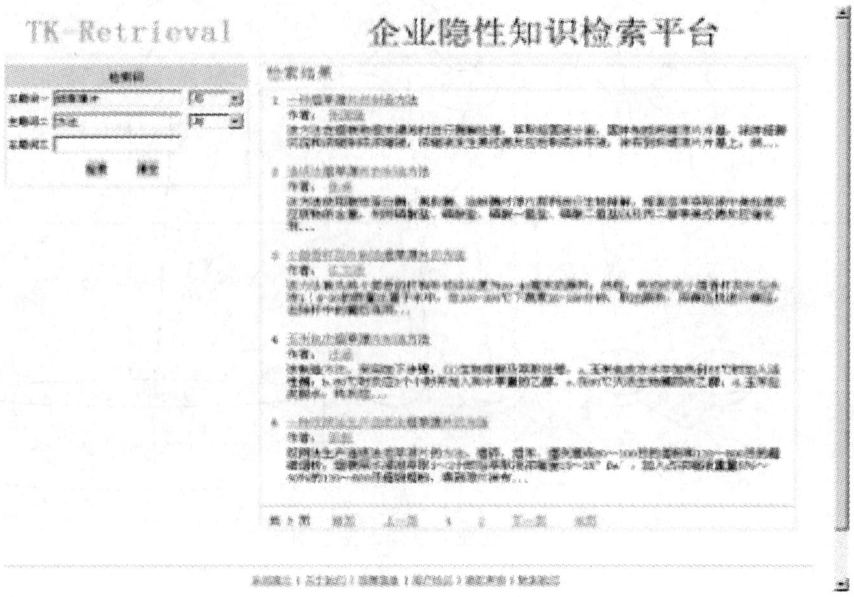

图4 企业隐性知识检索平台

分发挥了两者在隐性知识管理中的优势。该方法以主题图作为知识描述和组织工具，揭示了外化的隐性知识以及隐性知识线索之间的语义关系，最终实现了对企业隐性知识较为全面的管理，为提高企业的核心竞争力、增强企业的竞争能力提供了有益的帮助。

参考文献

[1] Polanyi M. Study of man [M]. Chicago: The University of Chicago Press, 1958.

[2] Sternberg R. J., Wagner R. K., Okagaki. Practical Intelligence: The Nature and Role of tacit Knowledge in Work and at School//Mechanisms of Everyday Cognition [J]. Hillsdale: L. Erlbaum Associates, 1993: 205-227.

[3] Clement J. Use of Physical Intuition and Imagistic Simulation in Expert Problem Solving//Tirosh D. Implicit and Explicit Knowledge [J]. Norwood: Ablex publishing Corp, 1994 (1): 204-244.

[4] Nonaka, Takeuchi H. The Knowledge Creating Company [M]. New York: Oxford University Press, 1995.

[5] 韩新伟，陈良猷．知识管理的模式与策略 [J]．经济与管理研究，2003 (3).

[6] 钟义信．知识论：核心问题 信息—知识—智能的统一理论 [J]．电子学报，2001 (4).

企业实施知识管理的收益分析及绩效评价①

郑景丽

【摘要】企业知识管理作为迎合知识经济的一种全新管理思想和模式，可以使企业在激烈的市场竞争中保持持久的竞争优势。本文基于对知识管理在企业应用中的收益所做的定性分析，建立了企业实施知识管理的绩效综合评价指标体系，并结合分阶段评价思想，建立了基于 AHP Entropy 组合权重的云重心综合评价模型，对企业实施知识管理的全过程进行绩效综合评价，为知识管理在企业中的深入应用提供了一种改进的综合评价模型方法和定量分析依据。

【关键词】知识管理；收益分析；绩效评价；云重心综合评价；组合权重

随着全球经济一体化与知识经济的发展，企业竞争环境变化的强度和频度不断增加，越来越多的企业认识到知识是企业创造竞争力的核心，知识管理的重要性越来越得以凸显。卡尔·费拉保罗认为，知识管理就是利用集体的智慧提高应变能力和创新能力，为企业实现显性知识和隐性知识共享提供新的途径。知识管理工作，一方面通过建立知识库，促进员工之间的知识交流；另一方面建立尊重知识的内部环境，把知识作为一种资产来管理。知识管理的作用体现在一种动态的知识生产、知识共享、知识应用和知识创新的系统化过程当中，它通过实现知识的集约和共享，为提高企业的核心竞争力提供了扎实的理论基础；同时大大培养了企业的员工技能和创新能力，提高了企业的反应能力，提高了企业效率以及洞察力。

知识管理坚持以人为本的原则，但同时具有高成本以及高回报的特性，全方位地分析企业实施知识管理带来的综合绩效，能够帮助企业更加微观地总结实施工作，强化知识管理在企业实施中的重心。因此，对于企业在实施知识管理的效益中进行定性和定量分析，合理评价实施知识管理的综合绩效，具有一定的实践意义。本文分别从定性和定量两个方面对企业实施知识管理的效益进行评价研究。

① 《管理纵横》，2011 年第 6 期。

一、企业实施知识管理的收益定性分析

企业实施知识管理需要投入大量的人力和物力。首先，知识管理的核心是利用信息技术，将企业的经验与信息，以及企业员工所拥有的知识资产整理成企业可共享的知识，在指定的范围内传播，在恰当的时候利用，在利用的过程中再产生新的知识。因此，知识的采集传输和处理需要计算机和通信系统的大量应用，一定数额固定资产的投入是必不可少的。其次，企业要形成良好的知识资产管理，离不开专业技术人才的使用，并且相关岗位的设置也会大大增加企业实施知识管理的成本。最后，收集组织内知识的分享与交流学习经验等资料的整合，都会给企业带来一定的成本投入。显然，知识管理的实施需要较高的成本，但同时企业也将获得较高的回报。毕马威曾对世界 100 家行业领先公司进行调查，这些公司每年因知识管理活动产生的效益超过两亿英镑，还有很多无法直接用金钱来衡量的收益。

对企业实施知识管理前后的综合成本收入变化进行对比分析，从盈亏平衡分析的角度研究企业实施知识管理的效益，有助于更深入地开展评价知识管理应用研究。本文通过追踪计算某制造企业实施知识管理前后的总成本及销售收入变化情况，从收益角度探讨知识管理实施对于企业的综合影响，具体情况如图 1 所示。

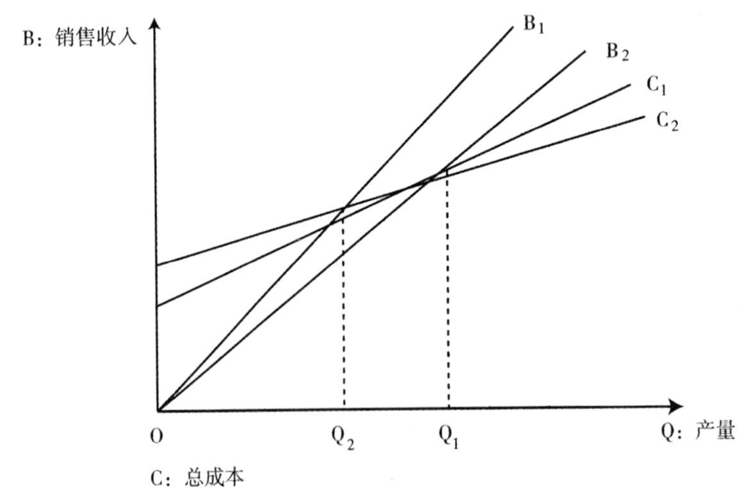

图 1　实施知识管理前后盈亏平衡分析

图 1 中 B_1 和 B_2 分别表示实施知识管理前后企业总销售收入情况，C_1 和 C_2 分别表示实施知识管理前后的总成本情况，通过计算得到该企业盈亏平衡产量分别为 Q_1、Q_2，并且 $Q_2 < Q_1$，即实施知识管理以后，企业的盈亏平衡产量大大减少了。

从图 1 可以看出，虽然实施知识管理给企业带来了一定量的成本投入，短时期内增加了产品的单位成本，但知识管理的实施使得产品价值有所增加，必然带动产品的销售价格随之提高，并且从长期分析，产品的平均成本会大大减少。因此，基于成本收入比较，实施知识管理能够给企业带来更大的盈利空间；通过盈亏平衡分析，实施知识管理后盈亏平衡点 $Q_2 < Q_1$，表明实施知识管理能够提高企业对不确定性因素的抗风险能力，提高企业适应市场变化的能力，更好地实现投资的有效回收。所以，通过对企业实施知识管理的定性收益分析，表明知识管理的深入开展能够给企业带来长远的综合效益，从成本减少、产品价值提升、综合抵御风险水平提高等多方面得到体现。

二、知识管理的绩效综合评价指标体系构建

知识管理绩效的合理评价是进行有效知识管理的基础。实施知识管理给企业带来的不仅是长远的经济效益，对员工素质的提高、创新能力的提升，以及企业竞争地位等角度都会产生综合影响。因此，建立全面的知识管理绩效综合评价指标体系，能够更加深入、具体、有效地了解实施知识管理给企业带来的综合效益，得到定量的评价结果。

完整的综合评价指标体系需要建立在科学性、可行性、层次性、灵活性、动态性、全面性、独立性的基本原则基础上，使得评价体系具有一定的可操作性，实现对评价对象有效地预期评估。传统的绩效评价指标体系往往更多地关注企业的外部效益，尤其是经济效益的分析。本文在经济效益的基础上，挖掘企业内部环境的相关绩效，综合考虑员工素质、整体创新水平、企业竞争地位以及硬件设施的变化。因此，本文将从经济效益、企业竞争地位、员工素质、创新能力、知识管理设施五个方面阐释实施知识管理给企业带来的综合绩效，并通过选取多个子指标，建立了一套企业实施知识管理的绩效评价指标体系，如图 2 所示。

由于企业实施知识管理的综合绩效体现在一个中长期的发展过程当中，因此，关于对经济效益指标的选取，本文从企业收入水平、长期平均成本以及产品价值的变化入手。而企业竞争地位指标主要着眼于实施知识管理后企业形象提高度、市场增长率提高度、社会贡献率提高度三个维度。本文将员工素质及企业整体创新能力作为评价企业实施知识管理

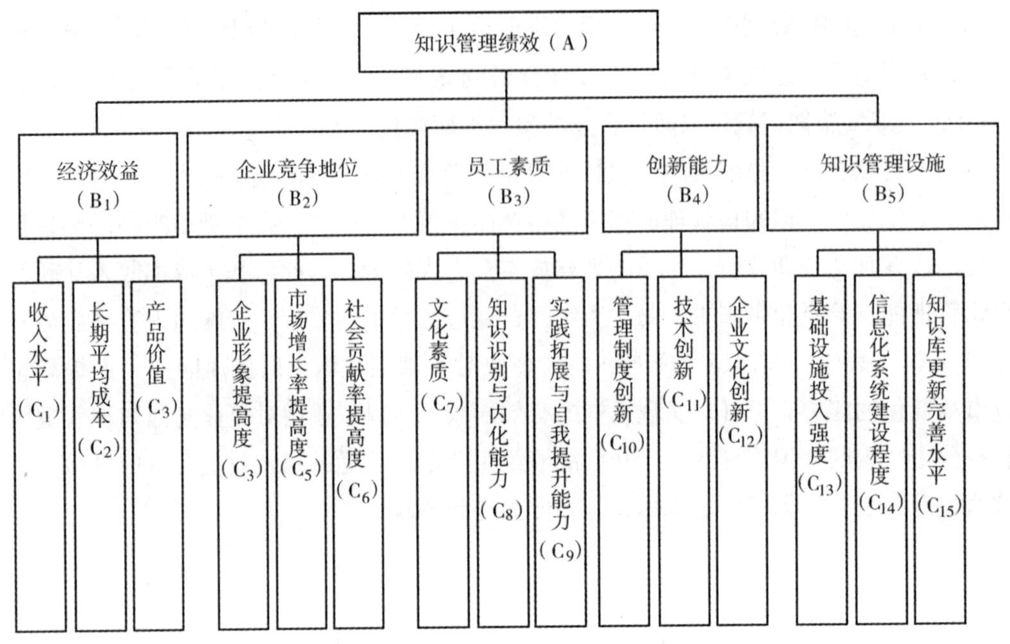

图 2　企业实施知识管理绩效评价指标体系

综合绩效的两个方面，并分别选取了员工文化素质、知识识别与内化能力、实践拓展与自我提升能力、管理制度创新、技术创新以及企业文化创新作为细化的衡量要素。在实施知识管理需要必备的设施方面，选取基础设施投入强度、信息化系统建设程度以及知识库的更新完善水平来评价知识管理设施的变化。

（一）建立基于改进 AHP Entropy 组合权重的云重心综合评价模型

企业实施知识管理的综合绩效水平需要在一定的时间积累中得到更加明显的体现，分阶段评价思想希望通过对企业实施知识管理前、实施知识管理初期（2 年以内）以及实施中期（4 年）进行不同时期的综合评价对比，研究各分项影响的变化程度。本文建立的知识管理绩效评价指标体系不仅从企业效益角度进行定量分析，而且兼顾了给企业带来综合提高的各方面定性指标。如果用模糊综合评价，则存在这样的问题：需要把定性指标用模糊数衡量。但是，模糊数的隶属函数一旦表达成精确数值，则在概念定义不确定性推理等过程中就不再具有模糊性，其又把对模糊对象的处理变为精确。云理论是用自然语言值表示某个定性概念与其定量表示之间的不确定转换模型，把模糊性和随机性完全集合到一起。云重心理论能够实现定性属性与定量属性之间的合理转换，更好地去评价多属性指标。因此，本文建立了基于改进的 AHP Entropy 组合权重的云重心，分阶段对比综合评价

模型，使得评价指标的权重确定更加科学，评价方法更加先进，客观地反映指标的综合变化水平。

建立评价指标的云模型表示在企业实施知识管理绩效评价指标体系中，既有精确数值表示的定量指标，也有可以用语言值表示的定性指标。提取 n 个状态组成决策矩阵，那么 n 个精确数值型表示的一个指标就可以用一个云模型来表示：

$$E_x = (E_{x1} + E_{x2} + \cdots + E_{xn}) / n \tag{1}$$

$$E_n = [\max(E_{x1}, E_{x2}, \cdots, E_{xn})] - \min(E_{x1}, E_{x2}, \cdots, E_{xn}) / 6 \tag{2}$$

式中，E_x、E_n 分别表示云模型的期望值和熵值，E_{xi} 表示第 i 状态的性能指标值。同时，每个语言值型的指标也可用一个云模型来表示，那么 n 个语言值表示的一个指标也可以用一个一维综合云来表征。

$$E_x = (E_{x1}E_{n1} + E_{x2}E_{n2} + \cdots + E_{xn}E_{nn}) / (E_{n1} + E_{n2} + \cdots + E_{nn}) \tag{3}$$

$$E_n = E_{n1} + E_{n2} + \cdots + E_{nn} \tag{4}$$

（二）系统状态的表示

若有 p 个指标描述一个评价对象，则根据每个指标的云模型，可以用一个 p 维综合云来表示系统的状态。当系统状态发生改变时，p 维综合云的形状也会发生变化，其重心也随之改变。p 维综合云的重心可以由云重心的位置 a 及云重心的高度 b 来刻画，若云重心 T 用一个 p 维向量来表示为 $T = (T_1, T_2, \cdots, T_p)$，则有 $T_i = a_i \times b_i$ $(i = 1, 2, \cdots, p)$，当系统状态发生变化时，其重心变化为 $T' = (T'_1, T'_2, \cdots, T'_p)$。

（三）指标权重的确定

基于本文评价指标体系定性指标与定量指标结合的特点，为了更加科学地确定各级指标的权重值，本文拟采用熵权法与 AHP 层次分析法分别计算指标权重，记为 W_1 和 W_2，然后采用平均加权组合权重，得到定性与定量兼顾的综合组合权重值，记为 W。

（四）用加权偏离度来衡量云重心的改变

系统在理想状态下，p 维综合云重心位置向量为 $a = (E_0x_1, E_0x_2, \cdots, E_0x_p)$，即评价指标的理想值，云重心的高度向量为 $b = (b_1, b_2, \cdots, b_p)$，即评价指标的权重值，因此，云重心向量可以表示为：

$$T^0 = a \times b^T = (T_1^0, T_2^0, \cdots, T_p^0) \tag{5}$$

同理，求得某一状态下系统的 p 维综合云重心向量 $T = (T_1, T_2, T_p)$，其中云重心位置由评价指标的期望值表示。用加权偏离度来衡量这两种状态下的综合云重心的差异情况，首先将理想状态及评价状态的综合云重心向量进行归一化处理，得到两组标准向量 T_0 和 T，计算：

$$T_i^G = \begin{cases} (T_i - T_i^0)/T_i^0 & T_i \leqslant T_i^0 \\ (T_i - T_i^0)/T_i^0 & T_i > T_i^0 \end{cases} \quad i = 1, 2, \cdots, p \tag{6}$$

进一步计算加权偏离度：

$$\theta = \sum_{j=1}^{p} (W_j \times T_i^G) \tag{7}$$

式中，W_j 表示第 j 个指标的权重值，一般值越小，表示差异越不明显。

（五）确定评价指标的评价集

本文采用 11 个评语组成的评语集（无，非常差，很差，较差，差，一般，好，较好，很好，非常好，极好），将每个评语值用云模型来实现，构成定性评测的云发生器，如图 3 所示：

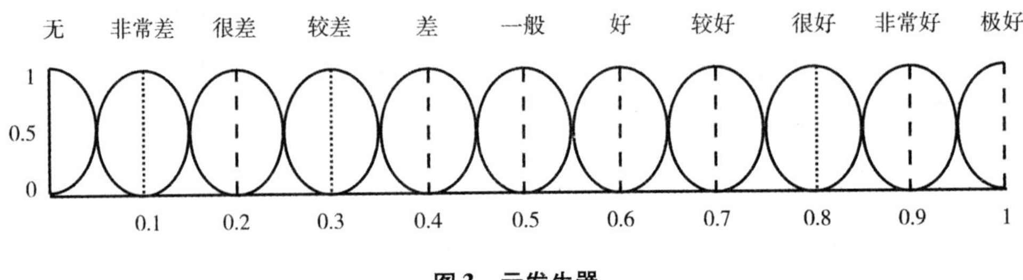

图 3　云发生器

三、实证分析

本文依据企业实施知识管理的绩效综合评价指标体系，根据自己建立的上述改进的综合评价模型方法，首先对某个目标企业实施知识管理初期的经济效益指标进行分析。

（1）抽取该阶段具有代表性的四个月的状态点，对定性指标采取多专家综合测评的方式，得到指标 C1、C2、C3 的状态参数，如表 1 所示。

表 1　实施知识管理初期经济效益指标典型状态

指标	C1	C2	C3
状态 1	600	450	好
状态 2	640	480	较好
状态 3	670	500	较好
状态 4	650	460	很好
理想状态	800	400	极好

（2）利用云理论将语言值（无，非常差，很差，较差，差，一般，好，较好，很好，非常好，极好）量化为（0，0.1，0.2，0.3，0.4，0.5，0.6，0.7，0.8，0.9，1.0），因此，得到经济效益指标 B_1 的决策矩阵为：

$$B_1 = \begin{pmatrix} 600 & 450 & 0.6 \\ 640 & 480 & 0.7 \\ 670 & 500 & 0.7 \\ 650 & 460 & 0.8 \end{pmatrix}$$

理想状态云重心位置可以表示为 a_0 = （800，400，1.0），根据公式（1）~（4），由决策矩阵分别计算各指标的期望值及熵值如表 2 所示。

表 2　指标期望值及熵值

指标	C1	C2	C3
期望值	640	472.5	0.7
熵值	11.667	8.333	0.033

（3）由 AHP 层次分析法及熵权法分别确定指标 C1、C2、C3 的权重 W_1、W_2，并采用平均加权得到最终的指标权重值 W，如表 3 所示。

表 3　指标权重值

指标	C1	C2	C3
W_1	0.375	0.250	0.375
W_2	0.403	0.290	0.307
W	0.389	0.270	0.341

（4）云重心的高度即权重值为 b =(0.389，0.270，0.341)，根据公式（5）计算理想

状态加权综合云重心向量为（311.2，108，0.341），实施知识管理初期的经济效益加权云重心向量为（248.96，127.575，0.2387），根据公式（6）~（7）计算加权偏离度 = 0.399，将偏离度输入云发生器中会激活好和较好两个属性，但更偏重于好的状态。因此，该企业在实施管理初期的经济效益指标云重心评价值为0.601，状态处于“好”。

（5）根据上述评价步骤，对该阶段的其他指标以及该企业实施知识管理前中期进行全方位评价，并得到各阶段的知识管理绩效综合水平。具体指标值及状态如表4所示。

表4 企业实施知识管理前后绩效指标水平对比

指标	加权偏离度			综合评价状态		
	实施前	实施初期	实施中期	实施前	实施初期	实施中期
经济效益 B_1	0.312	0.399	0.115	较好	好	非常好
企业竞争地位 B_2	0.589	0.285	0.134	差	较好	非常好
员工素质 B_3	0.510	0.407	0.191	一般	好	很好
创新能力 B_4	0.706	0.479	0.325	较差	一般	较好
知识管理设施 B_5	0.783	0.282	0.986	很差	较好	非常好
知识管理综合绩效 A	0.717	0.325	0.141	较差	较好	非常好

四、结　论

通过对企业实施知识管理的收益定性分析，明确了实施知识管理能够不断提升企业的综合绩效。经济效益指标在实施初期由于一定的成本投入反而下滑，但会给企业带来长足的盈利效果。通过建立企业实施知识管理绩效评价指标体系，并建立基于改进 AHP Entropy 组合权重的云重心分阶段对比综合评价模型，进一步给出了企业实施知识管理综合绩效的定量评价方法和各类指标。实证表明，企业知识管理设施会在实施后产生明显的整体提高效果，企业竞争地位、员工素质、创新能力指标随着知识管理的不断深入开展，会受到较为稳定的正面影响。本文建立的基于改进 AHP Entropy 组合权重的云重心分阶段对比综合评价模型，能够很好地结合本文提出的企业实施知识管理绩效评价指标体系，从更加动态、科学的角度进行有效的知识管理绩效量化综合评价。

参考文献

[1] Carl Frappaolo, Wayne Toms. Knowledge Management: from Terra Incognito to Terra Firma [J]. Imaging World, 1997, 10 (20).

[2] Pillania. Demystifying Knowledge Management [J]. Business Strategy Series, 2009 (10): 7-14.

[3] Management Knowledge and Knowledge Management: Realism and Forms of Truth [J]. Knowledge Management Research & Practice, 2008 (6): 7-14.

[4] 李理，彭灿. 高新技术企业知识管理战略绩效评价指标体系构建 [J]. 统计与决策，2010 (17).

[5] 孙红丽. 高新技术企业知识管理能力的综合评价 [J]. 统计与决策，2009 (20).

[6] 冷红伟，周宗放. 基于云重心评判法的风险投资项目风险评估 [J]. 管理专家，2010 (3).

[7] 刘鹏，鄢余武. 协调质量的云模型评价方法 [J]. 系统仿真学报，2009 (6).

[8] 路峰，吴慧中. 网格环境下基于云模型的信任评估与决策方法研究 [J]. 系统仿真学报，2009 (2).

高新技术企业的治理机制、高管薪酬与绩效实证[①]

杨淑玲

【摘要】与传统企业相比，高新技术企业更注重高级管理人员、高级技术人员和风险投资者的作用，他们对企业成长的影响充分地体现了团队协作特点。本文建立委托代理模型以分析高新技术企业的治理机制，得到了三个代理人，即高级管理人员、高级技术人员和风险投资者最优能力的赋予，委托人即企业所有者对他们进行激励的强度以及委托人的最优利益所得，并以我国高新技术企业的发展实践对理论分析进行了实证，为高新技术企业发展提供了政策建议。

【关键词】高新技术企业；治理机制；高管薪酬；公司绩效

一、引　言

近年来，关于企业治理机制研究形成两种思路，一是从激励角度运用莫里斯（Mirrlees）、霍姆斯特姆（Holmstrom）和米尔格罗姆（Milgrom）等所开创的信息经济学原理研究企业治理机制，该研究注重理论模型分析；二是从产权角度运用统计学或经济计量学方法研究贝里和米恩斯（Berle 和 Means）所提出的有关股权结构和企业绩效之间存在相关性的假说，该研究注重对经验数据的实证分析。沿着这两种思路，国内外学者开展了大量的研究，发表或出版了大量的论文专著，至今对一些问题还在争论之中。但同时，研究中所表现出的问题也不容忽视，一是理论模型分析与经验数据的实证分析相分离，很少有文献涉及二者的结合，由此不可避免地导致理论分析缺乏实践支持以及实证分析缺乏理论基础的现象；二是分行业进行企业治理研究做得不够，特别是对高新技术企业的研究，缺乏依据其特点或从理论模型，或从实证分析，或从二者结合的角度研究企业的治理机制。由此，必然导致人们对一些学者在研究中所提出的政策建议或措施的有效性及针对性产生

① 《江西财经大学学报》，2011 年第 5 期。

质疑。

常风林通过构建企业最优治理结构模型对高新技术企业的治理结构进行了分析。应该说，常风林通过引入非连续产出分布概念，从模型化角度揭示高新技术企业的治理结构相对于大多数文献基于定性研究高新技术企业治理结构是一个创新。但是，文中所出现的一些逻辑错误和研究缺陷也比较明显。

基于此，本文在分析高新技术企业及其成长特点的基础上，建立企业所有者（委托人）与管理精英、技术精英和风险投资者（代理人）的委托代理模型开展治理机制分析，并试图以我国上市高新技术企业为例进行实证。

二、理论模型

由于市场竞争和技术创新的激烈程度是任何企业都无法比拟的，与传统企业治理结构重视物质资本所有者的控制权和剩余索取权不同，高新技术企业更重视人力资本所有者的控制权和剩余索取权。我们利用经典的委托代理理论框架构建高新技术企业的治理模型。由于高新技术企业的生产是企业所有者（或企业家）与技术精英、管理精英和风险投资者共同协作的结果，因此，我们将高新技术企业的委托人设立为企业所有者，而将技术精英、管理精英和风险投资者设立为代理人，因而形成了一个委托人同时与三个代理人之间的委托代理关系。

假设1：考虑到高新技术企业的生产是建立在纯粹的协作基础上，我们对 CES（不变替代弹性）函数取 $\gamma=1$，也即企业的生产函数为 $y=ba_1^{k_1}a_2^{k_2}a_3^{k_3}+\varepsilon$，式中 a_1 表示技术精英的能力（$a_1\geqslant 0$），a_2 表示管理精英的能力（$a_2\geqslant 0$），a_3 表示风险投资者的能力（$a_3\geqslant 0$），k_i（$i=1, 2, 3$）（$0\leqslant k_i\leqslant 1$）表示各方对产出的贡献程度，$\sum_{i=1}^{3}k_i=1$，b 表示企业所有者（或企业家）对技术精英、管理精英和风险投资者的整合能力（$0\leqslant b\leqslant 1$），ε 表示外部不可控制因素（其均值为0，方差为 σ^2）。

假设2：企业所有者对技术精英和管理精英的激励包括固定激励和变动激励，固定激励是指年薪，分别为1和 a_2（$a_1>0$，$a_2>0$），变动激励体现在股权激励，对技术精英和管理精英进行股权激励的比例分别为 β_1 和 β_2（$0<\beta<1$），而对风险投资者的激励只有变动激励、股权激励，其激励比例为 β_3（$0<\beta_3<1$），$\beta_1+\beta_2+\beta_3<1$，对风险投资者建立这样的假设是基于风险投资者的收益特点考虑的。

假设3：对技术精英、管理精英和风险投资者的股权激励的兑现在第 n 年，企业所有者把从第1年到第n－1年的剩余股权全部用于再投资，并最终在第n年获得ry（r>0）的产出。因而技术精英、管理精英和风险投资者获得兑现的股权激励分别为$\beta_1(ry-\alpha_1-\alpha_2)$、$\beta_2(ry-\alpha_1-\alpha_2)$和$\beta_3(ry-\alpha_1-\alpha_2)$，企业所有者剩余$(1-\beta_1-\beta_2-\beta_3)(ry-\alpha_1-\alpha_2)$。

假设4：代理人考虑的是从第1年到第n年的总收益的最大化，并且他们的年薪在n年内保持不变，因而对技术精英和管理精英的总收益相当于n次年薪之和与第n年兑现的股权收益，对风险投资者的总收益由于没有年薪只有最后第n年兑现的股权收益。

假设5：考虑到高新技术企业的特点，委托代理关系处于信息不对称的状况下，委托人和三个代理人均为风险中性，不含有风险成本，但具有能力成本（获取能力要付出努力成本，同时还有机会成本），技术精英、管理精英和风险投资者的能力成本分别为$\frac{1}{2}a_1^2$、$\frac{1}{2}a_2^2$和$\frac{1}{2}a_3^2$，为了简便起见委托人的成本假设为0。

依据假设，我们建立其委托代理模型为：

$$\max_{\beta_1\to\beta_2\to\beta_3} E(1-\beta_1-\beta_2-\beta_3)(ry-\alpha_1-\alpha_2)$$

$$\text{s.t}\quad \max_{a_1} E\left[n\alpha_1+\beta_1(ry-\alpha_1-\alpha_2)-\frac{1}{2}a_1^2\right]$$

$$\max_{a_2} E\left[n\alpha_2+\beta_2(ry-\alpha_1-\alpha_2)-\frac{1}{2}a_2^2\right]$$

$$\max_{a_3} E\left[\beta_3(ry-\alpha_1-\alpha_2)-\frac{1}{2}a_3^2\right]$$

由上述模型求得代理人即技术精英、管理精英和风险投资者的最终所得分别为：

$$y_{21}=n\alpha_1-\frac{\alpha_1+\alpha_2+V}{2V}k_1(\alpha_1+\alpha_2)+\left(\frac{1}{b}-\frac{1}{2}\right)k_1^2\left[\frac{\alpha_1+\alpha_2+V}{2V}\right]^2$$

$$y_{22}=n\alpha_2-\frac{\alpha_1+\alpha_2+V}{2V}k_2(\alpha_1+\alpha_2)+\left(\frac{1}{b}-\frac{1}{2}\right)k_2^2\left[\frac{\alpha_1+\alpha_2+V}{2V}\right]^2$$

$$y_{23}=-\frac{\alpha_1+\alpha_2+V}{2V}k_3(\alpha_1+\alpha_2)+\left(\frac{1}{b}-\frac{1}{2}\right)k_3^2\left[\frac{\alpha_1+\alpha_2+V}{2V}\right]^2$$

委托人即企业所有者（或企业家）的最终所得为：

$$y_1=\frac{(V-\alpha_1-\alpha_2)^2}{4V}$$

其中$V=r^2b^2n^{-2}k_1^{2k_1}k_2^{2k_2}k_3^{2k_3}=r^2b^2n^{-2}k_1^{2k_1}k_2^{2k_2}(1-k_1-k_2)^{2(1-k_1-k_2)}$。

因为$\frac{\partial y_1}{\partial V}=\frac{(V-\alpha_1-\alpha_2)(V+\alpha_1+\alpha_2)}{4V^2}$，$\frac{\partial V}{\partial k_1}=2V\ln\frac{k_1}{1-k_1-k_2}$，

从而有$\frac{\partial y_1}{\partial k_1}=\frac{\partial y_1}{\partial V}\cdot\frac{\partial V}{\partial k_1}=(2V)^{-1}(V-\alpha_1-\alpha_2)(V+\alpha_1+\alpha_2)\ln\frac{k_1}{1-k_1-k_2}$

$\beta_1+\beta_2+\beta_3=\frac{\alpha_1+\alpha_2+V}{2V}$，即有 $V>\alpha_1+\alpha_2$，

因此，在 k_2 不变的情况下，若$\frac{1-k_2}{2}<k_1\leq 1$，即 $k_1>k_3$，则 y_1 将随 k_3 的增大而增大，同理对 y_2 与 y_3 也是如此。

$$\frac{\beta_1}{k_1}=\frac{\beta_2}{k_2}=\frac{\beta_3}{k_3}=\frac{\alpha_1+\alpha_2+V}{2V}<1$$

$$\frac{a_1}{k_1}=\frac{a_2}{k_2}=\frac{a_3}{k_3}=\frac{\alpha_1+\alpha_2+V}{2\sqrt{V}}$$

上述分析表明，对企业产出贡献程度越大的生产力要素（技术精英、管理精英或风险投资者），则应该获得越大的股权激励比例，同时也要付出更大的能力水平；对生产力要素的股权激励比例要小于其对产出的贡献程度；若三个代理人，即技术精英、管理精英与风险投资者中有一个代理人对企业产出的贡献程度和对其的股权激励比例保持不变，对剩余的两个代理人企业所有者应该随着其中一个代理人重要性的提高而加大对其股权激励比例；反之亦然，这样不断调整将增大企业所有者利益。

三、实证分析

（一）样本选择数据来源及变量表述

按照我国在1991年制定的高新技术企业的认定标准，本文选择了在国内上市且已公布了2008年年报的143家高新技术企业作为研究对象，为避免异常值的影响，从原始数据中剔除了2008年被ST的公司及净资产收益率为负的公司，最后剩余的高新技术企业为123家。数据来自于高新技术上市公司在中国证监会网站、巨潮网、巨灵网上刊登的2008年度财务报告。财务报告中有高管人员的持股情况，但没有显示如技术主管等企业技术精英的持股情况，因此我们无法获取技术精英的股权激励情况（这是一个很大的遗憾），同时也没有风险投资者的股权分配情况（当然这与我国风险投资业的发展不足有关系）。但是由于技术精英与风险投资者的巨大作用，也为了更准确地反映对高管人员的激励与企业所有者收益的关系，实证分析时我们增加了反映技术与风险投资的重要变量——研发费用作为解释变量，也增加了一种重要高管人员独立董事比例这个解释变量。

考虑到净资产收益率（ROE）和托宾Q值的拟合效果不是很理想，所以，本文中没有采用净资产收益率（ROE）和托宾Q值作为衡量企业绩效的指标，而是采用了EVA（Economic Value Added）作为被解释变量，用于度量公司价值和绩效。本文采用截面回归的统计研究方法，数据处理利用统计分析软件SPSS完成。回归用到的主要变量描述如表1所示。

表1 回归变量描述

变量	定义
EVA（经济增加值）	税后净经营利润 - 资本投入额 × 加权平均资本成本
LNWAG（高管人员平均报酬取对数）	ln（高管人员年薪总额/高管人员总数）
GGL（高管人员的持股比例）	高管人员的持股数/公司流通股股数 ×100%
INDS（独立董事占高管人员比例）	独立董事人数/高管人员总数 ×100%
RDRAT（研发费用占总资产的比例）	无形资产/总资产 ×100%
RDPER（研发人员占职工人数比例）	研发人员/职工总数 ×100%
INRAT（上年投资费用占比）	2007年投资费用/2007年总资产 ×100%
SCAL（公司规模）	ln（职工总数）

（1）被解释变量。经济增加值（EVA）。

（2）解释变量。①采用高管人员的平均年薪作为衡量高管人员的货币收入，并对其取对数以减少差异性造成的影响；②高管人员所持股份占公司流通股的比例作为高管人员股权激励的指标；③独立董事的引入可以减少企业所有者的委托代理成本，加强对企业管理层的监督和控制；④高新技术企业的技术创新性强，研发投入高，包括研发费用的投入以及研发人员占职工总数的比例。由于我国境内上市公司的年报表并没有公布上市公司的研发费用，本文使用无形资产占总资产的比重代表高新技术上市公司的研发费用投入的比重。

（3）控制变量。由于公司的绩效可能还受其他因素影响，本文加入了控制变量。控制变量有：①公司规模。根据摩克（Morck，1988）的研究，公司的规模也会影响公司价值。在我国年薪制试点中，大多数企业在确定企业家年薪时都采用了公司员工总数作为衡量企业规模的一个指标。②上年投资费用占比。上市公司在股票市场上大部分的融资用于投资，投资的多少及投资收益对企业绩效有较大影响。由于投资存在时滞性，本文分析2007年的R&D费用投入占2007年总资产的比例对2008年公司绩效的影响。投资费用的计算公式为：

$$K_{t+1} - K_t = I_t - \delta K_t$$

$$I_t = K_{t+1} - K_t + \delta K_t$$

式中，K_{t+1}为2003年公司的总资产，K_t为2002年公司的总资产，δ为2002年公司固定资产折旧率。

基于以上分析，初始回归模型的形式建立为：

$$EVA = \alpha + \beta_1 LNWAG + \beta_2 GGL + \beta_3 INDS + \beta_4 RDRAT + \beta_5 RDPER + \beta_6 INRAT + \beta_7 SCAL$$

（二）描述性统计

表2是对高新技术上市公司主要样本数据的描述性统计。可以看出，EVA值为[0.11，0.72]，无异常数据。为消除异常值及减少波动性，对研发费用取对数；研发人员占职工总数的比例有一定差异，为[0.1341，0.6810]。可知，高新技术企业中尚有一些企业没有意识到研发投入对企业成长的重要性，应增大研发的人力资源投入。对高管人员的报酬取对数后，减少了因数据差异性过大造成的影响，高管人员持股比例的中位数为零，平均值为0.56%，虽然与传统企业相比，持股数量有所增加，但持股数量仍然较少，零持股现象依然比较严重。

表2　高新技术上市公司样本数据的描述性统计

	平均值	中位数	标准差	最小值	最大值	方差	偏度
EVA（千万元）	6.110145	3.072920	13.063906	0	99.723	175.56	4.678
高管人员报酬对数	11.6441	11.5688	0.63858	10.18	13.61	0.208	0.279
高管人员持股比	0.005636	0.00000	0.0224662	0	0.2678	0.002	1.168
R&D费用占比	0.031204	0.014474	0.0401295	0.000137	0.1987	0.002	1.365
研发人员占比	0.341025	0.296550	0.1123545	0.1341	0.6810	0.037	0.576

（三）回归分析

利用Spss11.5 for Windows统计软件，分别按照回归方程，采用普通最小二乘法（OLS）进行回归拟合，回归结果如表3和表4所示，得到的回归方程为：

$$EVA = 1.143 + 0.062LNWAG + 0.561GGL + 0.417INDS + 2.791RDRAT + 1.261RDPER + 0.123INRAT - 0.062SCAL$$

表 3　各解释变量对公司经济增加值（EVA）指标的回归方差分析

方差来源	平方和	自由度	均方	F 检验值	调整的 R^2	显著性
回归	1.918	7	0.274	2.678	0.656	0.017
残差	13.455	115	0.117			
总计	15.373	122				

表 4　各解释变量对公司经济增加值（EVA）指标的回归系数

	非标准系数		标准化系数 β	t 检验值	显著性
	系数	标准误差			
常数	1.143	0.423		1.763	0.109
LNWAG	0.162	0.114	0.0354	2.364	0.092
GGL	0.561	0.121	0.1227	2.131	0.087
INDS	0.417	0.108	0.0912	1.713	0.092
RDRAT	1.891	1.217	0.4136	1.872	0.108
RDPER	1.261	0.491	0.2758	1.586	0.095
INRAT	0.123	0.315	0.0269	1.465	0.174
SCAL	-0.157	0.1672	-0.0343	-1.868	0.135

由表 3 可以看到，回归方程显著性水平 F 检验值为 2.678，显著性 0.017 < 0.05，说明该模型具有统计学意义。从表 4 及回归方程可以看到，LNWAG、GGL、INDS、RDRAT、RDPER 等解释变量都表现出较强的相关性，且基本通过了显著性水平 t 检验。

回归模拟的结果显示：

（1）高管人员的报酬与高新技术企业的成长能力具有正相关性，尽管关联度低，说明重视对高管人员的固定激励对增强高新技术企业成长能力具有重要作用。

（2）高管人员持股与企业成长能力具有显著正相关性，且关联度高。尽管由于我国上市企业于 1999 年才开始实施股权期权激励，所以所选取的样本数据中高管人员持股的公司数约占总样本的 33%，高管人员持股比例的平均值为 0.56%，但是高管人员持股比例与公司成长能力的相关性强、关联度高，这充分说明增强对高管人员的股权激励可以极大地提高高新技术企业的成长能力，这与前面理论模型分析的结果完全相符。

（3）独立董事在董事会中所占比例的大小与企业的成长能力呈正相关关系，表明在信息不对称的情形下独立董事可以减少所有者的委托成本，从而促进高新技术企业成长。

（4）研发人员占职工总数的比例与企业的成长能力呈显著的正相关关系，表明增加企业的技术人员关系到企业的成长，存在着对企业的技术精英进行股权激励的必要。

(5) 研发费用的投入与企业的成长能力呈明显的正相关关系，充分说明进行高风险性的研发对高新技术企业成长具有极端重要性。

四、结　论

尽管当前上市公司财务报告没有显示技术精英与风险投资者的股权激励状况，但是通过加入研发费用、研发人员的比例、独立董事等解释变量与一些控制变量后，进行实证分析得到的结论与理论模型分析的结论大致相符。显示加强对高新技术企业高管人员、技术精英和风险投资者的激励尤其是股权激励对提高高新技术企业所有者的利益具有重要作用。

理论模型分析和实证研究所得到的结论为高新技术企业的成长制定最优的股权激励提供了重要的理论依据。通过对我国上市高新技术企业的实证分析，显示出与理论模型分析结论一致的结果，表明重视对高管人员技术精英和风险投资者的股权激励是符合高新技术企业所有者的利益的，理论模型分析所得到的结论能为我国高新技术企业制定股权激励的实践直接进行服务。

参考文献

[1] Mirrlees J. A.. The Optimal Structure of Incentives and Authority within An Organization [J]. Bell Journal of Economics, 1976, 7 (1): 105 - 131.

[2] Holmstrom B. P. Milgrom. Aggregation and Linearity in the Provision of Inter Temporal Incentives [J]. Econometrica, 1987, 55 (2): 303 - 328.

[3] Berle A., Means G. The Modern Corporation and Private Property [M]. Harcourt Brace and World, Inc. New York; Revised Edition, 1967.

[4] Morck, et al. Management Ownership and Market Valuation: an Empirical Analysis [J]. Journal of Financial Economics, 1988 (20): 293 - 315.

[5] 陶长琪. 高新技术企业的委托代理关系研究 [J]. 江西财经大学学报, 2005 (1).

[6] 常风林. 非连续性产出分布与高新技术企业治理结构 [J]. 经济研究, 2003 (12).

[7] 黄乾. 高新技术企业的人力资本、物质资本契约关系及其所有权安排 [J]. 南京社会科学, 2003 (3).

基于提升企业核心竞争力的管理创新策略研究①

符亚男　李大鹏

【摘要】本文在分析管理创新与企业核心竞争力关系的基础上，分别从理念创新、制度创新、战略创新、文化创新等方面阐述了提升企业竞争力的管理创新策略，旨在为企业的可持续发展提供一些理论依据。

【关键词】管理创新；核心竞争力；可持续发展

高新技术的迅猛发展、经济全球化步伐的加快，对企业的可持续发展提出了更高的要求，企业核心竞争力的打造与提升是企业可持续发展的必然途径，而管理创新为企业核心竞争力的打造提供了有力的保障。

一、理论综述

（一）企业竞争力的概念

1990 年，美国密歇根大学商学院教授普拉哈拉德和伦敦商学院教授哈默尔在哈佛商业评论上发表的论文《企业核心竞争力》中正式提出了企业核心竞争力的概念。他们认为：核心能力是组织中的积累性学识，特别是如何协调不同的生产技能和有机结合多种技术流派的学识。他们认为，企业核心能力是一种学识，是一种可以增强企业竞争力的学识。对于企业核心竞争力，不同的学者有不同的定义，最具有说服力的是北京大学光华管理学院教授张维迎的定义，他认为企业核心竞争力具有“偷不去，买不来，拆不开，带不走，溜不掉”的特点。偷不去，是指竞争对手很难模仿，如品牌、文化等；买不来，是指这些资源不能从市场上获得；拆不开，是指企业的资源、能力有互补性，分开就没有价

① 《科学管理研究》，2011 年第 3 期。

值，整合起来才有价值；带不走，是指资源的组织性，整合企业所有资源形成的竞争力，才是企业的核心竞争力；溜不掉，是指提高企业的持久竞争力。现在拆不开、偷不走的资源，将来就可能被拆开、偷走，所以，企业家真正的工作不是管理，而是不断创造新的竞争力。我们定义，企业竞争力是指在竞争性市场中一个企业具有的能够持续地比其他企业更有效地向市场提供产品或服务，并获得盈利和自身发展的综合素质。

（二）管理创新的概念

经济学家约瑟夫·熊彼特于 1912 年首次提出了“创新”的概念。创新是指以独特的方式综合各种思想或在各种思想之间建立起独特联系的一种能力，能激发创造力的组织，可以不断地开发出做事的新方式以及解决问题的新办法。我国国内最早提出管理创新概念的学者是苗明杰和常修泽等人。苗明杰认为，管理创新是新的有效整合资源以达到企业目标和责任的全过程管理，也可以是新的具体资源整合及目标制定等方面的细节管理。常修泽等人认为，管理创新是指一种更有效而未被企业采用的、新的管理方式或方法的引入，管理创新是组织创新在企业经营层次上的辐射。综合以上观点，我们认为，企业的管理创新则是企业在实现目标的过程中，管理主体依据企业宏观和微观环境的变化，通过改进旧的管理思想、体制、技术、原理、原则，对企业的直接和间接的资源重新进行有效的整合与配置的活动。综观企业核心竞争力体系，管理创新是企业核心竞争力体系中的一种非常重要的能力，管理创新能力体现了企业在管理过程中其水平和企业获利能力的持续、稳定的提升，边际成本的下降和边际收益的递增是管理创新能力提升的重要表现。所以，管理创新在提升企业核心竞争力方面具有非常重要的作用，是提升企业核心竞争力的基础，同时也是提升企业核心竞争力的关键。

二、管理创新与企业核心竞争力的关系

管理创新的根本目的在于对企业核心竞争力的培育，创新是企业核心竞争力的源泉，只有通过全面的、有机的创新，企业的核心竞争力才能在优质的环境中健康地孕育与成长。企业核心竞争力的有效提升是企业管理创新能力提高的外在表现，企业核心竞争力将企业的管理创新构成一个新的有机体，再一次提高了企业的管理创新水平，并进一步推动新的创新，促进企业经营模式的重大转换，实现企业实质性变革的管理创新。通过企业核

心竞争力与管理创新互动关系模型图及企业管理创新、企业核心竞争力构成要素的分析，凝练出以下观点：

（一）管理创新与企业核心竞争力之间不是彼此孤立的

管理创新与企业核心竞争力相互渗透，彼此之间联系紧密，企业可以通过有效的管理创新提升企业的核心竞争力，企业的管理创新同时也是企业核心竞争力的一项重要的能力指标，它们互为条件、相互促进，如图1所示。

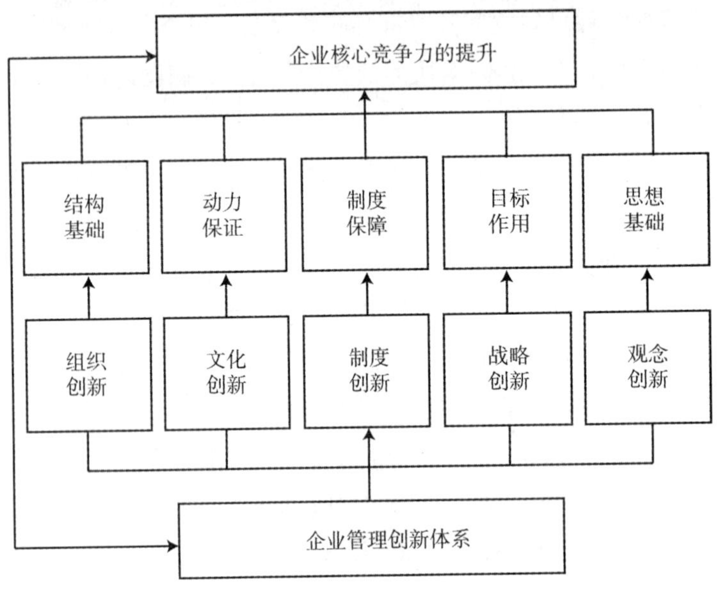

图1 管理创新与企业竞争力互动图

（二）管理创新是企业竞争力提升的关键因素

管理创新包括企业的观念、文化、战略、组织、制度等方面的创新，从收益增长、成本降低、市场开拓、管理水平提高、优秀文化的打造等方面对企业核心竞争力产生效用。管理创新是企业创新的基础，是企业创新的根本保证，而企业创新是企业竞争力提升的根本途径，由此，管理创新是企业竞争力提升的关键因素。

（三）管理创新的目标是企业核心竞争力的提升

管理创新的最终目的是能够有效地增强企业的核心竞争力，通过对企业核心竞争力构成指标体系的分析与评价，识别出企业的核心能力、基础能力、差距能力，并有针对性地对其进行系统创新，加速企业核心竞争力的转化，保持企业可持续发展。

三、基于提升企业竞争力的管理创新策略

为使企业能够健康、可持续地发展，必须从思想创新、体制创新、组织创新、人力资源创新等方面切入，为企业竞争力的打造制定行之有效的策略，从根本上提升企业核心竞争力。

（一）管理观念的创新为企业竞争力的打造与提升提供思想基础

观念是行为的先导，行为是思想观念的映射，因此，管理思想观念的创新是提升企业核心竞争力的思想基础，管理创新活动是管理思想观念的映射，管理创新，首先是观念创新。在市场经济的前提条件下，没有管理企业的正确思想观念，企业就失去了生存的能力、发展的基础，更谈不上核心竞争力的打造。企业的管理思想观念是企业从事经营活动的指导方针，是企业进行管理创新的灵魂。企业要想在瞬息万变的市场竞争中获得生存和发展的机会，管理思想观念的不断创新是非常必要的。企业领导者是创新的决策者和组织者，因此，对其管理的洞察力和创新意识提出了较高的要求，要能够在企业的创新活动的组织上以及管理创新活动的推动上起到积极的带头作用。从思想上重视管理创新，并将此观念转化为行动，以此指导企业在管理上不断地寻求完善、更新，把观念和行动都放在管理创新上，实现观念和行为的统一。管理者应该清楚地认识到，在目前的形势下，变化是绝对的，创新只意味着短暂维持，要在企业最辉煌的时候主动创新，使“管理创新”这一观念进入管理层的意识形态，并不断强化，使其领悟到对企业而言，没有最好的管理，也没有永远不变的管理，只有与时俱进、不断发展创新的管理。

（二）管理制度的创新为企业竞争力的打造与提升提供制度保障

管理制度创新是企业管理创新的重要内容，是企业创新的根本，是提升企业竞争力的制度保证。在管理制度的众多内容中，分配制度是极重要的内容之一。分配制度涉及如何正确地衡量成员对组织的贡献，并在此基础上如何提供足以维持这种贡献的报酬，由于劳动者是企业诸要素利用效率的决定因素，因此，提供合理的报酬以激发劳动者的工作热情对企业核心竞争力的打造与提升有着非常重要的意义。分配制度的创新在于不断地追求和实现报酬与贡献的更高层次上的平衡，实行真正意义上的以人为本的制度管理，从“刚性”制度管理向“柔性”制度管理转变，在制度管理上实行刚柔并济。管理制度的创新方向是不断调整和优化企业所有者、经营者、劳动者三者之间的关系，使各个方面的权利和利益得到充分的体现，使组织中各成员的作用得到充分的发挥。通过企业管理制度的创新将企业打造成为能够适应外部环境变化的健康“经济细胞”，为企业核心竞争力的提升提供有力的制度保障。

（三）战略创新对企业核心竞争力的打造与提升起到目标的引领作用

企业的持续发展需要管理创新。企业战略是指企业根据环境的变化，自身的资源和实力选择合适的经营领域和产品，形成自己的核心竞争力，并通过差异化在竞争中取胜。企业资源基础理论认为，企业核心竞争力的差异源自于战略差异，而战略差异又与企业的资源差异相关，这类资源是企业的战略资源，具有价值性、稀缺性、短期内不完全模仿性和不完全替代性。因此，企业战略资源的差异性、不完全的流动性形成了企业核心竞争力的差异。企业战略管理是企业在宏观层次上通过分析、预测、规划、控制等手段，实现充分利用本企业的人、财、物、信息等资源，以达到优化管理、提高经济效益的目的，是对企业战略的设计、选择、控制和实施，直至达到企业战略总目标的全过程。而企业战略管理创新则是针对复杂多变的内外部环境，立足于将来，持续开发出差异性、不能完全流动的企业战略资源，打造企业可持续发展的核心竞争能力。面对全球经济一体化的发展趋势，企业要做到战略创新，一方面，要在战略的制定和实施上立足于全球竞争，另一方面，要立足于企业核心竞争力的打造，有效地捕捉外部环境给企业带来的机遇。只有对企业的竞争方式和运作方式进行持续不断的创新，有力地打造和发展企业的核心竞争力，才能使企业在激烈的市场竞争中取胜。

（四）组织结构创新为企业竞争力的打造与提升提供结构基础

企业对国家宏观政策和市场信息能否做出敏锐的反应，迅速地调整竞争战略，决定了企业核心竞争力的大小。而企业的这一能力与企业组织设计、采取何种类型的组织结构具有密切的关系。企业组织结构是企业组织内部各个有机构成要素相互作用的联系方式或形式，以求有效、合理地把组织成员组织起来，为实现共同目标而协同努力。组织结构是企业资源和权力分配的载体，它是在人的能动行为下，通过信息传递，承载着企业的业务流动，推动或者阻碍企业使命的进程。由于组织结构在企业中的基础地位和关键作用，企业所有战略意义上的创新都必须首先在组织结构上开始。因此，企业组织结构不是一成不变的，它会随着企业内外部环境的变化而不断地进行变革和调整。只有企业组织结构适应了企业内外部环境并与经营战略目标相符，它才是有竞争力的。企业组织结构创新大致经过了三个主要阶段：即从简单结构向 U 形结构和 H 形结构的转变；从 U 形结构和 H 形结构向 M 形结构的转变；从 M 形结构向网络形结构的转变。表象上看，现代企业的竞争是产品和服务的竞争，但实质上是企业能力的竞争，企业必须建立赖以持续经营的核心能力。组织结构是企业经营管理各要素发挥正常作用的载体，合理的组织结构将为企业核心能力的形成发挥平台效应，并起到支撑作用。

（五）企业文化创新为企业竞争力的打造与提升提供思想动力保障

企业文化是指企业在实践中，逐步形成的为全体员工所认同、遵守、带有本企业特色的价值观念、经营准则、经营作风、企业精神、道德规范、发展目标的总和。通俗地讲，就是每一位员工都明白怎样做才是对企业有利的，而且都自觉自愿地这样做，久而久之便形成了一种习惯；再经过一定时间的积淀，习惯成了自然，成为人们头脑里一种牢固的观念，而这种观念一旦形成，又会反作用于（约束）大家的行为，逐渐以规章制度、道德公允的形式成为众人的行为规范。企业文化的形成与打造，对企业核心竞争力的提升具有强烈的影响。约翰·科特等指出：一种强的企业文化，会产生极为有力的经营结果。无论是与竞争对手的竞争中，还是在顾客服务上，它都能使企业的行为方式非常快捷而协调，也能引导掌握知识者在欢歌笑语中跨越经营的“险滩”。优秀的企业文化能够将企业各种资源、各个部门、各个体系有效地融合起来，使之在统一的经营理念指导下，充分发挥各自的功能和作用，心往一处想，劲往一处使，从而逐步形成企业的核心竞争力。

企业文化是企业资产的重要组成部分，同时也是企业价值链中最难被模仿的部分。企业一旦建立了以优秀的企业文化为基础的差异化，也就建立了核心竞争力的差异化。这种基于企业特色文化的核心竞争力的差异化是特定企业的特定组织结构、特定企业文化、特定企业员工群体等要素综合作用的产物，是在企业长期经营管理实践中逐渐形成的。这种独特性对于竞争对手来说难以模仿、克隆和超越，即便能模仿和超越，也要付出巨大的成本。

四、总　结

企业核心竞争力是企业长期生存与发展的基础，而管理创新符合核心竞争力的内在要求，管理创新给企业带来竞争力的同时也增强了企业的核心竞争力。充分发挥管理创新可以增强企业核心竞争力，同时，核心竞争力也表现在企业具有超强的管理创新能力方面。管理创新可以始终保证企业以先人一步的速度抢占市场机会，在原来领先的基础上通过管理创新可以达到步步领先的局面。通过管理创新，培育和实施先进的企业文化，在企业内部建立健全各项企业管理制度，形成企业上至领导下到员工的共同利益和目标，实现企业内外部资源的有效配置，以提高生产效率，保证企业产品和服务质量的竞争力。同时，转变观念、注重企业的战略管理、及时地调整企业组织结构、改革人事管理制度、建设富有个性的先进企业文化，进而全面提升我国企业的核心竞争力。

参考文献

[1] 周三多，陈传明．管理学［M］．北京：高等教育出版社，2006.

[2] 王金河．企业核心竞争力与管理创新体系［J］．科学管理研究，2009（9）.

[3] 刘永芳，章喜为．管理创新增强中国企业核心竞争力［J］．经济与管理，2005（5）.

[4] 王林雪．基于提升企业竞争力的管理创新［J］．西安邮电学院学报，2003（4）.

[5] 陈复强．管理创新是企业持续发展的动力［J］．经济问题探索，2009（2）.

非正式契约影响企业会计政策选择的实证研究①

任艳丽

【摘要】有研究发现，我国西部地区的上市公司比东部沿海地区的上市公司更倾向于采用增加公司会计利润的会计政策，公司所处地理位置应归属于哪类因素？这些问题促使人们对影响企业会计政策选择的因素作进一步的研究。本文分析了我国非正式契约及其对上市公司会计政策选择的影响，发现企业会计政策选择与企业所处地理位置显著相关，并且企业越偏离东部沿海地区越倾向于选择增加当期盈利的会计政策。

【关键词】非正式契约；会计政策选择

一、引　言

非正式制度，也称非正式约束，是指人们在长期交往中自发形成并被人们无意识接受的行为规范，主要包括价值道德规范、风俗文化习惯、意识形态等。相对于正式制度安排，非正式制度安排具有自发性、非强制性、广泛性和持续性的特点。长期演化而来的非正式制度对正式规则实施效果的重要性影响已被很多学者认识到，忽视传统、道德、风俗等非正式制度而生硬地移植正式制度是毫无效果甚至是适得其反的，在某种程度上真正决定制度绩效的是以个性化知识为基础的非正式制度安排部分（诺斯，1995；周业安，2001）。我国传统文化在经历了长达几千年的沉淀之后，形成了以儒家思想为轴心的文化体系。但儒家思想产生于封建的自然经济基础之上，是一个精华与糟粕共存的矛盾统一体。下面主要谈的是影响企业的一些文化传统等观念。中国的古代社会，在意识形态上是一个以伦理为中心的社会，从孔子以来几千年的发展使得“仁、义、礼、智、信”成了中国人的基本道德标准。“中庸之道”是中国传统文化中的一种核心价值观，“中庸之道”以“中和”为最高原则，反对过与不及，主张维持，调和矛盾，回避不确定性，反对激进

① 《财会通讯》，2011年第9期。

与冒险。“中庸之道”无疑会排斥个体、扼杀个体的活力，使得个体的任何行为都要从群体的规范、群体的习惯中考虑，不敢逾越雷池（孙一顺，2003）。中国的传统文化对企业的影响有好的方面也有不利之处。总的来讲，追求利润和创新的企业面对这些非正式制度的影响是弊大于利，企业很可能要为之付出很多意想不到的契约成本。那么非正式契约是如何影响企业以至于影响到会计政策选择的呢？本文认为有两种途径：企业内部和企业外部，即企业文化的建设和企业所处地理位置。

二、研究设计

（一）研究假设

企业文化是非正式契约的一个方面，是非正式契约在企业里的集中融合。企业文化往往是企业管理者文化理念的外化，企业管理者作为企业的领导者，身居企业组织结构的“塔尖”，在企业文化建设中，充当着创造者、倡导者、组织者、指导者、示范者、激励者的角色，其个人气质对企业文化的影响显而易见。因而，企业文化往往留下企业管理者个人气质的烙印（杨超，2003）。因此，通过研究企业管理者的素质对企业会计政策选择的影响，以研究企业文化对企业会计政策选择的影响。提出假设：

假设1：企业管理者的素质影响会计政策选择。

会计同环境有紧密的联系，会计总是一定环境之下的会计。在西方发达国家，现代民主思想深入人心，体现在会计领域，表现为投资人、债权人等利益相关者要求企业信息公开透明，并以及时、可靠的信息作为决策依据，降低交易费用，谋求其合法利益的最大化。在高度私有化的资本主义市场经济体系中，法律制度的核心是保护资产所有者的权益，会计有可能成为这种权益保护的基础。人们通过会计信息明确自己的权益是否受到损害。一旦虚假信息导致投资人遭受损失，受害者可以采取法律手段来解决，如通过民事诉讼要求赔偿。政府对会计的直接干预少，主要是为经济发展提供相应的政治基础，以国家机器的强大力量来维护个人和组织拥有的财产所有权和其他合法权益，美国是这种社会环境的典型代表。从我国历史上看，国家在整个社会关系中始终居于权力中心地位，在制度规则的制定中，国家拥有绝对的主动权，进而掌握着经济利益的控制权和社会财富的分配权。在计划体制下，会计是国家从微观层面管理经济的一种手段，其目标主要是维护国家

资产的安全完整及有效应用。在市场经济体制下，会计具有广泛的社会性。我国目前市场经济体制尚未充分建立，国家仍然处于主导地位。会计法规在制定上较多地考虑了国家政治需要，把国家利益放在首位（蒋景楠、施海东，2002）。

企业选择会计政策也会受到周围社会环境的影响，我国不同的区域也有不同的政治环境、法律环境、市场环境、经济环境、科技文教环境等。东部沿海地区科技发达、对外交流频繁、员工素质较高，拥有非常类似于西方发达国家的市场环境；而中西部尤其是西部地区，科技很不发达、信息闭塞、员工素质更多地受到传统文化的影响，并且当地的政府环境也不同于东部沿海地区。企业的生产经营及日常运作需要与当地政府有机地合作，企业的部分工作人员直接来自当地，企业要接受当地政府管理，企业的发展不可避免要受到周围环境的影响。如同收集的资料一样，地处我国西部地区的上市公司比东部沿海地区的上市公司更倾向于采用增加公司会计利润的会计政策。由此提出假设：

假设 2：企业所处地理位置影响会计政策选择。

（二）样本选取和数据来源

本文以存货中原材料和产成品等发出计价方法、存货中低值易耗品摊销方法两项会计政策的选择为研究对象，以 2009 年沪深两地上市公司为研究样本，共获得了 1671 个观测值。2009 年，沪深两地上市公司执行两项会计政策的数据依据巨潮资讯网公布的上市公司年度报告，其他所需数据依据巨潮资讯网公布的公司资讯而得。

（三）变量定义本文选取因变量和自变量

1. 因变量

本文借鉴已有的相关研究成果，选取了关于坏账计提、固定资产折旧、存货计价、低值易耗品摊销等会计政策选择加以组合作为因变量。但是，研究过程中发现：关于计提固定资产折旧的会计政策，上市企业基本采取直线折旧法，使得样本间没有区分度；关于坏账计提的会计政策选择有一定的区分度。进一步的分析结果是，当欠账时间较长的应收账款占总应收账款很大比例时企业往往选择余额百分比法，当大部分应收账款欠账时间不长时企业采取账龄分析法，这样做的真实目的都是尽量少提坏账损失。因此，最终只采用了存货计价和低值易耗品两项会计政策作为会计政策研究对象，把这两项会计政策使用的不同组合作为因变量。本文假设每项会计政策均有两种选择：增加当期盈利或者减少当期盈利，同时认定两项会计政策对报告盈利的影响程度相同（黑格曼和泽米鸠斯基验证了对盈利影响程度的不同假设，其演算结果基本一致），则会计政策组合分为三种。盈利减少和盈利增加的两个极端组合分别当作“0”和“2”。只有一个增加盈利的会计政策的所有组合用“1”表示。如表1所示。

表1 会计政策组合策略

潜在的备选会计方法		会计政策选择策略	
组合	原材料和产成品等发出计价方法	低值易耗品摊销方法	策略变量次数
使盈利降至最低 1	0	0	0
2	1	0	1
3	0	1	
使盈利增至最大 4	1	1	2
共计			
其中：会计方法		1：增加盈利的方法	0：减少盈利的方法
存货中原材料和产成品等发出计价方法		先进先出法	加权平均法
存货中低值易耗品摊销方法		五五摊销	一次摊销

注：策略变量取值，当公司未选用任何一项增加盈利会计政策时取值为0，当公司选用一项增加盈利会计政策时取值为1，当公司选用两项增加盈利会计政策时取值为2。

2. 自变量

本文观测的是无形契约对会计政策选择的影响。所以使用的自变量仅包括无形契约的替代变量，采用的替代变量如下：

（1）企业管理者素质。股份公司董事会作为影响企业会计政策选择的替代变量表面看来更加合理，但是我国上市公司大部分是由国有企业改制而成，其固有弊端使得董事会形同虚设。常红军（2004）认为，截至2003年国有资产监督管理委员会成立以前，对于国有控股上市公司国有资产的管理，仍是由原计委管立项，原经贸委管日常运营，劳动与社会保障部门管劳动与工资，财政部管资产登记和处置，组织人事部门和大型企业工委管经营者任免，形成了“五龙治水”的局面，对国有控股上市公司中的国有资产缺乏一个明确的出资责任人，对国有资产统一、有效地行使出资人职责，实行全面负责。代表政府出面“管公司”的各职能部门的领导人，与企业利益缺乏相关性，他们谁都有权管企业，谁又都可以不对后果负责，没有真正地维护出资人权益。2003年4月，国有资产监督管理委员会正式挂牌成立，我国开始建立新的国有资产管理体制。目前，我国的国有资产管理正处于一个特殊的过渡时期，地方的国资管理机构至今还没有全部设立，新的国

资管理体系也还没有完全建立。对于国有控股上市公司的国有资产的管理还延续着过去的形式，在这种情况下，国有控股上市公司“出资人缺位”问题并没有从管理体制和制度上予以解决。

我国的国有控股上市公司基本是由传统的国有企业改制设立的，企业的原领导绝大部分仍然在改制后的上市公司中充当国有资产的代理人，而他们原有的企业经营者角色并没有发生变化，因此在国有控股上市公司中同时担当着两种角色。在这种角色重叠的情况下，由于信息不对称的实际存在，更容易产生“内部人控制”现象。这说明了公司董事会在公司中的作用远远不如企业管理者对企业的影响，而民营企业的董事长往往也是企业的管理者。同时，还考虑到董事会作为一个集体，其数据资料很难量化使用。因此，本文使用企业管理者的相关信息作为影响企业会计政策选择的替代变量。企业管理者的素质关系到企业文化的建设和内涵：企业管理者的素质及行为影响到企业的文化内涵，企业管理者言行由于上行下效的原因，潜移默化地影响企业文化的内涵和精神。同时，企业管理者的形象很大程度上代表着企业的形象，企业管理者良好的个人形象也是企业对外的一张名片，而企业管理者的素质是企业管理者必须具备的多种条件的综合。素质是一个整体、综合性的概念，在素质中，各种不同的条件形成了不同的结构。相关研究认为，企业管理者素质结构分为基本素质、专业素质、特质性素质三大方面。基本素质是管理者的最基本要求；专业素质是管理者履行职责的专业要求；特质性素质是不同管理者所体现的个体管理优势。三者从整体上构成了管理者素质的有机体，三者缺一不可。用结构图来表示，就如一个金字塔，基本素质为塔底，为基础；专业素质为塔身，是管理者的根本；特质性素质为塔尖，体现了个人的特点和优势。影响企业文化的领导人素质主要是基本素质和特质性素质。基本素质是指企业管理者必须具有基本方面的要求和条件。俗话说：根深才能叶茂。基本素质不是对企业管理者的特有要求，但基本素质的高低决定了企业管理者整体素质的高低，影响着企业管理者其他素质的发展和提升，具体包括道德伦理素质、心理人格素质和基础知识素质。特质性素质是指企业管理者除具有基本素质和专业素质之外，还包括在管理实践中形成的具有比较突出的个体性优势的素质。特质性素质是不同的管理者相互区别的重要标志，不同的企业管理者具有不同的特质性素质，决定了不同的管理能力优势、管理作风、管理风格。特质性素质来源于不同的企业管理者不同的生活背景、工作背景、工作经历和个体差异性。管理者的个体差异形成了管理者的特质性素质。特质性素质与基本素质和专业素质是不可分离的，并来源于基本素质和专业素质（陈卓云，2006）。考虑到数据的可得性和量化的需要，根据企业披露的资料能够量化的企业管理者素质只有教育水平（它可以代表管理者的基础知识素质）。假定具有大学及以上文凭的企业管理者为高素养的领导人，由于无法预测会计政策选择随文化素养而变化的方向，不妨假定企业管理者具有高文化素养时取值为0，否则为1。

（2）企业所处地理位置。按照以前中国区域经济划分方法，东、中、西部地区具体为：中部地区包括黑龙江、吉林、内蒙古、山西、河南、湖北、湖南、安徽、江西9个省（自治区、市）；西部地区包括陕西、甘肃、青海、宁夏、新疆、四川、重庆、云南、贵州、西藏10个省（自治区、市）；其余属于东部沿海地区。根据以前的分析，经济越发达的地区对企业发展越有利，但是同样无法预测企业会计政策选择随地区变化而变化的方向。本文假定东部地区取值为0，中部地区取值为1，西部地区取值为2。

（四）模型建立

借鉴 Zmijewski 和 Hagerman（1981）的回归分析模型对影响公司会计政策选择的无形契约因素进行多元回归分析，以上述可能影响公司会计政策选择的各个因素为解释变量，以会计政策选择组合为被解释变量，建立如下分析模型：

策略 I（AC）$= c_0 + c_1 \times$ 企业管理者文化素养（MA）$+ c_2 \times$ 企业所处地理位置（LO）

式中，I = 1，2，3，…，1671 家企业。因变量“策略 I”相应于各个组合对盈利的影响，分别取0~2。“2”表示形成最大盈利的组合。自变量：企业管理者文化素养（MA），企业管理者具有大学及以上文凭时取值为0，否则为1。企业所处地理位置（LO），为便于收集数据，采用公司注册地址表示企业所处地理位置，公司处在东部地区时取值为0，公司处在中部地区时取值为1，公司处在西部地区时取值为2。本模型采用 SPSS11.0 统计软件进行数据处理。

三、实证结果分析

（一）描述性统计

上市公司无形契约变量的描述性统计如表2所示。

表 2　上市公司无形契约变量的描述性统计

变量	样本容量	均值	标准差	总和	最小值	最大值
MA	1671	0. 2411	0. 0374	403	0	1
LO	1671	0. 3812	0. 0358	637	0	1

注：领导人文化素质（MA），企业总经理具有大学及以上文凭时取值为 0，否则为 1；企业所处地理位置（LO），此时为了分析方便，公司处在东部地区时取值为 0，公司处在中西部地区时都取值为 1。

可以看出，我国上市公司管理者文化素养普遍较高，管理者达到大学及以上学历的企业占到了总样本的 75. 89%，多数企业管理者具有较高的素质，这对我国上市公司企业发展绝对是个利好消息；我国上市公司大多集中在东部沿海地区，但是中西部 19 个省市地区所拥有的上市企业占到了全国总数的 38. 12%，这些地区是我国传统思想牢固的地区，在这些地方生存、发展的企业要更多地考虑到有形契约与无形契约兼容的问题。

（二）曼—惠特尼 U 检验

关于企业管理者文化素养变量（MA）与会计策略变量（AC）的曼—惠特尼 U 检验如表 3 所示。

表 3　曼—惠特尼 U 检验：企业管理者文化素养变量（MA）

Ranks				
	MA	N	Mean Rank	Sum of Ranks
AC	0. 00	1268	585. 46	742363. 58
	1. 00	403	602. 34	242743. 10
	总计	1671		

Test Statistics（a）	
	AC
Mann – Whitney U	125536. 000
Wilcoxon W	454639. 000
Z	– 1. 027
Asymp. Sig. （2 – tailed）	0. 304

a　Grouping Variable：MA.

给定 α = 0. 10 下的 Z 值等于 1. 645（双尾检验），而企业管理者文化素养变量与会计策略变量的曼—惠特尼 U 检验 Z 值为 – 1. 027，绝对值小于给定显著性水平下的 Z 值，因此在显著性水平 0.10 下，不能拒绝“零假设”，即不能承认企业管理者文化素养变量与会计策略变量具有显著相关性；关于企业所处地理位置变量（LO）与会计策略变量（AC）的曼—惠特尼 U 检验如表 4 所示。

表 4　曼—惠特尼 U 检验：会计策略变量（AC）

Ranks				
	LO	N	Mean Rank	Sum of Ranks
AC	0.00	1034	577.42	597052.68
	1.00	637	609.11	388003.22
	总计	1671		

Test Statistics（a）	
	AC
Mann - Whitney U	154855.5
Wilcoxon W	420940.5
Z	-2.028
Asymp. Sig.（2 - tailed）	0.043

a　Grouping Variable：LO.

给定 $\alpha=0.10$ 下的 Z 值等于 1.645（双尾检验），而企业所处地理位置变量与会计策略变量的曼—惠特尼 U 检验 Z 值为 -2.028，绝对值大于给定显著性水平下的 Z 值，因此在显著性水平 0.10 下，“零假设”得到拒绝，即认为企业所处地理位置变量与会计策略变量具有显著相关性。

（三）回归分析

表 5　Logistic 回归分析结果

变量	符号预测	系数估计	P 值（t 统计量）
MA	?	0.0373	0.3085（1.1089）
LO	?	0.0414	0.0438 ++（2.0187）

注：领导人文化素质（MA），企业总经理具有大学及以上文凭时取值为 0，否则为 1；企业所处地理位置（LO），公司处在东部地区时取值为 0，公司处在中部地区时取值为 1，公司处在西部地区时取值为 2。+、++和+++分别表示检验在 10%、5% 和 1% 的水平下统计显著（双尾检验）。

以上是 Logistic 回归分析结果。通过回归分析有以下结论：

第一，根据回归分析，发现本文的第一假设并不成立。领导人文化素养与企业会计政策选择没有明显的相关关系，这与曼—惠特尼检验是一致的，但是在 0.3085 的伴随概率下我国企业会计政策选择与领导人的文化水平呈反方向变化。

第二，回归模型的 F 统计量达到了 2.437，说明选取的变量在 10% 重要性水平下对会计政策选择变量的影响总体显著，同时在 95% 的伴随概率下企业会计政策选择与企业所处地理位置具有显著相关，并且企业越偏离东部沿海地区越倾向于选择增加当期盈利的会计政策。由于企业所处地理位置不同，同行业、同规模、同盈利水平的企业采取了不同的会计政策组合，回归分析说明这种现象与当地的文化传统、风俗、习惯是有一定关系的。

第三，我国很多会计准则的制定都采用国际通用的会计准则，但这种与国际接轨的努力一定要考虑到我国非正式契约因素的影响，否则准则的引入不被企业采用，其尝试便徒劳无益。

参考文献

[1] 瓦茨·齐默尔曼．实证会计理论 [M]．陈少华等译．大连：东北财经大学出版社，2000.

[2] 王跃堂．会计政策选择的经济动机 [J]．会计研究，2000 (12).

[3] 唐松华．企业会计政策选择的经济学分析 [J]．会计研究，2000 (3).

[4] 新夫，陈纪南，徐青．我国上市公司会计政策选择的经济动机 [J]．江苏大学学报（社会科学版），2004 (3).

第二节

英文期刊论文精选

一

（一）原文

Title: Innovation Management of Logistics Service Providers: Foundations, Review, and Research Agenda

Author: Christian Busse, Carl Marcus Wallenburg

Source: International Journal of Physical Distribution & Logistics Management, 2011 (2)

Abstract: Purpose – The purpose of this paper is to provide a sound basis to facilitate further research on innovation management at logistics service providers (LSPs).

Design/methodology/approach – Content analysis of extant literature was undertaken and supplemented by conceptual deliberations.

Findings – Future LSP – specific innovation research should be undertaken. While comparatively much knowledge on innovation management by LSPs does already exist, it is hardly integrated. More comprehensive studies of LSPs' innovation processes and systems are required.

Research limitations/implications – The review is limited to articles written in English and published in academic journals from 1999 to mid – 2009. This research should be supplemented by empirical research, in particular case studies.

Practical implications – LSPs can compare their own innovation management concepts to the body of scientific knowledge presented here. As long as research does not take their specific context into account, LSPs are required to adapt more general concepts to their needs.

Originality/value – This paper outlines theoretical features of a research stream on innovation management at LSPs. It integrates previous findings on LSPs' innovation management in a suitable framework, and it proposes an agenda for future research.

Key Words: Logistics service provider; Innovation management

（二）译文

文章名称：物流服务供应商的创新管理：基础、回顾和研究议程

期刊名称：《国际物流物流管理杂志》

作者：克里斯提安·布塞，卡尔·马库斯·瓦伦堡

出版时间：2011 年 2 月

摘要：研究目的——本文写作目的是给物流服务供应商的创新管理提供进一步的研究基础。

研究方法——通过对以往文献的概念定义为本文提供基础分析方法。

研究局限——本文仅参考了出版于 1999～2009 年的杂志上的英文文献，研究应当辅之以实证研究尤其是案例分析。

实际应用——物流服务供应商们可以将资深的创新管理概念与本文的科学方法相比较。由于论文研究不把实际情况考虑在内，物流供应商需要把理论概念与实际应用相结合。

价值——本文概括了物流供应商创新管理的基本理论特征，将过去关于物流供应商创新管理的理论整合成一个框架，目的是为未来的研究提供蓝本。

关键词：物流服务供应商；创新管理

二

（一）原文

Title：Systems Thinking in Innovation Project Management：A Match That Works

Author：Maria Kapsali

Source：International Journal of Project Management，2011（1）

Abstract：This paper discusses why conventional project management practices lead to the failure of publicly funded innovation deployment projects，and investigates how the use of systems thinking in project management can help projects be more successful. Based on 12 case studies of two EU innovation policies，we provide evidence that by using systemic project management，which entails providing flexibility in planning，communicating and controlling activities，innovation projects are more successful. This research refutes previous theory that claims that we should formalize to manage complexity and uncertainty. The key finding is that systems thinking methods provide the flexibility to manage innovativeness，complexity and uncertainty in innovation projects more successfully. Suggestions for further research include suggestions of how to embed flexibility in project management methods using the constructs of equifinality and causal embeddedness.

Key Words：Systems thinking；Innovation project management

（二）译文

文章名称：创新项目管理中的系统思维

期刊名称：《国际项目管理期刊》

作者：玛瑞亚·卡普萨利

出版时间：2011 年 1 月

摘要：本论文讨论了为什么传统项目管理方法会导致创新项目的失败，调研了如何运用系统化项目管理而使得项目更加成功。基于对 12 个创新项目的研究，我们发现系统化项目管理可以在制订计划、项目沟通和控制活动方面更加灵活，使得项目更加成功。本文还发现，系统化思考方式相对于创新项目，可以提高管理创新、复杂和不确定时间的灵活性，从而使得项目管理更加成功。本文为下一步研究提供如下建议——思考如何运用本文结论得出提高项目管理灵活性的方法。

关键词：系统化思维；创新项目管理

三

（一）原文

Title：Strategic Knowledge Management，Innovation and Performance

Author：Carolina López－Nicoláás，Ángel L. Meroño－Cerdán

Source：International Journal of Information Management，2011（1）

Abstract：Our aim is to shed light on the consequences of knowledge management（KM）strategies on firm's innovation and corporate performance. Organisations are not aware of the real implications that KM may have. Based on an empirical study consisted of 310 Spanish organisations and structural equations modelling，results show that both KM strategies（codification and personalisation）impacts on innovation and organisational performance directly and indirectly（through an increase on innovation capability）. Also，findings demonstrate a different effect of KM strategies on diverse dimensions of organisational performance. Our conclusions may help academics and managers in designing KM strategic programs in order to achieve higher innovation，effectiveness，efficiency and profitability.

Key Words：Knowledge management；Strategy；Innovation；Performance

（二）译文

文章名称：知识管理战略、创新和绩效

期刊名称：《国际信息管理期刊》

作者：卡洛琳娜，安吉尔

出版时间：2011年11月

摘要：本文探索了创新知识管理战略对于公司绩效的影响。大部分公司不了解知识管理的作用。本文通过对310家西班牙公司结构化模型的实证研究的结果说明，知识管理战略对于公司绩效既有直接影响又有间接影响。结论也说明，知识管理战略对于不同角度的

公司绩效衡量指标有不同的影响。论文结论可以帮助学者和经理人设计知识管理战略以提高公司的创新能力、经营效率和盈利能力。

关键词：知识管理；战略；创新；绩效

四

（一）原文

Title：Evidence – Based Investigation for Determining the Characteristics of Knowledge Management on Organizational Innovation within Taiwanese Teaching Hospitals

Author：Yung – Yu Su at all.

Source：iBusiness，2011（3）

Abstract：Knowledge management models assist executives in generating and adopting sufficient information for managerial decision – making. These models may have utility in health care systems. This study examined knowledge management and innovation through the development of a culturally – appropriate instrument and collection of information from health care providers at several Taiwan teaching hospitals. Results indicated that several dimensions of the knowledge management model are associated with innovation and sharing of information in the study hospitals.

Key Words：Component；Evidence – Based Investigation；Knowledge Management；Organizational Innovation

（二）译文

文章名称：台湾医院组织创新和知识管理模式调研

期刊名称：《咨询商业》

作者：苏永裕等

出版时间：2011 年 3 月

摘要：知识管理模型可以为管理者提供足够的信息供其做出决策，这些模型可以用于医疗系统。本文以台湾医院医疗系统的信息为样本，研究通过文化管理进行知识管理和创新。结果表明，知识管理的一些维度可以提高医院的创新能力和信息共享能力。

关键词：组织关系；证据基础上的调研；知识管理；组织创新

五

（一）原文

Title：Fostering Continuous Innovation in Design with an Integrated Knowledge Management Approach

Author：Jing Xu at all.

Source：Computers in Industry，2011（3）

Abstract：In the global competition，companies are propelled by an immense pressure to innovate. The trend to produce more new knowledge – intensive products or services and the rapid progress of information technologies arouse huge interest on knowledge management for innovation. However the strategy of knowledge management is not widely adopted for innovation in industries due to a lack of an effective approach of their integration. This study aims to help the designers to innovate more efficiently based on an integrated approach of knowledge management. Based on this integrated approach，a prototype of distributed knowledge management system for innovation is developed. An industrial application is presented and its initial results indicate the applicability of the approach and the prototype in practice.

Key Words：Innovation；Design；Engineering knowledge；Knowledge management

（二）译文

文章名称：知识管理路径的持续创新能力培养

期刊名称：《工业计算机期刊》

作者：许静等

出版时间：2011 年 3 月

摘要：全球竞争的环境给公司创新增加压力，这种趋势让公司生产更多知识密集型产品和服务。信息科技的高速发展提高了创新知识管理带来的利益。然而创新知识管理战略

对于缺乏整合效率的公司来说是很难执行的。本文的研究目的是帮助管理层高效推行知识管理整合战略。基于调查，本文开发了创新知识管理系统的模型，并展示了该模型在工业企业的应用，结果表明模型的实际应用具有很强的可行性。

关键词：创新；设计；工程知识；知识管理

六

（一）原文

Title: Management Innovation, Corporation Core Competence and Corporate Culture: the Impact of Relatedness

Author: Chich – Jen Shieh

Source: Applied Economics Letters, 2011 (2)

Abstract: This study reports the results of a study of Management Innovation of Taiwanese businesses in China. Over 800 questionnaires were sent out to the Taiwanese owners/managers in Kun – Shan City, China, with 260 valid responses included in the study. Four relationships were examined in the study: the correlation between management innovation and corporation core competence, between management innovation and the corporate culture, between corporation core competence and the corporate culture and finally the effect of the corporate culture on the relationship between management innovation and corporation core competence. Findings and conclusions are discussed.

Key Words: Innovation; Corporation core competence; Corporate culture

（二）译文

文章名称：管理创新、企业核心竞争力和企业文化：相似度的影响

期刊名称：《应用经济学快报》

作者：希什·施赫

出版时间：2011 年 2 月

摘要：本文调研了中国台湾企业创新管理的结果。作者在昆山市分发了 800 多份针对台湾企业的问卷，收到有效回复 260 份。本文调研了四类关系，分别是：管理创新与企业核心竞争力的关系；管理创新与企业文化的关系；企业核心竞争力和企业文化的关系；企业文化与对管理创新及核心竞争力关系的影响程度。本文最后对结果进行了讨论。

关键词：创新；公司核心竞争力；公司文化

七

（一）原文

Title：Considerations on Integrating Risk and Quality Management

Author：Maria Popescu，Adina Dascălu

Source：Economics and Applied Informatics，2011（2）

Abstract：This paper aims to highlight the links between risk management and quality management and to study the possibility of their integrated approach. The study reviews the evolution of risk approach within organizations and stresses the need to increase the effectiveness of this approach by incorporating risk management methodology in the quality management system. Starting from this idea，the authors present the current state of risk approach into quality management，basic rules of integrated quality – risk management and major difficulties which may arise in the implementation of integrated quality – risk systems.

Key Words：Risk management；Quality management；Integrated systems

（二）译文

文章名称：风险整合和质量管理

期刊名称：《经济学和应用信息期刊》

作者：玛利亚·波佩斯库，爱蒂娜·达斯卡鲁

出版时间：2011 年 2 月

摘要：本文的研究目的是探索风险管理和质量管理的关系，并研究二者整合的可能性。本文回顾了企业风险管理的最新进展，表达了一种观点，即质量管理中必须包含风险管理，以提高企业的风险管理水平。以这个想法为基础，作者陈述了质量管理中风险管理的现状、基本原理以及二者整合过程中可能遇到的问题。

关键词：风险管理；质量管理；系统整合

八

（一）原文

Title：The Role of Risk Management in IT Systems of Organizations

Author：Hamid Tohidi

Source：Computer Science，2011（2）

Abstract：In this century，information，along with other factors of production，is a valuable and vital component of the organizations. With increasing technology advances，organizations have realized the undeniable benefits of Information Technology（IT）to increase the quality，accuracy and speed of affairs and most managers have become aware of the importance of its use in increasing efficiency and effectiveness of organizations and more satisfied customers and have established and used information systems. Meanwhile for organizations to use the information technology，risk management plays a crucial role in protecting their information. Effective risk management is one of the most important parts of a security program in IT organizations. This paper first explains the importance of risk management and a framework for development of effective risk management in order to identify，assess and reduce the existing risks in IT systems is provided. Also，the chief executives in risk management in organizations will be introduced and appropriate methods of selection for advantageous security controls will be described，and at the end，the keys to a successful risk management program in the IT system will be noted.

Key Words：Risk；Risk management；IT systems；Organization

（二）译文

文章名称：风险管理在IT企业中的应用

期刊名称：《计算机科学期刊》

作者：哈米德·哈迪

出版时间：2011年2月

摘要： 21 世纪，信息以及其他影响生产力的要素成为企业的高附加值组成部分。随着科技的发展，企业意识到信息技术在提高产品质量和处理事务准确性中发挥的巨大作用，并考虑将信息技术用于提高公司运行效率和客户满意度方面。企业在运用信息技术的同时，信息安全是公司必须管控的风险。高效风险管理是信息技术公司安全防护的重要组成部分。本文首先阐释了风险管理的重要性，提供了识别、评估和减少系统风险，实现有效风险管理的框架；然后为企业风险管理的主要执行者介绍多种有益的安全控制措施；最后提供了信息系统风险管理的方法。

关键词： 风险；风险管理；IT 系统；组织

九

（一）原文

Title：Assessing and Managing Risks Using the Supply Chain Risk Management Process (SCRMP)

Author：Rao Tummala，Tobias Schoenherr

Source：Supply Chain Management：An International Journal，2011 (6)

Abstract：Purpose – The purpose of this paper is to propose a comprehensive and coherent approach for managing risks in supply chains.

Design/methodology/approach – Building on Tummala et al.'s Risk Management Process (RMP)，this paper develops a structured and ready – to – use approach for managers to assess and manage risks in supply chains.

Findings – Supply chain risks can be managed more effectively when applying the Supply Chain Risk Management Process (SCRMP). The structured approach can be divided into the phases of risk identification，risk measurement and risk assessment；risk evaluation，and risk mitigation and contingency plans；and risk control and monitoring via data management systems. Specific techniques for conducting this process are suggested.

Originality/value – While supply chain risk management is an emerging and important topic in our dynamic and interconnected world，conceptual frameworks providing a clear meaning and normative guidance are scarce (Manuj and Mentzer，2008). This paper presents such a framework，offering structure and decision support for managers.

Key Words：Risk management；Risk management process；Supply chain management；Supply chain risk

（二）译文

文章名称：用供应链管控过程评估管理风险

期刊名称：《国际供应链管理期刊》

作者：拉奥·图马拉，托拜西·勋伯赫

出版时间：2011 年 6 月

摘要：研究目的——提供供应链管理中控制风险的方法。

研究方法——论文根据 Tummala 提出的风险管理过程，开发了供应链风险评估和管理的实用方法。

研究结果——供应链管理可用风险管理系统来有效控制风险。这一风险管理系统的运行可以分为风险识别、风险测量、风险评估、风险转移等过程。风险管控是通过数据处理系统实现的，本文也为实现风险管控过程提供了特殊工具。

研究意义——由于供应链风险管理是经济全球化中一个重要话题，本文提到的框架可以为公司风险管理指引方向，为经理决策提供结构化建议。

关键词：风险管理；风险管控过程；供应链管理；供应链风险

十

（一）原文

Title: The Relationships between Organizational Culture, Total Quality Management Practices and Operational Performance

Author: Kevin Baird, Kristal Jia Hu, Robert Reeve

Source: International Journal of Operations & Production Management, 2011 (6)

Abstract: Purpose - This study seeks to conduct an empirical analysis of the association between the dimensions of O'Reilly et al. organizational culture profile (OCP) measure with the extent of use of total quality management (TQM) practices, measured using Kaynak's four core TQM practices (quality data and reporting, supplier quality management, product/service design, process management). In addition, the study examines both the direct and indirect association of Kaynak's four core TQM practices with operational (quality and inventory management) performance.

Design/methodology/approach - The study uses data obtained from a survey of 364 business units encompassing both the manufacturing and service industries in Australia.

Findings - The findings suggest that the cultural dimension teamwork/respect for people is the most important factor in enhancing the use of TQM practices, while more outcome oriented and innovative business units were also found to use TQM practices to a greater extent. While all four TQM practices were found to be interrelated, only three of the factors (supplier quality management, process management, and quality data and reporting) were found to help to achieve the operational performance goals.

Practical implications - A major implication of this study is that managers need to recognize the interdependencies between the core TQM practices and their relationships with operational (inventory management and quality) performance. Furthermore, the findings assist organizations by providing guidance as to the organizational culture that is conducive to TQM, thereby contributing to the achievement of desired operational outcomes.

Originality/value - The paper uses O'Reilly et al.'s OCP to empirically examine the association between organizational culture and TQM. In addition, the paper provides an insight into the multidimensionality of TQM practices and their effect on operational performance in Australia.

Key Words: Organizational culture; Performance; Total quality management

（二）译文

文章名称：组织文化、质量管理和运营绩效的关系

期刊名称：《国际生产运营管理期刊》

作者：凯文·贝尔德，克里斯托·胡，罗伯特·里夫

出版时间：2011 年 6 月

摘要：研究目的——本文对于用全面质量管理的四类实践（质量数据报告、供应商质量管理、产品服务质量、过程管理）衡量组织文化模式的维度。另外，本文检验了 Kaynak 的四个全面质量管理实践核心要素与运营绩效的关系。

研究方法——本文采用的是澳大利亚制造业和服务业 364 家企业的数据。

研究结果——研究结果说明，文化维度中合作和尊重是提高全面质量管理的最重要因素，结果导向和创新业务单位在很大程度上实行了全面质量管理实践。虽然全部四种质量管理实践都与运营绩效有关，但只有供应商质量管理、过程管理、质量数据报告三个因素可以提高运营绩效。

实践应用——本研究主要是使经理了解全面质量管理的核心因素之间的关系以及他们与运营绩效之间的关系。另外，研究结果可以让企业了解哪些企业文化会影响全面质量管理，进而帮助企业实现运营绩效的增长。

文献基础和论文价值——本文采用 O'Reilly 等人的组织文化模式理论来检验组织文化与全面质量管理之间的关系。另外，本文阐释了全面质量管理实践中的多元化以及多元化对澳大利亚企业运营绩效的影响。

关键词：组织文化；绩效；全面质量管理

十一

(一) 原文

Title: Organizational culture and performance: the role of management accounting system

Author: Adebayo Agbejule

Source: Journal of Applied Accounting Research, 2011 (6)

Abstract: Purpose - This study aims to examine the combined effect of the interactive and diagnostic management accounting system (MAS) use and organizational culture on performance. Using the contingency perspective, this study suggests that the performance is enhanced by the interaction of organizational culture and the simultaneous use of both types of MAS.

Design/methodology/approach - Data were collected through a questionnaire, and responses from 147 senior managers provide support for the research model and demonstrate that each type of organizational culture requires different combinations of both types of MAS uses to enhance performance.

Findings - The results of the study indicate that although both uses of MAS are required, highest performance for flexibility value firms is achieved when high interactive and low diagnostic MAS use is employed. On the other hand, for control value firms, this study indicates that using both high diagnostic and interactive MAS creates a positive effect on performance.

Research limitations/implications - As in the case of most survey empirical studies, this study is static and may not capture the changes in organizational culture over time. To prevent this bias, longitudinal follow up studies would be required. Second, the self-report data may be affected by common method bias.

Practical implications - The present study indicates that managers should be aware of the dominant values of their organization cultures before deciding to use MAS in a specific way, and thus contributing to the effectiveness of organizations when both interactive and diagnostic are employed simultaneously.

Originality/value - The results of the present study increase extant knowledge and understanding on the knowledge of the relationships between organizational culture and the use of MAS and how they influence performance. This is important because there are few empirical studies that have examined organizational culture using the competing values framework.

Key Words: Accounting systems; Management accounting; Organizational culture; Performance management

（二）译文

文章名称：组织文化和绩效：管理会计系统的作用

期刊名称：《应用会计研究期刊》

作者：阿德巴约·阿比夫

出版时间：2011 年 6 月

摘要：研究目的——本文目的是检验互动性和诊断性两种管理会计系统的应用以及组织文化对绩效的影响。根据权变理论，研究结果说明运用管理会计系统会增强组织文化对公司绩效的影响。

研究方法——本文用调查表收集数据，147 名高级经理的回复支持了本文研究模型，说明不同的组织文化需要两种不同的管理会计系统相结合的方式以增强公司绩效。

研究结果——研究结果表明，尽管需要用两种管理会计系统，但价值灵活的公司需要高互动性和低诊断性的管理会计系统。然而，对于价值可控的公司，用高互动性和高诊断性的会计系统对公司绩效有着积极影响。

研究意义——由于供应链风险管理是经济全球化中一个重要话题，论文提到的框架可以为公司风险管理指引方向，为经理决策提供结构化建议。

研究局限——与其他实证调查研究一样，本文也是静态的，可能没有抓住组织文化随着时间变化的特点。为了避免这种估计误差，需要采用长期数据对该问题进行研究。另外，常规影响误差会影响报告的数据。

实际应用——现阶段研究结果表明，经理在决定运用特定的管理会计系统之前，需要了解公司的主要价值，从而通过同时运用互动性和诊断性的会计系统来增强组织绩效。

创新点——本文研究结果增强了组织文化和管理会计系统应用的关系研究以及二者结合对公司绩效的影响。现阶段很少有实证研究运用竞争价值模型对组织文化进行检验。

关键词：会计系统；管理会计；组织文化；绩效管理

十二

(一) 原文

Title: Leadership behaviors, organizational culture and knowledge management practices: An empirical investigation

Author: Hai Nam Nguyen, Sherif Mohamed

Source: Journal of Management Development, 2011 (2)

Abstract: Purpose - The purpose of this study is to investigate the relationship between leadership behaviors and knowledge management (KM) practices. More specifically, it aims to examine the influence of transformational and transactional leadership behaviors on KM, and the moderating effect of organizational culture on this relationship, in the context of small - to - medium sized enterprises (SMEs) operating in Australia.

Design/methodology/approach - A total of four hypotheses were proposed for testing. It also provides is a succinct review of KM basics relevant to the study, the relationship between leadership and KM, and leadership and organizational culture.

Findings - The results suggest that both transformational and transactional leadership are positively related to KM practices. They also reveal that charismatic leadership and contingent reward leadership behaviors have greater influence on all the dimensions of KM practices.

Research limitations/implications - A key limitation of this study is its cross - sectional nature. It is possible that at least certain aspects of leadership and organizational culture, and its impact on KM practices emerge with some kind of time lag. A longitudinal treatment of data might yield additional insights into the impact of leadership behaviors and organizational culture. This study was also unable to actually observe managers interacting with followers.

Practical implications - The results of the study are generally consistent with theoretical predictions based on extant research.

Originality/value - The results of this study provide compelling evidence in support of the moderating role of organizational culture on the relationship between transactional leadership and

KM and will be of interest to those in the field.

Key Words: Organizational culture; Knowledge management; Leadership Behaviour; Competitive advantage

（二）译文

文章名称：领导行为、组织文化和知识管理实践的实证研究

期刊名称：《管理发展期刊》

作者：海纳姆·阮，谢里夫·穆罕默德

出版时间：2011 年 2 月

摘要：研究目的——本文研究目的是探究领导行为和知识管理实践之间的关系。具体来说，是检验澳大利亚中小型公司变革型和保守型领导行为对知识管理的影响，以及组织文化对二者关系的调节作用。

研究结果——研究结果表明，变革型和保守型领导行为对知识管理都有着积极作用，也说明魅力型领导和激励型领导行为对知识管理有更大程度的影响。

研究局限——本文最主要的局限是截面数据的弱点，虽然领导力和组织文化对知识管理是有影响的，但是这种影响存在时间上的滞后性。对于数据时间序列的处理会增强领导行为和组织文化对知识管理的影响。本文另一个局限是不能检验实际中经理与其下属之间的互动。

实际运用——研究结果与以往研究对于该问题的理论预期一致。

创新点——研究结果提供了有力证据，支持组织文化对领导行为影响知识管理起到的调节作用，本文对该领域研究有深刻影响。

关键词：组织文化；知识管理；领导行为；竞争优势

十三

(一) 原文

Title: An Analysis of Value Management in Practice: the Case of Northern Ireland's Construction Industry

Author: Srinath Perera, Carolyn Hayles, Stephen Kerlin

Source: Journal of Financial Management of Property and Construction, 2011 (2)

Abstract: Purpose – The purpose of this paper is to report the findings of research into the principles and procedures associated with value management (VM) and assess its use and effectiveness within the construction industry in Northern Ireland. It provides a brief review of the principles, various procedures and methods associated with VM, investigates the positive and negative factors relating to its use whilst analysing the extent of its usage and determining its effectiveness.

Design/methodology/approach – Using a mixed method approach, the authors present the results of a survey of construction professionals operating in Northern Ireland and provide an examination of three case studies exploring the use of VM within the Northern Ireland construction industry.

Findings – In an industry where the client's needs and demands are of paramount importance, VM has emerged as a tool which can help satisfy these needs. This study shows that VM is frequently used within the Northern Ireland construction industry and on the whole is quite effective. However, the research exposed a general consensus that the VM process is frequently not implemented at the most appropriate stage of a project, which suggests that if it was, it could perhaps be more effective than it is at present. There is an apparent lack of formal methods used to carry out the VM process. Instead, rather loose and informal methods are used.

Originality/value – In the absence of a similar study that analyses the factors that influence the VM process highlighting and documenting the views and opinions expressed by the professionals within today's industry and reviewing the effectiveness of its usage, this paper documents a snapshot of practice of VM within the Northern Ireland construction industry.

Key Words: Construction industry; Effectiveness; Northern Ireland; Practice; Value management

（二）译文

文章名称：价值管理的实行情况分析：北爱尔兰的建筑业

期刊名称：《财务价值管理期刊》

作者：斯里纳特·佩雷拉，卡洛琳·黑里斯，斯蒂芬·克林

出版时间：2011 年 2 月

摘要：研究目的——本文目的是探究价值管理的原理和过程，并评估其在北爱尔兰建筑业的执行效率。本文总结了价值管理概述、程序和方法，进行了三个案例的研究以探索价值管理在北爱尔兰建筑业的应用。

研究方法——作者运用混合方法，访谈北爱尔兰建筑业专家，研究了三个案例，以探索北爱尔兰建筑业价值管理方式。

研究结论——建筑业客户需求的地位至关重要，价值管理成为满足客户需求的重要工具。本文结果表明，价值管理在北爱尔兰建筑业运用广泛而高效。然而，研究发现，价值管理过程普遍没有应用于项目最合适的时间。也就是说，价值管理的效率有待进一步提高。价值管理过程的执行缺乏正式方法，普遍采用宽松而非正式的方式。

创新点——现阶段关于价值管理过程的影响因素研究相当缺乏，本文展示了行业专家对于现阶段行业状况和价值管理运用效率的观点，研究了北爱尔兰建筑业价值管理的应用。

关键词：建筑行业；效率；北爱尔兰；应用；价值管理

十四

（一）原文

Title：Value Management in the South African Manufacturing Industry：Exploratory Findings

Author：Paul Bowen，Keith Cattell，Ian Jay，Peter Edwards

Source：Management Decision，2011（2）

Abstract：Purpose – This paper seeks to investigate the nature and extent of value management（VM）practice in the South African manufacturing industry. It aims to explore engineers' and designers' awareness and understanding of VM and the nature and extent of the use of VM techniques within their companies.

Design/methodology/approach – A web–based，online questionnaire survey is employed to establish value management practice within the manufacturing sector. Descriptive statistics are used to analyse the survey response data.

Findings – The results suggest that，while VM（and more particularly its value engineering antecedent）is generally known among engineers and designers in the manufacturing sector in South Africa，it is less widely practised. VM is seen predominantly as a cost reduction tool. This misperception，and the lack of awareness of the potential benefits of VM，must be remedied if the South African manufacturing industry is to remain competitive. The industry needs to adopt best practice VM techniques and standards.

Research limitations/implications – It has proved extremely difficult to obtain survey data from manufacturing organizations，resulting in a low response rate. While this is a limitation，the information sourced provides useful direction for future case study investigation.

Practical implications – Refresher courses in contemporary VM theory and practice are recommended，as well as exploration of the impacts on VM of other techniques such as risk，quality and environmental management.

Originality/value – Against a background of increasing globalization，the findings are important if the South African manufacturing sector is to remain competitive. The results provide pointers for future research using a case study method.

Key Words: Competitive manufacturing; Globalization; Manufacturing industries; South Africa

（二）译文

文章名称：南非制造业价值管理研究

期刊名称：《管理决策期刊》

作者：保罗·鲍恩，基斯·卡特尔，伊恩·杰伊，彼得·爱德华

出版时间：2011 年 2 月

摘要：研究目的——本文调查了价值管理在南非制造业的应用和延伸，目的是探索工程师和设计师对于价值管理本质和运用方法的理解。

研究方法——本文以发放网络问卷为基础，通过描述性统计分析取得的调查反馈数据，得出了制造业价值管理方式。

研究结果——研究结果表明，虽然南非制造业的设计师和建筑师对于价值管理有大概了解，但价值管理并没有得到广泛应用，他们普遍把价值管理看作节省成本的工具。如果南非制造业想要保持竞争力，必须消除这种误解以及对于价值管理知识的缺乏，该行业必须了解价值管理的方式和标准。

研究局限——因得到制造业公司的调查数据很有难度，导致问卷回复率很低。目前这是一个劣势，论文对以后案例调研信息改善提供了改进方向。

实际应用——同时期价值管理理论和实践亟待改善，也需要探索价值管理其他影响因素，如风险、质量和环境管理等。

创新点——在全球化愈演愈烈的背景下，南非制造业必须采取措施保持竞争力。本文结果用案例研究的方式为未来的研究指明方向。

关键词：制造业竞争优势；全球化；制造业；南非

十五

（一）原文

Title：From Cleaner Production and Value Management to Sustainable Value

Author：Justina Catarino

Source：International Journal of Sustainable Engineering，2011（2）

Abstract：Being part of an institution，where the main objective is research and its application to support enterprises in their challenges to improve competitiveness，innovation and sustainable development，leads to the dialogue between different research teams about the tools used and the results obtained. When the results of applications of cleaner production（CP）and value analysis（VA）were confronted，the possible synergies between them，the benefits of a joint approach and the complementarities seemed apparent and worth a research work，where these aspects could be developed. Bringing together the different experiences in the application of CP and VA and the state of the art of those methodologies，a new approach – sustainable value（SV）– was developed，materialised in a manual and tested in several companies. The results show the great potentiality of using this approach within companies namely in what concerns the reduction of useless and unnecessary efforts（and resources），and encourage the orientation of limited resources towards areas，where they can lead to SV increase and to attain sustainability.

Key Words：Sustainable value；Cleaner production；Value analysis；Entrepreneurial environmental management

（二）译文

文章名称：从清洁生产和价值管理看可持续发展

期刊名称：《国际可持续工程期刊》

作者：贾斯汀娜·卡塔里诺

出版时间：2011 年 2 月

摘要：作为公司的一部分，创新和可持续发展需要加强不同研究小组对研究方法和结果的沟通，开展更多的研究并应用于公司以应对日益激烈的竞争。当实际应用清洁生产和价值管理的成果时，我们发现二者的协同效应和互补性很明显，值得研究和开发。将清洁生产和价值管理的应用经验结合起来，我们得到一个新的概念——可持续发展价值，它在多家公司得到测试并被证明其具有可行性。结果表明，公司有很大潜力开发很多以前被认为是无用的资源，以实现有限资源的再利用，从而增强公司可持续发展的能力。

关键词：可持续发展价值；清洁生产；价值分析；企业环境管理

十六

（一）原文

Title: Relationship between Employee's Innovation (Creativity) and Time Management

Author: Mehdi Darini, Hashem Pazhouhesh, Farshad Moshiri

Source: Social and Behavioral Sciences, 2011 (10)

Abstract: The article investigates the relationship between time management behaviours and attitudes with measures of creativity, as assessed by self – rated creativity and a measure of creative personality. Additionally, total creativity is examined, as the sum of the two creativity constructs when z – scored. Using data from a survey of 216 participants, results suggest that creativity is positively related to daily planning behaviour, confidence on long – range planning, perceived control of time and tenacity and negatively related to preference for disorganization. These results have theoretical implications for understanding how creativity relates to time management. Implications of the results are considered and future research directions identified.

Key Words: Innovation; Creativity; Time management; Disorganization; Tenacity

（二）译文

文章名称：雇员创新能力与时间管理的关系

期刊名称：《社会与行为科学期刊》

作者：梅迪·达瑞尼，哈什姆·帕朱赫斯，法沙·莫斯利

出版时间：2011 年 10 月

摘要：本文研究了时间管理行为与创新意愿之间的关系。创新意愿包括创新自我评价和创新人格评估，本文采用 216 名志愿者调查问卷的数据，检验了两类创新行为组成的创新能力总和。结果表明，创新力与日常计划能力、长期规划、时间控制、韧性正相关，与无组织倾向负相关。研究的理论意义在于理解时间管理如何影响创造力。研究结果为未来的研究指明了方向。

关键词：创新；创造力；时间管理；无组织性；韧性

十七

（一）原文

Title：Transformational Leadership and Human Capital Benefits：the Role of Knowledge Management

Author：M. Birasnav，S. Rangnekar，A. Dalpati

Source：International Journal of Sustainable Engineering，2011（2）

Abstract：Purpose - In order to achieve sustained competitive advantage through developing human capital，organizations，apart from human resource management practices，concentrate on developing transformational leaders and implementing knowledge management（KM）. To take part in their efforts，this paper intends to explore leadership and KM literatures to examine the interrelationship between transformational leadership，KM，and employee - perceived human capital creation or benefits.

Design/methodology/approach - A systematic literature review is carried out of traditional and contemporary theoretical and empirical research studies to support the nexus of interrelationship between transformational leadership，KM，and human capital. This review is mainly integrated using a model and propositions that relate transformational leadership and KM with human capital benefits.

Findings - Transformational leaders have potential to affect their employees' perceptions of human capital benefits. They also have the greatest potential to augment these benefits through involving them in the KM process，establishing organizational culture，and encouraging communication among employees.

Research limitations/implications - This model suggests that human resource managers should provide training to managers with regard to developing transformational leadership behavior，since this behavior contributes to human capital creation by which an organization achieves competitive advantage. Furthermore，this study mainly focuses on leaders as transformational leaders，since these leaders are highly capable of stimulating their followers' creativity. Therefore，this study only considered the components described by Bass and Avolio.

Originality/value – This paper contributes to leadership literature by adding the notion of transformational leadership as an antecedent of human capital creation.

Key Words: Communication; Human capital; Knowledge management; Organizational culture; Transformational leadership

（二）译文

文章名称：变革型领导力和人力资本优势：知识管理的作用

期刊名称：《国际可持续工程期刊》

作者：比亚斯，兰格奈克，加拉茨

出版时间：2011 年 2 月

摘要：研究目的——为开发人力资本，实现持续竞争优势，公司不仅要实行人力资源管理，还应重点培养变革型领导，执行知识管理。本文目的是开发领导力和知识管理模型以检验变革型领导、知识管理和人力资本收益之间的关系。

研究方法——本文进行了系统化文献综述，探究传统和当代理论及实证研究以支持变革型领导、知识管理和人力资本收益之间的关系。本文用模型整合了变革型领导、知识管理和人力资本收益之间的关系。

研究结论——变革型领导可以影响员工对于人力资本收益的理解。他们有很大潜力通过参与知识管理过程，建立公司文化，鼓励员工沟通以增加公司收益。

研究局限——模型建议人力资源经理应当提供对经理的培训以开发变革型领导力，因为变革型领导力有利于通过增加人力资本收益来增强公司竞争力。另外，本文重点研究了变革型领导，因为这些领导有很强的能力去开发员工的创造力，本文只考虑了 Bass 和 Avolio 描述的变革型领导力组成部分。

创新点——本文增加了变革型领导力这一人力资本概念，丰富了领导力方面的研究文献。

关键词：沟通；人力资本；知识管理；组织文化；变革型领导力

十八

（一）原文

Title: Distributed Leadership, Knowledge and Information Management and Team Performance in Chinese and Western Groups

Author: P. Iles, Y. Feng

Source: Journal of Technology Management in China, 2011 (2)

Abstract: Purpose - More studies are beginning to support the role of distributed, as opposed to solo, leadership in team performance, but distributed leadership (DL) has not always been linked to higher performance. It may need to be co-ordinated, rather than misaligned or fragmented, and may be most effective in teams performing interdependent tasks. DL has not often been linked to team information processing, however; viewing leadership as involving information management, it is proposed that DL may be linked to higher levels of information exchange and information integration, of both shared and unshared information. A series of research propositions are then developed with the purpose of exploring further the role of DL in team decision making, especially in terms of information exchange and information integration processes in Chinese and Western groups.

Design/methodology/approach - The paper derives a number of research propositions from the literature on DL and information processing and applies them to decision making by Chinese and Western teams.

Findings - The paper presents a series of propositions on the factors affecting the effectiveness of DL and possible differences between Chinese and Western teams.

Originality/value - The paper presents a series of propositions about DL and relates the literature on DL to the literature on information processing in an original way.

Key Words: Information exchange; Information management; Knowledge management; Leadership; Team performance

（二）译文

文章名称：中国和西方企业领导力分配，知识信息管理和团队绩效的关系

期刊名称：《中国技术管理杂志》

作者：P. 伊莱斯，Y. 冯

出版时间：2011 年 2 月

摘要：研究目的——很多研究是研究领导力分布而非单独的领导力对组织绩效的影响，但领导力分布并不总是与高绩效有关。领导力需要协调而不是随意安排或者单打独斗，而且领导力在组织完成需要相互依赖的工作时会更有效。领导力分布并不总与组织内信息处理相关，但领导力可以推进信息管理，领导力分布与高效的信息交换和整合相关。很多研究议题的目的都是将领导力分布应用于提高组织决策能力上，尤其是中国和西方组织的领导力对提高信息交换和信息整合的作用。

研究方法——本文研究了大量关于领导力分布和信息处理的文献，并将文献应用于中国和西方团队的决策方面。

研究结论——本文展示了一系列影响领导力分布效果的因素以及它们在中国和西方公司中的不同点。

创新点——本文提出了一系列关于领导力分布的分析，并用原创的方式将领导力分布与信息处理方面的文献相结合。

关键词：信息交换；信息管理；知识管理；领导力；组织绩效

十九

（一）原文

Title：How CEO Empowering Leadership Shapes Top Management Team Processes：Implications for Firm Performance

Author：Abraham Carmeli，John Schaubroeck，Asher Tishler

Source：The Leadership Quarterly，2011（11）

Abstract：This study examines how CEO empowering leadership shapes top management team（TMT） behavioral integration and potency，thereby enhancing firm performance. Using a sample of 82 TMTs，structural equation modeling supports a mediation model in which CEO empowering leadership is positively related to TMT behavioral integration，and，in turn，it enhances TMT potency and firm performance. The effect of TMT potency on firm performance is stronger when the TMT members perceive high environmental uncertainty.

Key Words：CEO empowering leadership；Top management teams；Behavioral integration；Potency；Firm performance

（二）译文

文章名称：首席执行官如何通过发挥领导力来影响管理团队：对公司业绩的影响

期刊名称：《领导力季刊》

作者：亚伯拉罕·卡梅里，约翰，阿瑟

出版时间：2011 年 11 月

摘要：本文研究了首席执行官如何通过运用领导力来整合高级管理团队的效能，从而增强公司绩效。本文以 82 个公司高管团队为样本，提出结构化方程模型支持中介模型。结果表明该模型中首席执行官领导力对于高管团队的整合有正向影响，从而加强了高管团队的效能和公司绩效。当高管团队成员感知到环境具有高不确定性时，高管团队的效能对公司绩效的影响更大。

关键词：首席执行官增强领导力；高管团队；行为整合；效能；公司绩效

二十

(一) 原文

Title: Turnover intentions: Do leadership behaviors and satisfaction with the leader matter?

Author: Janelle E. Wells, Jon Welty Peachey

Source: Team Performance Management, 2011 (11)

Abstract: Purpose – This paper aims to investigate the relationship between leadership behaviors (transformational and transactional), satisfaction with the leader, and voluntary turnover intentions. In particular, it aims to investigate the mediation effect of satisfaction with the leader on the relationship between leadership behaviors and voluntary turnover organizational intentions.

Design/methodology/approach – Participants were 208 National Collegiate Athletic Association (NCAA) Division I softball and volleyball assistant coaches in the USA. Using the multifactor leadership questionnaire (MLQ – Form 5X) and an organizational turnover intent questionnaire, participants evaluated their head coach's leadership behavior, satisfaction with the leader, and their own organizational turnover intent.

Findings – Results revealed a direct negative relationship between leadership behaviors (transformational and transactional) and voluntary organizational turnover intentions. Also, satisfaction with the leader mediated the negative relationship between leadership behaviors (transformational and transactional) and voluntary turnover intentions.

Research limitations/implications – The study was limited by the use of professional associations to contact participants, the timing of the data collection, and the exploration of only one of numerous possible mediating variables. Several management implications are discussed, such as managers recognizing that both leadership behaviors can be the basis for effective leadership of work teams and for mitigating voluntary turnover intentions.

Originality/value – The paper's principal theoretical contribution is the addition of satisfaction with the leader as a mediating variable between transformational and transactional leadership behavior and voluntary organizational turnover intentions.

Key Words: Employee turnover; Job satisfaction; Team management; Transactional leadership; Transformational leadership; United States of America

（二）译文

文章名称：离职率趋势：经理的领导行为和企业对经理的满意度之间的关系

期刊名称：《绩效管理杂志》

作者：詹妮尔·威尔斯，约翰·皮奇

出版时间：2011 年 11 月

摘要：研究目的——本文旨在调研领导行为（变革或保守）与对领导满意度及自愿离职率的关系。重点研究对领导满意度影响领导行为与离职率关系的中介效应。

研究方法——参与者为美国 208 位全国大学体育协会（NCAA）垒球和排球助理教练。本文用多因素领导行为问卷和组织离职率问卷，参与者分析了他们主教练的领导行为，对教练的满意度以及他们自己团队的离职率。

研究结果——结果表明领导行为与团队离职率负相关。另外，对领导的满意度对于领导行为与离职率的负相关关系有中介作用。

研究局限——本文受制于从专业协会中选取志愿者，收集数据的时间不长以及只采用一个中介变量。本文对部分管理行为的结果进行了讨论，如经理人认为两种领导行为都可以作为团队有效领导的基础，降低了自愿离职率。

创新点——本文的基础理论贡献是增加了作为介于变革型和保守型两种领导行为的满意度和自愿离职率的中间变量。

关键词：离职率；工作满意度；团队管理；保守型领导；变革型领导；美国

第三章　管理学学科 2011 年出版图书精选

第一节

一、《人本管理：管理品质提升与价值重建》

作者：石义师

出版社：外语教学与研究出版社

出版日期：2011 年 9 月 1 日

摘要：人本管理认为，管理的基本职能就是管人、管事、管物、管关系，其核心要点在于处理好人在生活、学习、劳动、交际、探索与发展过程中形成并前后联系、纵横交织、不断演变的全部社会关系。管理及不断创造物质与精神财富的根本目的都是为社会大众服务，都是为了更好地满足人的愿望，实现人的价值。管理的最高技巧在于赢得保障其生存并不断推动其发展的社会合力。人是社会的主宰。人的意志、观念、愿望、基本素质及人文的总和，决定了国家及一切社会组织的本质、体制、形态、品性、方向、行为、能量、格调、层次、作用、地位、影响及其命运。《人本管理：管理品质提升与价值重建》倡导的人本主义是一种以人为主体，以人为中心，以人为目的，以人为标准，以人为尺度，以人为支撑，以人为皈依，以人为社会之主人的思想观念，主张众生平等，敬天兼爱，互助互利，和谐共生。

第一章：人本主义简述——社会以人为本，人以自然为本。内容包括人是什么、天人合一、以人为本的概念，关于人文主义和人民之道，人本主义的概念和基本原则等。

第二章：管理要以人为本——依法行事，靠人管理。内容包括以人为本的概念，人如何决定着社会及组织的命运，市场化经济实质上是人的经济法，制度化的核心是人，因此要建立以人为本的管理机制，搞好人事关系。

第三章：建立一支有文化的队伍——管理是一种文化行为。本章首先阐明人类的竞争实质上一直是文化力的竞争，管理行为也是文化行为，阐述了社会、组织、团队的概念和意义，文化是人类与社会组织的本质属性，是心灵契约之共同思想信仰和价值观，最后阐述了如何提高组织的核心竞争力。

第四章：认识自己——人贵有自知之明，众生且以同怀视之。本章首先阐明，识人者须先知己，认识自己是认知思维中最难的课题。然后说明每个人都有两面性，人的身体、性情、才志是三位一体的。最后把自己放到社会中去分析，正确地给自己定位和陈述自我认识的局限性。

第五章：正确识人——人心即大千世界，善知人者通达天地。首先由人性进入人心，把握和理解人的欲望。然后从信念到兴趣，认清人的能力、人的类型，注意人的差异性，公正和辩证地看待人。最后说明每个人都有人格面具，介绍中国传统的观人方法和西方观人方法。

第六章：合适用人——得民心者得天下，善用人者得以成功。首先要用好自己，然后阐述不完美定律，把所有的人都当人才用，用实际需要的人，不拘一格用人。最后说明敢用特殊人才者胜，要善用闲人和适当授权。

第七章：人的培养、塑造和完善——玉在修养中成器，人在知行中成才。首先阐明做事先做人的道理，身心健康是管理成功的基础。然后阐述最好的组织是学习型的组织，人类是在大风大浪中成长起来的。

第八章：为人民服务——人类最基本和最高尚的行为就是服务。首先说明组织的形象塑造，强调组织的宗旨至关重要，一切组织的社会属性都是服务，然后说明组织立足于服务，建立服务型管理机制，服务人性化。

第九章：联通融合社会人——成功的关键在于赢得人际关系的合力。首先阐述了组织存在于社会关系网络中，组织的命运取决于其社会合力。然后说明良好的社会关系也是生产力，因此要寻求建立伙伴关系。最后说明社会人际关系的两仪：物质与精神，阐述联络沟通的原则和技巧，不追求利益最大化定律和“双赢”定律。

第十章：尊重对手——人们的幸与不幸都在与对手的竞技中。首先说明对手无处不在，要寻找对手并向对手学习。然后陈述了竞争观念，竞争的根本法则是获得利益，要化敌为友，合纵连横。最后说明人最大的对手是自己。

第十一章：实现人的价值——人民都能得道，众生皆可成佛。首先说明人与组织的价值和价值观，组织应让每个人都能看到富裕的希望，让每个人都有理想的空间。然后说明快乐工作的主基调，应该公开化与全面参与，让全体成员都有权自主管理与创造。

第十二章：创建和谐大同的命运共同体——天地人命，维系和谐。首先说明了创建人人互相依存的命运共同体的重要性，天地有道道在人和，和而不同大同小异。然后说明了伟大社会的基本标志：正义、人权、共享，领导应以德服人，推崇柔性管理。最后说明了社会组织关系五行：尊重、忠诚、敬业、竞赛、互助，组织的社会与自然环境责任，以及永放光芒的和谐之道。

二、《知识管理》

作者：梁林梅　孙俊华

出版社：北京大学出版社

出版日期：2011 年 7 月 1 日

摘要：《知识管理》基于作者多年从事知识管理课程教学的实践，在学习和借鉴国内外本领域前沿成果的基础之上编著而成。《知识管理》系统、简洁而通俗地对知识管理的理论、方法及最佳实践个案进行了总结、梳理，并且结合国内各类组织知识管理的现实状况与未来发展需求进行了实证分析。知识经济时代，任何组织乃至国家的发展都离不开知识管理。

虽然目前知识管理的主要应用领域在商业、企业，商业、企业由于其切身利益及生存需要的驱动，是最早、最成功开展知识管理的组织，但随着知识经济和知识社会的发展，越来越多的组织（特别是知识型组织）开始意识到知识管理的重要价值。因此，除了较为成熟的企业知识管理之外，近年来逐步形成了诸如政府知识管理、图书馆知识管理、学校知识管理、医院知识管理等多种知识管理的应用领域。本书适合于组织学习及人力资源领域研究者、高层管理者、该领域的从业人员及培训机构从业人员阅读，可以作为高等院校相关专业的教材，还可作为政府、企业及学校网络学习部门的参考用书。

第一章：知识管理概述。本章主要内容是知识管理的兴起和发展，介绍了知识管理产生的背景，发展历程，概念和内涵，组织知识的管理流程，以及知识管理与相关领域的关系。介绍案例 1：2006～2010 年全球 MAKE 奖分析。

第二章：知识的特性与类型。介绍数据、信息、知识和智慧，将知识分类，包括理论知识与实践知识、个人知识与组织知识。OECD 的分类，波兰尼的分类以及管理实践中的其他分类方式。阐述隐性知识基本概念，显性知识与隐性知识的区别，隐性知识的类型、特性，以及知识资本的特性和构成等。介绍案例 2：埃森哲的知识管理。

第三章：知识型组织与知识工作者。本章主要介绍知识型组织与知识工作，包括传统组织结构的特征及其局限，知识型组织的特点和知识工作的特点，知识工作者的特点、管理与激励，以及首席知识官的角色和职责。介绍案例3：印孚瑟斯公司的知识管理。

第四章：知识的共享与创造。本章主要介绍实践社团的价值和作用，培育实践社团的七项原则，知识市场中的三类角色、价格体系以及如何发展有效的知识市场，组织知识创造一般理论的两种主要方式，知识转换的“SECI”模型。介绍案例4：联想集团的知识管理。

第五章：知识管理技术。本章主要阐述知识地图、知识管理系统和知识管理体系，最后介绍案例5：盛大网络发展有限公司的知识管理。

第六章：知识管理的实施。本章主要陈述了知识管理的编码化战略和个人化战略，知识管理实施的举措，介绍埃森哲的知识管理实施策略。阐明知识管理实施的六个切入点、经验与障碍，组织知识管理评估简介以及成熟度评估和组织知识管理流程的评估。介绍案例6：如何保存离职专家的知识。

第七章：政府知识管理。本章主要概述了政府知识管理概述以及知识型政府和学习型政府是政府知识管理成功的重要保证，介绍政府知识管理系统。介绍案例7：美国政府的知识管理。

三、《这，才叫商业模式——21 世纪创新竞争》

作者：吴伯凡　阳光

出版社：商务印书馆

出版日期：2011 年 4 月 1 日

摘要：基于多年来对国内众多优秀创新型企业长期的跟踪调查和深入分析，21 世纪报系的研究团队在国内率先科学地界定了“商业模式”的概念，建立了商业模式内涵分析框架体系，以探索商业模式创新的中国路径。商业模式是创业者创意，商业创意来自于机会的丰富和逻辑化，并有可能最终演变为商业模式。其形成的逻辑：机会是经由创造性资源组合传递更明确的市场需求的可能性，是未明确的市场需求或者未被利用的资源或者能力。尽管它第一次出现在 20 世纪 50 年代，但直到 90 年代才开始被广泛使用和传播，已经成为创业者和风险投资者口中的一个名词。该书指出，领先的商业模式应该包含三个要素：独特的客户价值主张；独善的资源与能力；独享的盈利模式。缺失其中任何一个维度都不能称为商业模式。今天的商业竞争，早已经超越了产品竞争、品牌竞争和营销竞争的层面，趋向于更深层次的基于商业模式的创新竞争。而“商业模式”一词作为一个舶来品，近年来虽然在中国商业界屡屡被人们所谈论，然而其真正含义却少有人知晓。一段时间内，对商业模式的简单化、片面化理解大行其道，有人甚至将拍脑子想出的点子称为商业模式，也有人将盈利方式等同于商业模式。“商业模式”一词在中国亟须正本清源。

基于多年来对国内众多优秀创新型企业长期的跟踪调查和深入分析，21 世纪报系的研究团队在国内率先科学地界定了“商业模式”的概念，建立了商业模式内涵分析框架体系，以探索商业模式创新的中国路径。这本《这，才叫商业模式——21 世纪创新竞争》便是他们持续推动中国企业商业模式创新进步的一系列相关研究成果的结晶。

吴伯凡、阳光等编著的《这，才叫商业模式——21 世纪创新竞争》指出，一种领先的商业模式框架应该包含以下三个要素：独特的客户价值主张——在一个既定价格上企业向其客户或消费者提供服务或产品时所需要完成的任务；独擅的资源与能力——支持客户价值主张和盈利模式的具体经营模式；独享的盈利模式——企业用以为股东实现经济价值的过程。缺失其中任何一个维度都不能称为商业模式。而且，商业模式不具有普适性，在一种市场环境下成功的商业模式并不必然在另一种环境下也依然能行之有效，必须依据新的市场环境对其进行调校和修正。因此，在介绍成功企业的案例时，《这，才叫商业模式——21 世纪创新竞争》将更多的笔墨着于国内企业成功经验的介绍上。它们对于本土企业来说是更现实的参考蓝本。而本着“他山之石，可以攻玉”的理念，《这，才叫商业模式——21 世纪创新竞争》也收录了近年来国际上一些明星创新型企业的成功案例，它们对商业模式内涵的理解以及在打造领先商业模式方面的独到经验对我们也有很大的借鉴意义。

四、《对外直接投资企业核心竞争力与人力资本研究》

作者：叶正欣　徐叶林　叶正茂
出版社：上海财经大学出版社
出版日期：2011 年 7 月 1 日

摘要：核心竞争力最早由普拉哈拉德和加里·哈默尔两位教授提出，国内主流经管教育也均对这一概念有不同程度地关注。通常认为核心竞争力，即企业或个人相较于竞争对手而言所具备的竞争优势与核心能力差异。黄锡伟编著的《打造核心竞争力》引入了“民主管理”在打造企业核心竞争力中的作用，更多地认为，核心竞争力是相对于个人、企业自身而言，能力结构的优化，是自身的最佳竞争状态。中国对外直接投资企业最大的问题是缺乏企业核心竞争力，实施“走出去”战略就是要建立企业核心竞争力。本书从人力资本的角度，探索对外直接投资与竞争力、核心竞争力与人力资本的关系，并探讨中国对外直接投资企业的核心竞争力的构建。

本书由七章组成。第一章主要介绍论著的研究角度与研究对象、研究缘起与研究意义、基本内容与主要观点、研究方法与主要创新等。第二章首先指出发展我国对外直接投资的国际国内背景；其次分析了我国开展对外直接投资的必要性；再次描述了中国企业对外直接投资状况；最后分析了中国企业对外直接投资的特点与问题。第三章对企业对外直接投资理论、核心竞争力理论和人力资本理论进行了综述。第四章进行了人力资本的拓展研究，首次提出组织人力资本理论范畴，并对它的定义、特征及产权进行了界定，最后应用于企业并对企业的本质进行了重新解释。第五章探索了对外直接投资与企业竞争力的关系。首先，企业竞争力是对外直接投资的必要前提；其次，对外直接投资对企业竞争力具有强化作用；最后，对外直接投资与企业竞争力关系的总结。第六章探索了企业核心竞争力与人力资本的关系。首先，从人力资本的特点论述企业核心竞争力与人力资本的关系，人力资本是企业核心竞争力的基石。其次，在给出个体人力资本与组织人力资本的区别后，进而说明组织人力资本与企业核心竞争力的关系，通过分析企业核心能力理论与战略人力资源管理理论的融合，并对 WDS 模型进行评述，进而提出形成企业核心能力的人力资本整合机制模型（MHCI 模型）进一步说明人力资本与企业核心能力的关系。最后，由于经营者人力资本是企业最重要的个体人力资本，因此，专门论述了经营者人力资本与企业核心竞争力的关系。第七章从人力资本角度探索构建中国对外直接投资企业的核心竞争力。首先，说明企业的人力资本管理的途径；其次，指出个体人力资本形成组织人力资本的机制；最后，重点说明中国对外直接投资企业人力资本的激励约束机制的构建，主要研究人力资本（包括组织人力资本）怎样参与公司治理以及怎样参与企业收益分配。

五、《总经理激励员工方法全集》

作者：周增文

出版社：中国商业出版社

出版日期：2011 年 1 月 1 日

摘要：从最新上榜的世界 500 强企业中提炼出的激励员工的最有效方法。

每位员工都有可能成为最好的员工，都值得总经理用心激励他们，可是，要找出适当的激励方法并不容易。《总经理激励员工方法全集》会告诉读者，在什么样的时机、用什么样的方式来激励自己的员工，才能达到最大的效益。这是一本包含着众多总经理心血精华的书，它简单易懂且非常有效。用书中提供的方法去激励员工时，员工的工作士气将变得更加高昂，工作将变得很有效率，员工将享受到更大的工作乐趣。

没有一位员工甘心做平庸的人，每个人都有着自己的梦想和价值需求。《总经理激励员工方法全集》营造了一个有利于充分发挥人才作用的激励机制，员工就会成为不凡的人，企业就会基业长青！

世界上每一位成功的管理者都深谙员工激励之道。一位总经理要获得成功，最好先做好两件事情：第一，能够确认公司的价值体系；第二，坚持和直接介入以强调价值体系，建立起令人振奋的环境。第一点虽非难事，但要给员工灌输一个价值体系，绝非易事。这件事需要锲而不舍地努力，到处走动和长时间地花费精力去了解，与部属保持更密切的接触和联系，帮助与企业一起共事的伙伴发展潜能，发挥团队精神、提升企业效益，可以达到事半功倍的领导和管理效果。激励的目的，不是改变员工的个性，而是促使员工自我调适，产生合理的行为。员工自我调适的方向，如果朝向企业的目标，所产生的行为即属合理；若是朝向自己的个人目标，与企业的目标不相符合，甚至于互相矛盾或冲突，就是不合理的偏差行为。激励可公开进行或暗中交易，两者都以正当而合理为适宜。凡是大家看法相当一致，不易引起众人反感的，可公开激励，目的是获得大家的良好反应，以扩大影响；若是见仁见智互异，而又非奖赏不可的，便暗中进行，以减少误解或不满。

当今的经济社会中，员工是公司发展的最重要财富。如何激发员工的内在潜力，如何让员工和公司一起跑，如何运用榜样力量带动员工前进，如何用信任点燃员工的工作激情而提高员工的工作绩效，是每个企业管理者应该重视的课题。

六、《价值管理》

作者：上海国家会计学院
出版社：经济科学出版社
出版日期：2011 年 6 月 1 日

摘要：公司的终极目标是企业价值最大化，但公司自身不能以企业价值最大化为尺度进行内部管理，这就需要确定内部目标。高层管理者必须明白如何权衡各项具体目标相对于企业价值最大化这一总体目标的轻重缓急。汤姆·科普兰认为，公司一般有两类目标：一类是指导高层管理人员的财务目标，即依据现金流量折现值这一最直接的价值创造尺度来确定目标。但现金流量折现值也需要短期的、客观的财务绩效目标，如经济增加值。另一类目标是非财务目标，用于激励和指导雇员的行为，因为许多雇员并不直接关心价值创造，雇员可能更关心客户满意程度、产品创新等。这些目标与价值最大化目标并不矛盾，财务上成效卓著的公司通常在客户满意程度、创新等方面也很成功。公司应根据自身的实际情况慎重地确定非财务目标，例如，一些企业面对不可避免的萎缩，不应以不解雇雇员为目标，重要的是使企业中的每一个人都朝着一个方向努力。具体目标必须与企业各部门的特点相匹配。对事业部的主管来说，可以直接将价值创造作为其目标；对职能经理来说，以客户满意程度、市场份额、产品质量作为他们的目标可能是适当的；制造经理则应当侧重于单位成本、生产周期或残次品率；产品研究与开发部门的经理则应侧重于开发新产品的时间、新产品数量以及这些新产品的竞争力等。

确定目标后，本书介绍如何找出当前计划与目标计划的差异。在设定目标的过程中，会发现高层管理者希望达到的目标水平与公司目前计划中包含的目标之间存在差异。可以通过变化财务战略在短期内缩短这一差距，如降低公司资产负债率就是一个不错的选择。这样就可以降低资本成本，提高市盈率，并增加对风险规避型投资者的吸引力。加大股息发放不仅能增加股东回报，有时还能提高市盈率，加强内部约束，迫使经理人将现金从运营或业绩不佳的组合资产中释放出来。但如果要显著缩短差距，企业管理者必须寻找新的方法来提升基本面，这将影响战略。比如，实现你的目标是否要求更高的增长？如果是，这种增长来自何处？有多少来自内部投资，有多少来自收购？增长与利润之间如何实现平衡？等等。

本书还强调要将战略清晰地传达给所有的业务负责人，要将整体目标转化为部门经理人可以实施的量化经营目标，同时建立问责制度，设立专门的投资者关系职能部门，实现投资透明。

最后本书介绍了不断反思战略。管理者自己必须经常反思他们的假设与重点，关键之处是在任何时候都要及时知道公司、行业、投资者构成正处于整个周期的什么阶段，以及需要做什么才能相应转变价值创造三个维度之间的平衡关系。

七、《流程革命2.0：让战略落地的流程管理》

作者：王玉荣　葛新红

出版社：北京大学出版社

出版日期：2011年10月1日

摘要：很多企业都在做流程，但为什么总感觉流程与企业的核心业务结合得不够紧密？问题可能出在没有从流程的角度考虑如何构建流程型组织。《流程革命2.0：让战略落地的流程管理》恰恰在这方面给出了清晰而深入的论述，对那些注重流程管理实践的企业管理者会有很大的帮助。《流程革命2.0：让战略落地的流程管理》创造性地告诉您一个让战略落地的流程管理，将流程管理和战略管理融为一体，使流程管理有了灵魂，让战略管理有了保障。

企业的流程管理已站在新的起点上，面临新的挑战，结合《流程管理在中国调研报告》，《流程革命2.0》围绕流程管理发展新阶段面临的主要问题进行了阐释：①流程管理如何和企业战略、业务紧密结合；②如何从单一流程优化向系统性的流程体系优化进行转变；③如何进行流程变革推动，保障流程执行效力。

首先是流程框架体系的优化。流程框架体系的优化是优化企业的业务模式、优化企业的资源配置，以及优化企业的职能，提升组织的效率。我们以采购的业务模式为例来了解流程框架体系优化。通过采购品分类我们了解企业的战略和组织应该怎样去设计，包括采购策略、管理方式、决策分权、组织配合，最后形成企业采购战略、采购管理模式、业务模式。我们把所有工程性的产品做成战略采购，并进行集中采购。集中采购以后相应的业务管理的方式、业务运转的模式和业务流程都不一样。

其次是流程的优化。流程的优化其实是指优化企业业务模式后能落地在流程上。这个方面的流程优化就是要通过流程优化的手段解决企业的问题。前期进行诊断时，会发现企业存在着很多问题，这些问题比较散，应该把企业的问题归结起来形成关键的问题，而流程优化要去解决这些关键问题。

最后是流程的标准化，是指把企业一些具体的做事流程，以及在这个流程里做事的规范、标准及知识沉淀下来，然后标准化。流程作业手册的优化就是企业管理的规范化，即企业知识的标准化。作业流程手册一是通过手册来规范企业业务的运作；二是把企业的最佳实践进行总结，然后知识化。有了手册后，所有同类工作都要采用一个标准来做，即采用一个流程步骤、一个流程操作来规范就是制定手册的意义。

具体来看，本书通过以下几个方面对流程管理的各个步骤做详尽介绍：①流程理念——从概念到本质；②流程浮现——从一个端到端流程到流程体系；③考核流程的方法——从定性规范到定量测评；④指导具体流程的业务原则——从一般性原则到战略导向原则；⑤流程细化与优化——从提升单个流程效率到提升整体流程效率；⑥基于 IT 的岗位标准化工具箱——从标准化到精细化管理；⑦流程变革的推行——从变革发起到执行落地；⑧流程的持续评估和改进——从内部测评到外部审计。本书最后附上了首届 SISS 流程管理最佳实践评选获奖案例以及“流程管理——面向行动的学习”的一些模板。

八、《中国市场领导力：100位经理人的实战告白》

作者：李秀娟

出版社：复旦大学出版社

出版日期：2011年3月1日

摘要：领导力究竟是什么？国际知名领导力专家李秀娟教授通过无数本土典型案例的提炼与实践，让领导力化无形为有形，使领导力在潜移默化中得到锻炼和成长。《中国市场领导力：100位经理人的实战告白》从中国经理人的实战经验出发，归纳总结，并提炼出许多宝贵且实用的观点和经验，对于经营者或是职业经理人都应有很好的启发。领导力就好像爱情，人人都知道它的存在，却很难有人能说清楚它究竟是什么。对此，许多西方学者曾著书立说，提出过不同的模型，但对于中国这样的新兴市场来说，在哪方面修炼才能够更有成效地发展领导力呢？哪些才是具有“中国特色”的领导力？

企业的高速发展取决于人才的高速发展，而领导力正是启动人才发展的关键。中国的新兴市场是全世界关注的焦点，但新兴市场的挑战与机遇并存。如何能够适应这个特殊市场，迅速培养起自己的人才梯队，一直是中国企业面临的首要挑战。作为领导力研究方面的国际权威，作者通过研究与讲学互补的方式，建立了对于中国领导力发展的独到观点。这与国际理论在中国企业中生拉硬套相比，有明显的本土研究优势。

领导力决定企业的大小、强弱、成败，从某种意义上说，它是导致企业成败的最重要因素。领导者的领导力越强，所在企业各方面的水准就越高。领导力可以后天练就，并不是天生被赐予的。领导力是一个人发展的关键，它直接决定了一个人未来发展的结果。那么，如何提高自己的领导力，让自己成为一个富有魅力的领导者呢？本书对领导力做了全面的剖析和透视，从告诉读者什么是领导力以及领导力和执行力、影响力之间的关系入手，到检视自己的领导力存在哪些问题、如何提升领导力，全面阐释了真正的领导者应具有的领导特质、提升领导力的掌控方法和训练技巧，旨在帮助位居领导岗位的人们打开真正高效激励、高效管理的领导力开关。根据大量的实际采访，作者通过定量分析研究显示，领导力关键事件绝大部分都与“变”、“冲”、“危”、“磨”、“挫”、“拓”、“学习”

和“楷模”息息相关。全书角度新颖，选取了大量真实的案例，多角度、全方位剖析了领导力的实质，又提供了一些修炼领导力的方法，可以说是一本非常实用的管理教科书。面对不同环境下的不同领导力事件，成功的职业经理人的抉择往往不同于常人，他们是怎么做的，他们的价值观和出发点又是什么？从大量的真实案例中，人们可以通过“看一斑窥全豹”的方式，通过模仿与学习，使自身的领导力在潜移默化中得到锻炼和成长。另外，中国企业在进行内部领导力培养和开发时，也可以根据现实情况和需要，有针对性地创造一些实践机会，以磨炼管理者的领导力。

九、《伦理驱动管理——当代企业管理伦理的走向及其实现研究》

作者：龚天平

出版社：人民出版社

出版日期：2011 年 4 月 1 日

摘要：所谓企业伦理观念是美国 20 世纪 70 年代提出的，最近几年日本也开始对企业伦理问题进行研究。我国对企业伦理的认识与研究尚处于起步阶段，对企业伦理的内涵尚缺乏了解。有人认为，企业是将赚钱作为主要目标，伦理则是追求道德规范，企业的经营目标与企业社会责任没有必然联系，甚至是水火不相容的，因此认为企业的经营目标和经营伦理是相矛盾的。其实这不过是表面现象，追求利润为唯一目标的思维方式是落后于新时代的。在当今时代，如果企业只追求利润而不考虑企业伦理，则企业的经营活动已越来越为社会所不容，必定会被时代所淘汰。也就是说，如果在企业经营活动中没有必要的伦理观指导，经营本身也就不能成功。树立企业伦理的观念，体现了重视企业经营活动中人与社会要素的理念。

本书以论证企业的伦理本性为理论思考的逻辑起点，揭示了当代企业管理伦理发展的背景与特征，认为企业管理伦理是市场经济下企业不可缺少的价值基础，是其道德化生存的必要条件。经济全球化下的企业管理伦理是以“追求卓越”为主题、东西方互动共融、新观念不断产生的伦理，是功利价值与道义价值相统一、实质理性与工具理性共融、人际伦理与生态伦理并重、普遍伦理与地方智慧相结合的伦理。

本书以丰富翔实的资料、开阔的理论视野、深刻的学理分析，围绕我国当代企业伦理模式的含义、特征，演进及特点，以及形成的要件与若干模式等内容做出了较为系统而深入的阐述，勾画了我国当代企业伦理模式的“全景图”。尤其是书中对于“企业伦理个性化建设”的理念和路径研究，在理论和实践的结合上为我国各类企业的发展提供了独特的科学决策的依据和实践模式，勾画了我国当代企业培育道德资本、增进企业效益的“路线图”。本书强调中华文化伦理道德思想的传承与发展。本书针对当前企业社会责任缺失、企业家伦理道德滑坡的问题，特别强调中华传统优秀伦理道德文化的传承与建设、强调企业责任的建设与企业家道德的提升，同时突出企业社会责任伦理创新。

当今社会，企业伦理与社会责任融合不仅是大势所趋，而且已深入企业经营管理及企业文化的建设之中。本书创新提出企业社会责任伦理的相关理论与实践，深入阐述了当代企业管理伦理发展的七大走向，即凸显社会责任的新选择、成为好企业公民的新吁求、与生态伦理交融的新逻辑、强调领导者道德的新经验以及以人为本、利益相关者和追求卓越等新观念的出场、道德推理多元化的新现象和企业管理伦理从非正式到正式即规范化的新走向。本书还研究了当代企业管理伦理实现的两大基本方法，即注重“价值驱动”和开展“伦理管理”。

十、《美丽管理——本来意义上的企业文化》

作者： 王长根

出版社： 企业管理出版社

出版日期： 2011 年 7 月 1 日

摘要： 行为科学理论是专门研究人的积极性对提高劳动生产率的影响的理论。如梅奥指出影响生产效率的根本因素不是工作条件，而是工人自身，在决定劳动生产率的诸因素中，置于首位的因素是工人的满意度。斯金纳、赫西等人的强化理论指出，包括奖金、对成绩的认可、表扬、改善工作条件和人际关系、提升、安排担任挑战性的工作、给予学习和成长的机会等正强化，比负强化更有效。伦西斯·利克特倡导的管理新模式指出，首要的是让员工认识到自我的重要性和价值，例如鼓励组织成员不断进步，取得成就，承担更大责任和权力，争取受表扬和自我实现，同时也要让员工有安全感，发挥自己的探索和创新精神。亚当斯从公平的角度研究工资报酬分配的合理性、公平性及其对职工生产积极性的影响。斯坦利·E. 西肖尔在组织效能评价标准的设计中指出，员工是否满意、工作积极性的高低、协作关系的好坏等，都会对组织效能产生影响。弗雷德里克·赫茨伯格的双因素理论指出，要调动人的积极性，不仅要注意物质利益和工作条件等外部因素，更重要的是要注意工作安排的量才录用，各得其所，精神鼓励，给人以成长、发展、晋升的机会。维克托·弗鲁姆的期望理论指出，激励力量是调动一个人的积极性，激发出人的潜力的重要指标，调动人的积极性要处理好努力与绩效、绩效与奖励、奖励与满足个人需要三个关系。

可见，科学管理之后，经过人际关系学说到行为科学理论，从管理过程学派、经验学派、系统管理学派、决策理论学派、管理科学学派、权变理论学派到管理科学理论，再到管理理论的新发展“第四次革命”，管理理论演变的结果是关注如何最大限度地调动人的积极性这一“企业永恒的主题”，而不是如何才能更有效地控制人、管住人。《美丽管理——本来意义上的企业文化》作者以“企业文化主管”的视角，历时数年，就“中国企业离企业文化有多远”这一问题进行研究，取得了重大理论成果。企业文化对于企业的理念与行为有着重要的指导作用，然而在现实的企业文化建设中存在着口号化、抽象化、片面强调人性化或绩效竞争、忽视文化的外部影响力等误区。该书针对这些问题，结合实践案例阐述了能够帮助企业走出这些误区的管理对策，使企业文化建设能够真正发挥实效。当前我国众多企业正在推行的并不是本来意义上的企业文化，本来意义上的企业文化被称为世界管理史上的“第四次革命”，它以关心人的价值观为核心，遵循其规律，可轻松做强做大任一公司。《美丽管理——本来意义上的企业文化》的学术价值是论证了本来意义上的企业文化是一个美丽管理理论，企业的永恒主题是调动人的积极性而不是管理，同时给出了实现中国管理跨越的具体而简便的方法等，这对中国管理学的发展和社会进步会产生深远的影响。

十一、《从理念到行为习惯：企业文化管理》

作者：陈春花
出版社：机械工业出版社
出版日期：2011 年 7 月 1 日

摘要：企业文化，或称组织文化（Corporate Culture 或 Organizational Culture），是一个组织由其价值观、信念、仪式、符号、处事方式等组成的特有的文化形象，商业教育均将企业文化作为一项重要内容包含在内。企业文化是在一定的条件下，在企业生产经营和管理活动中所创造的具有该企业特色的精神财富和物质形态。它包括文化观念、价值观念、企业精神、道德规范、行为准则、历史传统、企业制度、文化环境、企业产品等。其中，价值观是企业文化的核心。广义上说，文化是人类社会历史实践过程中所创造的物质财富与精神财富的总和；狭义上说，文化是社会的意识形态以及与之相适应的组织机构与制度。而企业文化则是企业在生产经营实践中，逐步形成的，为全体员工所认同并遵守的、带有本组织特点的使命、愿景、宗旨、精神、价值观和经营理念，以及这些理念在生产经营实践、管理制度、员工行为方式与企业对外形象中的体现的总和。它与文教、科研、军事等组织的文化性质是不同的。企业文化是企业的灵魂，是推动企业发展的不竭动力。它包含着非常丰富的内容，其核心是企业的精神和价值观。这里的价值观不是泛指企业管理中的各种文化现象，而是企业或企业中的员工在从事商品生产与经营中所持有的价值观念。

人们的价值观、行为选择以及价值判断都存在于企业的每一个决策中，这些习以为常的行为习惯正是企业文化最终的表现形式。企业真正有意义的竞争优势是员工的生产效率，而这在极大程度上取决于员工的行为模式，企业文化日益成为决定组织成功的因素。随着技术的深入发展，知识员工的不断涌现，企业会遇到一些全新的要求，如何解决企业在管理中遇到的企业文化问题？作者的目的是让企业管理者在管理实践中认识和发挥企业文化的作用。企业文化的一切努力和最终的追求是员工行为习惯的形成、共同的行动模式以及明确的价值行为选择。理念与习惯是文化取得结果的两个领域。企业文化的打造也必须从这两个领域出发。让企业的理念促进企业和顾客之间、与利益相关者之间达成共识；让企业的行为习惯落实到每一个员工的自觉行动中，最终成为员工的行为习惯。让理念转化为行为习惯，日益成为企业获得竞争优势的唯一方式。

本书从企业文化的认知、企业文化的产品、企业文化的执行人以及企业文化的核心价值观等方面展开论述，言简意赅、通俗易懂。本书在讲理论的同时，还穿插了许多经典案例。所选的案例，都具有鲜明的特色，内容求是、务实，可操作性强。理论与案例相互印证避免了理论讲述的空洞性和模糊感，使无形的企业文化的管理与建设有章可循。

十二、《每天学点管理学和领导学》

作者：方向东

出版社：中国华侨出版社

出版日期：2011 年 10 月 1 日

摘要：管理学和领导学，都是研究如何管人管事的学问，即通过优化整合人力资源，科学配置社会资源，调动一切积极因素，让人、财、物充分发挥作用，朝着组织的预期目标顺利进行，并实现目标价值最大化的学问。在日常工作和生活中，人们往往把管理和领导等同起来，认为管理就是领导，领导就是管理。其实，管理和领导虽然是紧密联系的，但二者在本质上存在很大的差异，绝不能混为一谈。

领导与管理有着泾渭分明的边界。按照《现代汉语词典》的解释，领导是率领并引导大家朝着一定方向前进，而管理是负责某项工作使它顺利进行。也就是说，领导是要做正确的事情，而管理是正确地做事情。被誉为“领导力第一大师”的哈佛商学院教授约翰·科特说：“管理者试图控制事物，甚至控制人，但领导者却努力解放人与能量。”这句话深刻地阐述了领导与管理之间的辩证关系：管理和领导互不相同——管理的工作是计划与预算、组织及配置人员、控制并解决问题，其目的是建立秩序；领导的工作是确定方向、整合相关者、激励和鼓舞同仁，其目的是产生变革，显然，这也正是领导力的运行轨迹。如果说管理侧重技术和手段，侧重过程和方法，那么领导则侧重人文和目的，侧重结果和艺术。具体地说，管理通过整合各种资源、借助各种手段来达到既定的目标，注重做事，即把事情做得既有效率又有效果，也就是人们常说的又快又好，在这个过程中比较注重细节，注重手段，注重技术的应用；而领导通常关注做人，关注人的尊严、人的价值、人的潜能、人的激励和发展，关注意义和价值，关注所要达到的目标是否正确、是否值得。

当然，管理和领导之间还存在一些其他重要的区别，总结起来有如下几点。第一，管理是负责日常性的、非决策性的工作；领导主要负责方向性的工作，起带领和引导作用。第二，管理者主要凭借正式职位发挥作用，而领导者则主要凭借影响力发挥作用。管理本质上是一种职能关系，领导本质上则是一种追随关系。第三，管理的科学性大于艺术性，而领导的艺术性大于科学性。管理追求的是精确，领导追求的是生动。第四，管理主要强调控制，侧重从人的行为上进行规范；而领导则更注重从人的内在心理方面去感化人。第五，管理常解决常规问题，具有确定性；而领导则通常处理非常规问题，具有不确定性。第六，管理的功能在于维持秩序；领导的作用在于规划愿景、创新求变。第七，管理比较重视权力的作用，而领导则重视个人魅力的作用、重视影响力等。从上面这些不同可以看出，领导者是决策者，管理者是执行者。

正因为管理和领导在组织的运营中发挥着各自不同的作用，所以，任何一个企业，都必须既有领导又有管理。只有领导而无管理，则领导的意图和目的往往比较难以实现。同样，如果只有管理而无领导，管理的愿望和目的也难以达到。在具体的工作中，因为管理过分而领导不力或是领导过分而管理不力都会造成一定的损失，人们应该正确、科学地处理领导和管理的关系。为了有效地领导，必须有效地管理，只有将强有力的管理和强有力的领导结合起来，二者相辅相成，才能带来满意的效果，保证组织目标的实现，保证组织长期的可持续发展。《每天学点管理学和领导学》紧扣管理、领导实际，由浅入深，循序渐进地全面介绍了管理者履行制定制度、沟通交流、激励、惩罚、分配任务、执行落实工作等各项具体管理职能的方法和技巧，以及领导者在修炼人格魅力、做决策、驾驭全局、带团队、打造影响力、识人、用人、授权等方面需要具备的胸襟和气魄。在内容取舍与安排上，《每天学点管理学和领导学》力争做到体系完整而又重点突出，并注重结合各种管理和领导实践案例，使读者尽可能全面而快速地学会各种管理和领导知识，掌握成功管理和领导的奥秘。企事业单位的管理者和领导者如果能每天学习一点，每天进步一点，在广泛阅读的基础上开动脑筋，对现实中的疑惑进行深入思考，坚持学习与运用相结合，知行合一，日积月累，必然能够在错综复杂的局势下，成功地应付各种显露的或者潜在的危机，成为出色的管理者和卓越的领导者。

十三、《做最好的中层：提升中层领导管理水平的非凡智慧》

作者：成　杰

出版社：中国华侨出版社

出版日期：2011 年 12 月 1 日

摘要：中层管理者在现代组织中担任了非常重要的角色。无论是在企业，还是在机关，中层都是一个组织的中流砥柱，是企业运营和日常管理的关键环节。他们是企业员工的直接领导者，是团队和项目小组的负责人，因此，他们的管理和行为方式集中传达了公司的理念和宗旨。公司员工正是通过这部分人的管理行为来认识企业，并规划自己的职业生涯。所以，中层管理者的管理理念和管理行为是一个重要的管理问题。

由于中层处在特殊的位置上，很多时候，中层管理者在工作中常常会受到来自各方面的压力：上级的责难，同事的误会，下级的抵触和客户的责骂。这个时候应该怎么办？发脾气？抱怨？或者一走了之？当然不能。因为这样不仅不能解决问题，或许还会因为一时的冲动而让自己陷入非常被动的局面中。所以，优秀的中层管理者正是认识到了这一点，在面对羞辱、不公和误会的时候，他们往往会懂得忍耐。因为他们首先想到的不是自己的面子，而是如何以此为契机，让自己的能力和素养得到提升和飞跃。

中层领导处在组织中的中间位置，需要在上下皆有压力的环境中游刃有余地开展工作，是组织中信息上下畅通传导的桥梁。因此，中层领导面对的人际关系要比一般人更复杂。对上，中层领导是被管理者，需要掌握与上级有效沟通的技巧和方法。在上级眼中，中层不能只埋头苦干，更需要运用智慧。对下，中层既需要树立自己的权威，又要善于授权，并同时把责任下放，把每位员工都培训成优秀的人才，构建一支高效的团队。同级之间，要和谐相处，加强沟通，多创造机会合作，同时坚守自己的立场。如此繁多的环节，只要有一个环节摸不透、处不好、理不顺，就会给职业生涯造成障碍。

打个比方，如果说高层领导是“大脑”，基层员工是“四肢”，那么中层领导就是“腰”。一个人要是想生龙活虎，只有“腰”做好了支撑，“四肢”才能灵活；一个组织要想有活力，中层的能力相当重要。中层领导是基层员工的直接领导者，是团队的直接负责人。而一位中层领导者，若没有一支属于自己的优秀队伍，那么他也不能很好地驾驭局面。所以，中层领导者务必是一位能干的管理者。

一个中层领导者也只有具备了各项优秀的基本品质、完美的执行力以及出色的成绩，才能得到高层的认可、青睐，并得以晋升。但是这些品质、能力并非天生就有的，而是需要在工作中一点一点地锻炼、培养和积累出来，本书将会详细地告诉读者如何去做。

该书兼具实用性和指导性。书中的每一个细节都来源于众多中层领导者实际工作经验的总结和提炼，并精选了大量经典、实用的案例，理论联系实践，对中层领导者在实际工作中遇到的各种棘手问题都提供了具体的、可供操作的解决方法和技巧，帮助读者成为一个优秀的中层领导者，助读者尽快迈上一个新台阶，实现自我的超越。唯有超越才能永葆优秀，实现从优秀到卓越的跨越。

十四、《团队边界管理、凝聚力和效能间关系研究》

作者：石冠峰
出版社：经济管理出版社
出版日期：2011 年 5 月 1 日

摘要：组织中的基本工作单位是指由执行特定组织目标的多个个体组成的次级组织实体，是执行组织任务的基本工作单元。例如，组织中的永久部门、项目小组、临时任务小组、中高层管理团队等。这些基本工作单元既可能是一般的工作群体，也可能是具有凝聚力的高效团队。当前，通过团队建设，将这些基本工作单元转化为团队，提高组织运作的效率，已成为组织的普遍做法。但管理者发现，团队建设常常会失败。在这样的背景下，团队建设的迫切性要求管理者和研究者关注以下问题：

认识群体与团队的真正含义是团队建设的首要问题。群体是一定数量的人以集体形式存在，他们界定自己是其中的成员，他们之间相互影响，心理上能觉察到彼此，并且当这个集体的存在被其他人承认时，群体就存在了。在组织管理实践中，人们常常将一群一起工作的人称为“团队”，比如将那些基本工作单元都称为团队。然而，这是一种误解，在大多数情况下，它们与真正的团队相差甚远，因为它们并没有表现出团结、有效合作、有共同目标和主动建设的团队意识及团队的精神特征。人们往往会把这种在一起工作的群体误认为是团队。实际上，这种关系非常友好、在一起工作的一群人只是一个工作群体，而不是团队。

团队是这样一群人的集合：他们在执行与组织相关的任务过程中相互依赖，共享一个或多个目标，对结果共同负责，隶属于一个设定其边界、限制其活动范围并影响它与组织中其他工作单元进行交换的特定组织，团队成员将其自身视为一个完整的社会实体，并且也被其他人视为一个完整的社会实体，他们需要维护边界并超越团队，甚至组织边界处理好各种关系。团队首先是一个群体，但二者也有区别。群体与团队最重要的区别是：团队具有团队精神，即主动建设和维护团队凝聚力的意识，而群体则没有。团队精神是团队在运作过程中表现出团结、合作，为实现共同目标愿意贡献自己的智慧、能力和力量。它与凝聚力紧密相关，人们通常认为团队精神就是凝聚力的体现。

《团队边界管理、凝聚力和效能间关系研究》运用层级回归和结构方程分析技术检验了团队边界管理整合模型，深入剖析了边界管理、凝聚力与效能间的关系，证明以边界管理视角构建具有凝聚力的高效团队具有重要意义。《团队边界管理、凝聚力和效能间关系研究》在团队层面的边界管理研究，丰富了团队边界管理的理论内涵，准确阐释了团队运行规律和边界管理动态平衡机制。《团队边界管理、凝聚力和效能间关系研究》提出的以边界管理视角整合团队内外活动为团队建设提供了新的研究思路，并启示管理者必须维持内向与外向边界管理的动态平衡，只有这样，才能引领团队走向成功。

十五、《中小企业 ERP 原理与实战》

作者：严志业　钟昌儒

出版社：经济管理出版社

出版日期：2011 年 4 月 1 日

摘要：ERP 即企业资源计划（Enterprise Resource Planing，ERP），是一个集合企业内部的所有资源（如人力、资金、物料、设备、时间、信息等），进行有效的计划和控制，以达到最大效益的集成系统。ERP 是由美国计算机技术咨询和评估集团（Gartner Group Inc）提出的一种供应链的管理思想。企业资源计划是指建立在信息技术基础上，以系统化的管理思想，为企业决策层及员工提供决策运行手段的管理平台。ERP 系统支持离散型、流程型等混合制造环境，应用范围从制造业扩散到了零售业、服务业、银行业、电信业、政府机关和学校等事业部门，通过融合数据库技术、图形用户界面、第四代查询语言、客户服务器结构、计算机辅助开发工具、可移植的开放系统等对企业资源进行了有效的集成。它汇合了离散型生产和流程型生产的特点，面向全球市场，包罗了供应链上所有的主导和支持能力，协调企业各管理部门围绕市场导向，更加灵活或"柔性"地开展业务活动，实时地响应市场需求。为此，重新定义供应商、分销商和制造商相互之间的业务关系，重新构建企业的业务和信息流程及组织结构，使企业在市场竞争中有更大的能动性。

ERP 是一种主要面向制造行业进行物质资源、资金资源和信息资源集成一体化管理的企业信息管理系统。ERP 是一个以管理会计为核心，可以提供跨地区、跨部门，甚至跨公司整合实时信息的企业管理软件，针对物资资源管理（物流）、人力资源管理（人流）、财务资源管理（财流）、信息资源管理（信息流）集成一体化的企业管理软件。

ERP 系统的发展起源于制造业并主要应用于制造业。可以说，ERP 的先进管理思想在制造业管理上发挥得淋漓尽致。虽然 ERP 系统的财务管理、分销管理和人力资源管理等可以应用于非制造业，但是在非制造业，ERP 的先进管理思想难以完整地体现。在当前知识经济时代，服务业是社会经济的主导行业，ERP 在服务业的应用，特别是在跟踪客户服务和实现在线客户服务方面，难以实现对客户服务需求的快速响应和客户的高满意度。

在工业经济时代，企业价值主要是有形资本（包括实物与资金）与无形资本的价值。在工业经济时代后期，人们认识到人力资源及其资本价值。而今在知识经济时代，智力资本已开始成为企业价值的重要组成部分。为了提升企业智力资本价值，人们认识到知识管理（包括知识的获取、加工处理、共享使用等）的重要性。ERP 系统在如何建立企业内部或企业供应链上的知识管理体系与管理手段方面还是一片空白。有的 ERP 系统虽然提供了对工作流（Work Flow）的管理，但 ERP 系统中的工作流与 ERP 系统功能组成的业务流程（Business Process）并没有紧密融合在一起，从而缺乏对业务处理过程的有效控制与管理。

《中小企业 ERP 原理与实战》是海峡两岸校企成功合作的一项研究成果。全书在介绍 ERP（企业资源规划）的基本原理基础上，重点阐释了中小企业导入 ERP 的理念、特点、选型、实施方案。全书在章节安排上以中小企业管理职能为基础，以销售管理、生产管理、采购与库存管理、财务管理等业务场景为主线，阐述了 ERP 系统计划管理的控制技法、流程与原理推演，强化流程再造与整合优化的管理理念。《中小企业 ERP 原理与实战》还提供了 ERP 实战体验，即以 Intron ERP 系统为范例提供了实战资料，验证中小企业 ERP 理念的严谨与可行性，感受 Intron ERP 系统的严谨、实用、易用等鲜明特色。

第二节

英文图书精选

一、《完整的知识管理指南：利用公司的智力资本的战略计划》

The Complete Guide to Knowledge Management：A Strategic Plan to Leverage Your Company's Intellectual Capital

作者：Edna Pasher，Tuvya Ronen
出版社：John Wiley & Sons Inc.
出版时间：2011 年 1 月

内容简介：知识管理的定义为：在组织中建构一个量化与质化的知识系统，让组织中的资讯与知识，通过获得、创造、分享、整合、记录、存取、更新、创新等过程，不断地回馈到知识系统内，永不间断地累积个人与组织的知识，并成为组织智慧的循环，在企业组织中成为管理与应用的智慧资本，有助于企业做出正确的决策，以适应市场的变迁。21 世纪，企业的成功越来越依赖于企业所拥有知识的质量，利用企业所拥有的知识为企业创造竞争优势和持续竞争优势对企业来说始终是一个挑战。

知识管理遵循以下三条原则：①积累原则。知识积累是实施知识管理的基础。②共享原则。知识共享，是指一个组织内部的信息和知识要尽可能公开，使每一个员工都能接触和使用公司的知识和信息。③交流原则。知识管理的核心是要在公司内部建立有利于交流的组织结构和文化气氛，使员工之间的交流毫无障碍。知识积累是实施知识的管理基础；知识共享是使组织的每个成员都能接触和使用公司的知识和信息；知识交流则是使知识体现其价值的关键环节，它在知识管理的三个原则中处于最高层次。按照上述原则进行知识管理，首先就要明确知识管理涉及组织的所有层面和所有部门，一个组织要进行有效的知识管理，关键在于建立起系统的知识管理组织体系。这一体系所实现的功能主要包括以下几个方面：组织能够清楚地了解它已有什么样的知识和需要什么样的知识；组织知识一定要能够及时传递给那些日常工作中只适合需要它们的人；组织知识一定要使那些需要他们的人能够获取；不断生产新知识，并要使整个组织的人能够获取它们；对可靠的、有生命力的知识的引入进行控制；对组织知识进行定期的检测和合法化；通过企业文化的建立和激励措施使知识管理更容易进行。

该书将理论与在咨询公司的工作经验相结合，为组织机构中的经理提供了知识管理的方法。同时，将战略和知识管理结合起来，讲述了怎样通过建立企业文化来进行知识管理，增强知识分享、再利用、学习和创新来保证企业的可持续发展。将无形和抽象的理论变为具体的想法，以便于在实际操作中的应用。该书为企业管理者量身打造，提供了在各种市场状况下知识管理的方法，帮助读者了解知识管理的内容，实施知识管理的角色以及成功执行知识管理的技术和工具。该书提供了多种多样的实际管理中的案例，包含了与著名经理人的访谈，他们都成功执行大型企业的知识管理。通过简明易懂的语言讲述知识管理的理论，带领读者走入知识管理的学术之旅。

二、《供应链管理基本原理》

Essentials of Supply Chain Management

作者： Michael H. Hugos

出版社： John Wiley & Sons Inc.

出版时间： 2010 年 7 月 6 日

内容简介： 供应链管理（Supply Chain Management）就是协调企业内外资源以共同满足消费者需求。当我们把供应链上各环节的企业看作为一个虚拟企业同盟，而把任一个企业看作为这个虚拟企业同盟中的一个部门时，同盟的内部管理就是供应链管理。只不过同盟的组成是动态的，会根据市场需要随时发生变化。

有效的供应链管理可以帮助企业实现四项目标：缩短现金周转时间；降低企业面临的风险；实现盈利增长；提供可预测收入。

供应链管理需要做到以下几点：根据客户所需的服务特性来划分客户群；根据客户需求和企业可获利情况，设计企业的后勤网络；倾听市场的需求信息，设计更贴近客户的产品；时间延迟；策略性地确定货源和采购与供应商建立“双赢”的合作策略；在整个供应链领域建立信息系统；建立整个供应链的绩效考核准则等。

供应链是由供应商、制造商、仓库、配送中心和渠道商等构成的物流网络。同一企业可能构成这个网络的不同组成节点，但更多的情况是由不同的企业构成这个网络中的不同节点。比如，在某个供应链中，同一企业可能既在制造商、仓库节点，又在配送中心节点等占有位置。在分工愈细、专业要求愈高的供应链中，不同节点基本上由不同的企业组成。在供应链各成员单位间流动的原材料、在制品库存和产成品就构成了供应链上的货物流。

最早来源于彼得·德鲁克提出的“经济链”，后经由迈克尔·波特发展成为“价值链”，最终演变为“供应链”。那么什么是“供应链”（Supply Chain）呢？其定义为：“围绕核心企业，通过对信息流、物流、资金流的控制，从采购原材料开始，制成中间产品以及最终产品，最后由销售网络把产品送到消费者手中。它是将供应商、制造商、分销商、

零售商，直到最终用户连成一个整体的功能网链模式。”所以，一条完整的供应链应包括供应商（原材料供应商或零配件供应商），制造商（加工厂或装配厂），分销商（代理商或批发商），零售商（卖场、百货商店、超市、专卖店、便利店和杂货店）以及消费者。

作者曾于网络服务公司担任六年首席信息官，工作期间开发了电子商务系统供应链，使公司商业模式由旧产业链分销商变为高附加值的供应链服务商。该书描述了供应链的运营模式，讨论了提高供应链管理水平的技术和方法。该书用一系列创新方法以及现实世界中的例子来讲述如何将供应链的价值最大化。最新版修订和补充了最新的管理工具和管理趋势。

三、《项目管理、研讨会与咨询工具：必须具备的基本工具与技术汇编》

Tools for Project Management, Workshops And Consulting – A Must – Have Compendium of Essential Tools

作者： Nicolai Andler

出版社： John Wiley & Sons Inc.

出版时间： 2011 年 4 月 6 日

内容简介： 咨询（Consultation）是通过专业人士所储备的知识经验和通过对各种信息资料的综合加工而进行的综合性研究开发。咨询产生智力劳动的综合效益，具有为决策者充当顾问、参谋的作用。

战略是企业的根本。在今天的商业社会中，企业为了适应外部环境的变化，必须及时准确地掌握市场动态，迅速采取与之相适应的有效措施。企业做出这种选择就是战略决策。现代企业管理的重心已转向经营，经营的重心转向为战略决策。西方企业家称当今时代为“战略制胜”的时代。因此，企业战略咨询在现代管理咨询中具有头等重要的地位。企业战略所需要回答的问题往往包括：我们将如何进行市场竞争，保持优势？我们将如何找出新的利润增长点？我们将如何不断地为客户增加价值？战略咨询是一项政策性很强的服务活动。而且，它可以预测企业环境的未来变化，指明企业经营活动的方向。因此，战略的咨询项目是探索性的，提出的方案是有风险的。

经营战略不是一味地模仿别人，要成功必须有独创性。咨询顾问提出的方案，必须剖析影响企业发展的关键问题，分析其实质，真正提出既有远见，又有实际意义的新理念。只是写在纸上的战略是没有什么用的。制定战略时要充分考虑客户的战略实施能力，使得战略能够付诸实施，这是很必要的。没有一个战略是永久有效的，市场环境急速变化的步调意味着战略的形成和检验必须是不断前进的过程。因此，咨询师不仅要保证咨询方案在一定程度上的顺利实施，还要培养客户对新机会和压力的战略适应能力。

作者作为资深的管理者和 IT 咨询师，商业分析师和培训师，在欧洲和南非有多年的

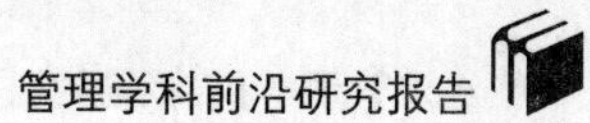

咨询经验。该书提供了一系列最基本的咨询工具，这些咨询工具是每个成功的经理人必须要了解的。战略和商业资讯是现代商业的重要组成部分，很多公司不能离开外部咨询而得到发展。该书用简明易懂的语言，生动翔实的例子全面深入地介绍了重要的咨询工具。

四、《文化资源管理》

A Companion to Cultural Resource Management

作者： Thomas F. King

出版社： John Wiley & Sons Inc.

出版时间： 2011 年 4 月 18 日

内容简介： 企业文化管理是指企业文化的梳理、凝练、深植、提升。重落实轻口号，重执行轻宣贯。突出“管理”，是基于管理学、组织行为学的，认为企业文化是一种管理，是在企业文化的引领下，匹配公司战略、人力资源、生产、经营、营销等管理条线、管理模块，它涵盖了企业文化建设。优秀的企业文化，能够带动员工树立与组织一致的目标，并在个人奋斗的过程中与企业目标保持步调一致，能够为员工营造一种积极的工作氛围、共享的价值观念和管理机制，从而产生积极创造的工作环境，也会对企业的绩效产生强大的推动作用。企业文化管理本质上是企业个性的管理。企业文化是企业这一经济组织的经营意识及组织文化内涵。因多年的研究发现，企业不同的文化特性对组织绩效——特别是长期绩效有极大的影响，故而企业文化的概念应运而生。

企业文化管理牵系管理的所有层面，不仅仅关联到战略、组织、人力、流程、营销等职能序列面，也关联到企业上至最高决策层、下至普通员工的管理的等级序列面，还涉及企业各地分支机构的地域序列面和产业序列面等，不仅仅要看整体的同一性和统一性，还要考察每个序列面的复杂性和差异性，并通过有效地指导协助各个序列提升各自的价值，从而实现整体价值的协同提升。

企业文化管理涉及以下两个方面：

（1）企业文化管理的关键要素是什么，这首先取决于企业家与企业家群体，因为企业文化的基因来源于企业家和企业家群体，那么企业的企业家团队是决定企业文化管理的关键。作为高层有几项使命，第一，树立企业的理念、使命和核心价值观，要有意识地了解和创造企业的核心价值体系，高层不断地讨论，这本身就是在完成企业家有意识地引导和创造的企业文化。第二，高层要完成的使命是企业战略性系统思考——企业向何处去？在

加入世贸组织之后，产业要向哪个方向升级？企业未来战略的发展方向是什么？核心能力是什么？关键业务领域是什么？未来的商业运作模式是什么？这些问题尤其是企业的高层需要思考清楚的。第三，高层要成为企业文化管理的忠实追随者、布道者、传播者、感召者、激励者。讲企业文化不是由学者来讲，而是由企业的高层来讲。通过讲文化、讲战略迫使高层不断思考这些问题，高层要能给刚来的员工讲明白了，就说明高层真的弄懂了、想通了。整个企业不断地布道，这样就形成了一种氛围。

（2）企业文化管理的要素是企业的核心人才和中坚人才，也就是除了高层以外的各层管理者也要承担文化管理的责任。但与老板、高层所承担的有所不同：第一是要共同参与企业愿景与核心价值观的制定；第二是提炼经验，总结教训，探寻方法，确立准则，行为带动；第三是将核心价值观融入制度建设和流程建设之中。真正接触员工的是中基层管理者，所以企业文化的真正推动者是中基层。而且员工更多要靠舆论导向，要靠氛围去带动，所以对职工要有强化的过程，通过开始的强制达到最终的自觉这样一个过程。

作者深入浅出地介绍了文化资源的含义、种类和发展趋势，阐述了不同类型的公司在文化管理和传承方面可能遇到的困难以及解决方式，分享了自己在实际从业过程中学到的文化资源管理经验以及保存文化资源的核心内容。一部分内容专门列出了针对政府机构和咨询公司的实际情况。该书介绍的公司文化类型较为广泛，适合多种类型公司的管理者阅读，也适合想要深入了解企业文化管理及文化传承领域的读者。

五、《数据管理实践：实现真正的客户数据管理》

Master Data Management in Practice：Achieving True Customer Mdm

作者： Dalton Cervo，Mark Allen

出版社： John Wiley & Sons Inc.

出版时间： 2011 年 6 月 9 日

内容简介： 对客户知识管理的分析要从客户数据开始。客户数据是指客户喜好、客户细分、客户需求、客户联系方式等一些关于客户的基本资料。对客户数据的收集，是每个企业都在进行的工作，但这些客户数据一般都被不同的部门所有，数据往往不是连续变化的，企业在进行营销决策和销售时很难用好这些客户数据。即使是再完善和丰富的客户数据也无法直接利用，只有通过科学手段对客户数据进行去伪存真、去粗取精，精心提炼，才具有利用价值。客户的数据就像原材料一样，被专门的组织进行整理、分析并可以在组织内部形成共享后，便转化成了客户知识。客户数据管理是利用计算机硬件和软件技术对客户数据进行有效的收集、存储、处理和应用的过程。其目的在于充分有效地发挥数据的作用。实现数据有效管理的关键是数据组织。随着计算机技术的发展，客户数据管理经历了人工管理、文件系统、数据库系统三个发展阶段。在数据库系统中所建立的数据结构，更充分地描述了数据间的内在联系，便于数据修改、更新与扩充，同时保证了数据的独立性、可靠性、安全性与完整性，减少了数据冗余，故提高了数据共享程度及客户数据管理效率。

客户的数据是绝大多数公司市场开拓和创新所需的最重要的数据，它最有可能为公司带来直接的经济回报。使自己区别于其他企业的一个潜在的关键因素，就是能不能充分收集和利用客户数据。如果企业能够同客户建立密切的数据交流与共享机制，及时了解客户的情况及客户所掌握的数据，无疑会使企业更紧密地贴近市场，大大提高企业决策的准确性和在市场上的竞争能力。

客户数据管理就是有效地获取、发展与维系有利客户组合的数据与经验。具体内容包括：企业如何在策略规划上有效地运用客户数据，建立一套有效的封闭式回路程序；如何

将他们的努力集中于获取正确的客户，及扩展客户数据的深度；如何运用最合适的方法产生客户数据；如何有系统地将这些客户数据分门别类，并妥善运用。为尽可能地获得最大的价值，“客户”、“数据”和“管理”必须处在一个封闭式的循环体系中，企业运用这个循环体系中的客户数据，从客户关系中获取最大的收益。

该书用文字、表格和图表提供了计划、执行和运行客户数据管理的方法和经验，一共分为四部分。第一部分：制订客户数据管理计划。该部分阐述了确定客户数据并建立客户信息系统的目标、范围和方法。第二部分：实施客户数据管理的基本方略。该部分提供了一系列实际问题的例子，阐述了客户数据管理、数据挖掘的指导方法和模式。第三部分：客户数据管理平稳运行的实现方式。该部分阐述了成功进行客户数据维护和监控的实际方法。还解释了成熟数据管理模式的概念和基本特点，以及如何运用数据管理来使公司获得更多客户和更大利润。第四部分：高级实践。这部分讨论了未来客户数据系统的概念、应用和发展趋势。包括在快速发展的客户中如何搭建数据系统的框架，如何使客户信息系统适应组织机构的重大变化，如外在的并购和整合等。

六、《企业绩效管理手册》

Handbook of Corporate Performance Management

作者： Mike Bourne

出版社： John Wiley & Sons Inc.

出版时间： 2011 年 2 月

内容简介： 企业绩效管理是指各级管理者和员工为了达到组织目标共同参与绩效计划制订、绩效辅导沟通、绩效考核评价、绩效结果应用、绩效目标提升的持续循环过程。

企业绩效管理分为如下步骤：

第一，绩效管理的目标设定。绩效目标来源于组织整体经营目标的分解，核心员工对组织最终目标的实现承担着极为重要的责任。从大多数人内心的角度考虑，总是希望自己的目标越小越好，而完成目标之后的绩效奖励则是越大越好，同时还能获得较大的心理满足感和成就感。但从组织发展的角度考虑，总是希望能够制订一个具有挑战性的目标，从而实现组织的快速发展。因此，在组织整体绩效目标分解的过程中，沟通是制订计划的唯一方法。绩效目标的制订是整个绩效管理的核心，绩效目标可以根据周期分为年度目标、季度目标、月度目标，甚至是周计划，也可以根据业务类型分为专项目标、管理目标和业务目标。通过有效的目标分解，工作计划制订以及评价标准的明确，对接下来的绩效执行过程沟通、绩效结果检查以及循环提升都是至关重要的。

第二，绩效执行过程中的指导对于核心员工来说，其本身的能力是非常优秀的，都是可以担当大任的，同时，其承担的工作任务大多具有较高的创新性要求，在实现目标的途径上会有很多种方法。作为考核人很难做到对各种方法的了解和掌握，因此考核人在绩效执行过程中通过定期的汇报、业务工作分析会或部门例会的形式，结合月度工作计划，对各项目标的完成情况做到有效的跟踪和监控即可。过于频繁地沟通或指导，可能会打乱员工正常的工作思路，影响工作的正常开展，效果可能会适得其反。

第三，绩效结果回顾。对核心员工来说，纯粹的结果导向、关注于绩效目标的完成情况，该环节在整个绩效管理过程中属于回顾与反思的环节，回顾上一个考核周期工作的完

成情况、其中存在的问题，反思下一步如何更有效地提升业绩。奖惩并不是绩效考核的主要目的，只是一种有助于绩效管理更好发挥作用的手段或工具。

第四，绩效改进。改进是上一个循环的结束，也是下一个循环的开始，每一次都是在总结过去的成败得失，每一次的总结都会使人得到进一步的提升。绩效改进，实际上就是针对绩效结果检查过程中发现的问题，通过反思提出更好的解决方案的过程，以详细地改进计划的形式进行明确。

作者在过去的十几年内一直与自己团队的成员致力于对350多个公司的战略评估、项目管理，有着丰富的管理经验，并多次在世界顶尖报纸和杂志上发表企业绩效管理方面的论文。该书提供了先进、贴近实际和创新的组织绩效管理方法。与其他学术型图书不同，该书用实际案例讲述了公司等组织在未来应当如何提高效能。该书可以回答读者以下问题：管理者如何面对公司优秀员工退休或离职带来的经验损失？如何让公司新人快速成长？公司“草莓族”的新人如何向前辈们分享知识？怎样才能使公司从员工们工作的方式中获得长久经验？公司如何填补知识库的空白？知识管理领导者怎样利用进步的科技和移动设备建立内部网络共享知识？我们向Facebook、Twitter、Google及Amazon等公司学习哪些特质才能使自己公司的员工更智慧地工作、工作更有效率呢？相信读完这本书的读者对于上述问题会有自己的理解和回答。

七、《项目管理纲要》

Fundamentals of Project Management

作者：Jaseph Heagney

出版社：John Wiley & Sons Inc.

出版时间：2011 年 9 月 1 日

内容简介：项目管理是管理学的一个分支学科，项目管理的定义是指在项目活动中运用专门的知识、技能、工具和方法，使项目能够在有限资源限定条件下，实现或超过设定的需求和期望的过程。项目管理是对一些与成功地达成一系列目标相关的活动（譬如任务）的整体。这包括策划、进度计划和维护组成的项目活动的进展。

项目管理形式如下：

第一，设置项目管理的专门机构，对项目进行专门管理。项目的规模庞大、工作复杂、时间紧迫；项目的不确定因素多，有很多新技术、新情况和新问题需要不断研究解决。而且，在项目实施中涉及的部门和单位较多，需要相互配合、协同攻关。因而，对此应单独设置专门机构，配备一定的专职人员，对项目进行专门管理。

第二，设置项目专职管理人员，对项目进行专职管理。有些项目的规模较小，工作不太复杂，时间也不太紧迫，项目的不确定因素不多，涉及的单位和部门也不多，但前景不确定，仍需要加强组织协调，对于这样的项目，可只委派专职人员进行协调管理，协助企业的有关领导人员对各有关部门和单位分管的任务进行联系、督促和检查，必要时，也可以为专职人员配备助手。

第三，设置项目主管，对项目进行临时授权管理。有些项目的规模、复杂程度、涉及面和协调量介于上述两种情况之间。对于这样的项目，设置专门机构的必要性不太大，设置项目专职人员又担心人员少，力量单薄难以胜任，或会给企业有关领导人增加不必要的管理量，可以把第一种形式的设置交给指定主管部门代替，可以把第二种形式的设置交给项目主管人员来代替，并临时授予相应权力，主管部门或主管人员在充分发挥原有职能作用或岗位职责的同时，全权负责项目的计划、组织与控制。

第四，设置矩阵结构的组织形式，对项目进行综合管理。所谓“矩阵”，是借用数学中的矩阵概念把多个单元按横行纵列组合成矩形。矩阵结构是由纵横两套管理系统组成的矩形组织结构。一套是纵向的部门职能系统，另一套是由项目组成的横向项目系统。将横向项目系统在运行中与纵向部门职能系统两者交叉重叠起来，会组成一个矩阵。

该书帮助了几代项目管理人员进行复杂的公司内外事务管理。它用简明的语言并逐步完整地介绍了项目管理的工具、技术和理念。读者可以从该书里面学到如下知识：确定任务的目标和前景；制订项目计划；将工作任务分解；管理项目团队；控制和分析项目的每个阶段的进展；等等。最新版在原有基础上进行了补充和修订，加入了项目风险管理、控制过程、项目经理作为领导的新职能等，最大限度地加入了最新的项目案例和知识点。

八、《项目管理投资回报率：项目影响与投资回报率测定逐级指南》

Project Management ROI：A Step - By - Step Guide for Measuring the Impact and ROI for Projects

作者：Jack J. Phillips

出版社：John Wiley & Sons Inc Inc.

出版时间：2011 年 9 月 30 日

内容简介：投资回报率（ROI）是衡量项目管理成果的重要指标，它指的是通过投资而应返回的价值，即企业从一项投资活动中得到的经济回报。它涵盖了企业的获利目标、利润和投入经营所必备的相关财产，因为管理人员必须通过投资和现有财产获得利润。投资报酬率能反映投资中心的综合盈利能力，且由于剔除了因投资额不同而导致的利润差异的不可比因素，因而具有横向可比性，有利于判断各投资中心经营业绩的优劣。此外，投资利润率可以作为选择投资机会的依据，有利于优化资源配置。这一评价指标的不足之处是缺乏全局观念。当一个投资项目的投资报酬率低于某投资中心的投资报酬率而高于整个企业的投资报酬率时，虽然企业希望接受这个投资项目，但该投资中心可能拒绝它；当一个投资项目的投资报酬率高于该投资中心的投资报酬率而低于整个企业的投资报酬率时，该投资中心可能只考虑自己的利益而接受它，而不顾企业整体利益是否受到损害。

投资者要求的回报依赖于他或她心中的投资风险有多大。如果一项投资极具风险，投资者就会期望一个高的回报率。风险因素包括时间（Time）和流动性（Liquidity）。一项投资所需的时间越长，它的回报率就应该越高；所花费的钱越多，因某种不可预见的意外而使资金遭受损失的概率就越大。作为一个投资者会希望这种风险能有所补偿。作为一个投资者还必须考虑资金的流动性。流动性指一项投资的资金投入和抽回的容易程度。投资资金的流动性如何？在特别急需用钱的时候，能从投资的公司抽回投入的资金吗？如果可以，这项投资的流动性就强，或者说，资产很容易兑换为现金。总之，投资回收需要等待的时间越长，回报就相应地越高。投入的资金越容易收回，也许投资回报就越低。

小企业的投资回报率可以是十分高的。对多数的小企业来说，失败的风险也非常高。

根据小企业管理局（the Small Business Administration）的估计，七个小企业中只有一个能够在激烈的竞争中生存下来。但同时，也有许多创业者经历了失败却没有被打倒，相反，他们开办新企业成为百万富翁甚至亿万富翁。只要基本的储备不因商业上的失败而消耗殆尽，失败就可成为一次很好的经验教训。对失败一定要做好准备。坐下来仔细想一想，如果因为成本支付力不足而不能够生产或提供可吸引顾客的产品和服务，结果会如何？在下一次盈利之前，是否有足够的资金来支付基本的运营支出？

该书提供了项目管理投资回报率的理论和工具，投资回报率需要从企业中得到项目管理资本投资的数据，可以让管理者衡量项目投资的可行性和盈利性。本书提供了现实生活中成功和不成功的项目管理案例，让读者可以更加容易地理解书中的理论知识。本书内容分为如下几部分：①项目管理的事务和挑战；②项目管理的生命周期模型；③投资回报率的基础知识；④如何达到项目管理的最优效果；⑤如何进行项目反馈与学习总结；⑥衡量项目实施成果；⑦测算项目商业影响力；⑧项目自身的影响；⑨将数据转化为金钱；⑩测算无形资产知识；⑪监控项目成本；⑫计算项目投资回报率和总价值；⑬报告项目结果；⑭总结和维护优秀项目成果。

九、《企业风险管理的法人价值：企业管理的下一步》

Corporate Value of Enterprise Risk Management：The Next Step in Business Management

作者： Sim Segal
出版社： John Wiley & Sons Inc.
出版时间： 2011 年 2 月 16 日

内容简介： 企业风险管理是一个过程，它由一个主体的董事会、管理当局和其他人员实施，应用于战略制定并贯穿于企业之中，旨在识别可能会影响主体的潜在事项，管理风险以使其在该主体的风险容量之内，并为主体目标的实现提供合理保证。

这个定义反映了几个基本概念。企业风险管理是一个过程，它持续地流动于主体之内；由组织中各个层级的人员实施；应用于战略制定；贯穿于企业，在各个层级和单元应用，还包括采取主体层级的风险组合观；旨在识别一旦发生将会影响主体的潜在事项，并把风险控制在风险容量以内；能够向一个主体的管理当局和董事会提供合理保证；力求实现一个或多个不同类型但相互交叉的目标。

这个定义比较宽泛。它抓住了对于公司和其他组织如何管理风险至关重要的关键概念，为不同形式组织、行业和部门的应用提供了基础。它直接关注特定主体既定目标的实现，并为界定企业风险管理的有效性提供了依据。企业风险管理是对企业内可能产生的各种风险进行识别、衡量、分析、评价，并适时采取及时有效的方法进行防范和控制，用最经济合理的方法来综合处理风险，以实现最大安全保障的一种科学管理方法。企业风险是指由于企业内外环境的不确定性、生产经营活动的复杂性和企业能力的有限性而导致企业的实际收益达不到预期收益，甚至导致企业生产经营活动失败的可能性。

企业在实现未来战略目标的过程中，试图将各类不确定因素产生的结果控制在预期可接受范围内的方法和过程，以确保和促进组织的整体利益实现。企业风险管理（ERM）框架是由 Treadway 委员会所属的美国虚假财务报告全国委员会的发起组织委员会（CO-SO）在内部控制框架的基础上，于 2004 年 9 月提出的企业风险管理的整合概念。ERM 是一个由企业的董事会、管理层和其他员工共同参与的，应用于企业战略制定，用于识别可能对企业造成潜在影响的事项并在其风险偏好范围内管理风险，为企业目标的实现提供合理保证的过程。

风险管理的实践和理论起始于20世纪30年代的美国保险业，于50年代发展成为一门管理科学。随着经济技术的迅速发展，风险管理先后在发达国家和发展中国家逐步普及到许多的企业，如企业增设了风险管理机构，专门配备风险管理经理、风险管理顾问，由他们负责企业的风险识别、风险测定和风险处理等工作。

几乎还没有哪一家企业可以很好地管理企业各个层次的风险。一个完善的风险管理机制，应该能够对企业所有的预期情况进行风险的评估和处理，能够突破模糊企业所面临风险的组织之间的界限，能够对所有潜在的重大风险进行预计并制定出相应的解决方案。所以，按照有关企业风险管理的标准定期地评估企业风险及企业风险管理的有效性，不断地完善风险管理机制显得尤为重要。

进入21世纪，企业风险管理（Enterprise Risk Management，ERM）已形成了特定的概念，它来自于美国全美反虚假财务报告委员会发起人机构（简称COSO委员会）于2004年9月发布的《企业风险整合框架》，它系统地为现代企业管理当局（包括董事会、管理层、执行部门和其他员工）提供了一个以内部控制为基础的具有指导意义的逻辑框架，运用于企业战略的多层面、流程化的风险管理过程。它为企业实现经营目标提供了有效的保证。除此之外，国际标准化组织（ISO）发布的ISO31000标准，即《风险管理——原则和指导方针》，也为企业风险管理提供了一整套行之有效的标准化流程。

企业风险管理的内容包括企业风险识别、企业风险衡量和企业风险处理三个方面。企业风险识别是风险分析和管理中的一项基础性工作，其主要任务是明确企业风险的存在，并找到主要的风险因素，为后面的风险度量和风险决策奠定基础。在风险识别之后必须进行企业风险衡量，以便确定其对企业发展影响的严重性并采取相应的措施，它其实就是运用一定方法对风险发生的可能性或损失的范围与程度进行估计和衡量。企业风险处理是针对不同类型、不同规模、不同概率的企业内外部风险，采取相应的对策、措施或方法，使风险损失对企业生产经营活动的影响降到最小限度。

该书从如下角度对企业风险管理的各个方面进行具体陈述：①企业风险管理简介；②企业风险管理定义；③企业风险管理框架；④风险识别；⑤风险量化；⑥风险决策；⑦内外部风险信息；⑧风险管控；⑨财务风险案例分析；⑩企业风险管理在非营利组织的应用。

十、《解决创新的悖论——伟大的品牌如何发明及推出新产品、新服务及新商业模式》

Brand New：Solving the Innovation Paradox

作者： G. Michael Maddock，Luisa C. Uriarte，Paul B. Brown

出版社： John Wiley & Sons Inc.

出版时间： 2011 年 4 月 6 日

内容简介： 为了确保企业推出的每一种新产品、新服务都能在市场上占有一席之地，作者访谈了上千位业内顶尖公司的高级管理人员，花费大量篇幅，引用大量实际的例子来解释如何通过商业模式策略来推出新产品，并获得市场成功。

技术创新悖论一方面指的是，随着产品创新和新行业的出现，早期进入和技术领先的企业，具有行业开创者的美誉，有着较强的竞争优势，是一种较为可靠的战略，然而，大量的后期进入者技术虽然居次要地位，却取得了后来居上的后发优势。另一方面指的是，现有成功企业具有既定的优势，有利于其在现有条件下的渐进式工艺创新，增强、提高其既有的竞争优势和市场地位，然而，产业的变革常常表现出突变式技术创新的特性，现有成功企业的既定优势此时反而阻碍了企业的技术创新步伐。

本书着重论述了技术创新悖论的破解之法——新商业模式，商业模式由创业者创意，商业创意来自于机会的丰富和逻辑化，并有可能最终演变为商业模式。其形成的逻辑是：机会是经由创造性资源组合传递更明确的市场需求的可能性，是未明确的市场需求或者未被利用的资源或者能力。一个商业模式，是对一个组织如何行使其功能的描述，是对其主要活动的提纲挈领的概括。它定义了公司和客户、产品和服务，它还提供了有关公司如何组织以及创收和盈利的信息。商业模式与（公司）战略一起主导了公司的主要决策。商业模式还描述了公司的产品、服务、客户市场以及业务流程。

该书分为如下几个部分：①基础创新悖论简介；②开发高效创新过程；③寻找市场需求；④创意形成；⑤有效沟通；⑥建立创新机制；⑦利用外部专家加快企业内部创新；⑧创造持续创新的企业氛围；⑨给企业创新力打分；⑩案例分析——将自己的创新力融入工作环境。

十一、《创新管理与新产品开发》

Innovation Management and New Product Development

作者： Paul Trott

出版社： John Wiley & Sons Inc.

出版时间： 2011 年 10 月 21 日

内容简介： 该书在世界上拥有最广大的读者群，被全球各大高等学校和中国国家重点大学选为教材。《创新管理与新产品开发（第 5 版）（修订版）》全面引入创新管理的概念，强调把创新与新产品开发视为管理过程。书中介绍了很多重要的创新性课题和最新的研究成果，是一本重要的实用指南。书中鲜明地指出，创新与新产品开发是企业的整体策略而非单一的职能，企业必须密切联系技术创新与新产品开发的关系。这一观点对于正确实施技术创新与新产品开发具有重要的指导价值。全书从经营战略的高度统率了技术创新与新产品开发活动，并密切关注建立开放的组织架构以吸纳全方位的创新资源。强调企业的知识管理和知识产权管理。本书还吸纳了当今创新非常重要和关键的开放式创新的思想和企业间动态联盟的思想，并配备了足够的案例帮助学习与实践创新管理范式。

《创新管理与新产品开发（第 5 版）（修订版）》特色：清晰和直接的写作风格提高了学习的理解水平。大量更新的参考文献和推荐阅读帮助读者发现更多相关的知识及详细的概念。每章清晰的开篇为本章揭开了相应的背景，并且提供了本章各节的目录。每章开篇的“学习目标”清楚地强调了本章将要探讨的关键领域。金融时报（Financial Times）的主题文章阐明该主题在更广阔的商界是如何进行讨论的。每章的“本章小结”提供了修正和检验，对本章的理解是一个有用手段。书中丰富的“实例”使读者理解有关结论，使理论问题相对生动并且将它置于实际背景中。每章末尾都有内容充实的“案例研究”。探讨在实际企业运行中的有关问题。书中附录列出的大量参考网站向读者提供了更多的资源。

该书包含如下几个方面内容：①什么是创新管理；②创新管理过程；③如何促进创新；④组织与创新；⑤运营管理中进行创新；⑥知识产权产生效益；⑦如何将技术和知识

转化为利润；⑧竞争力决定创新潜力；⑨战略联盟影响创新；⑩研发管理与经营战略；⑪有效管理研发项目；⑫技术转移创造利润；⑬怎样进行新产品开发；⑭产品定位和品牌战略；⑮新产品开发战略；⑯产品设计提高附加价值；⑰市场调研有助于新产品开发；⑱管理新产品研发团队；等等。

十二、《创新五把刀：突破式创新的运作系统》

Disciplined Dreaming：A Proven System to Drive Breakthrough Creativity

作者：Josh Linkner

出版社：Jossey – Bass

出版时间：2011 年 2 月 22 日

内容简介：“创意”俨然是攸关成败的“撒手锏”。但如此重要的法宝，却似乎只能倚赖天才或全凭运气得到。如果有一套方法可以有效生产创意，对企业和个人来说，不仅是一帖“仙丹灵药”，更是实现企业与个人梦想的关键能力。在《创新五把刀：突破式创新的运作系统》中，乔希·林克纳将此方法倾囊相授。

乔希·林克纳（Josh Linkner），企业家、爵士音乐家、风险投资家、演讲家和作家，世界上最大的互动促销机构 ePrize 公司的创始人和董事长。ePrize 公司曾经为全球 100 种顶级品牌中的 74 个品牌开展过数码促销活动。曾荣登《克莱恩商业周刊》“青年才俊榜”的林克纳先后被评为安永年度企业家、工业自动化走廊协会年度首席执行官、底特律年度经理人。他是一个非常受欢迎的主题发言人，经常在顶级商业、技术和营销媒体发表评论。

面对瞬息万变、竞争激烈的市场，每家企业从产品研发、设计到营销、服务，无不挖空心思，试图推出石破天惊的“杀手级创意”。但是我们却不难发现，无论企业的制度如何健全，企业在面对“创意”时却全然束手无策，没有一套标准的开发流程和管理方法，只能倚赖天才或全凭运气。

林克纳在《创新五把刀：突破式创新的运作系统》中，向读者详细阐释了如何创造有价值的新想法，如何激励员工解放天性、勇敢创新，从而长期保持竞争优势。他勾勒出了一个简单易行的五步方法论（询问、准备、发现、点燃、实施），这一理论将会帮助读者和读者的团队提升创新效率。

创意是人类与生俱来的超能力，作者开发的这一系统，大胆破除各种思想禁锢，大展创新力的“刀法”——因此我们称之为“创新五把刀”。通过一整套循序渐进的过程，重视基本原则与方法，切实演练其中技巧，必然可以体会自由挥洒创意的快感，以及运用创意解决问题的成就感。

创意是人类文明进步的推手、产业升级和经济发展的主要动力，当然也是企业及个人重要的核心能力。如果读者也同意，请试着跟随作者的指导，从“询问”开始，将这套引导创意发生和执行的独门绝活应用在生活和工作场合，从此成为创意高手。

说来或许令人惊讶，作为一名企业家和商界的佼佼者，林克纳一直将爵士乐作为作者的重要练兵场。在演奏爵士乐的过程中领悟到的技巧可以完美地应用到商业世界，比如即兴演奏、克服逆境，在前景不明朗的情况下工作，融个人表现与团队合作为一体等。当然，还有最重要的一方面：通过原创性思维和想象力创造价值。

林克纳已经创办了四家高科技企业，最近的一家是 1999 年成立的 ePrize 公司。当时互联网广告是蓬勃发展的网络世界的宠儿，出现了几百家新兴的网络广告公司。作为市场营销人员，作者发现了一个奇怪的情况：营销组合手段促销在很大程度上都被网络世界忽略了。这正是作者的黄金入场券。大家都在东奔之际正是作者西走的机会——去做从没有人做过的事情。此后，ePrize 公司就改写了具有百年历史的这一行业的规则。

公司成立五年后，林克纳成了网络营销世界的领军人物，无论是在线还是离线领域，开发的游戏、组织的竞赛和抽奖活动都超过了世界上任何其他公司。公司员工增加到 350 人，并且在纽约、底特律、芝加哥、达拉斯、洛杉矶、亚特兰大和伦敦都设有办事处。在 37 个国家为 100 个顶级品牌中的 74 种商品开展过促销活动，其中包括可口可乐、美国运通、迪士尼、通用磨坊、宝洁、Gap 服装、耐克、微软等公司。经营到第九年的时候，ePrize 公司的销售收入总额就超过了 7000 万美元。

取得成功的同时，林克纳自认为技术方面，金融方面充其量也就是中等水平，作为公司的领导者也是马马虎虎。几经思考逐渐意识到，促使作者打破常规、走向成功的主要原因是创新力。同时林克纳也意识到，如今大部分公司在创新方面极度欠缺。由于持续关注削减成本、提高效率以及自上而下的控制，太多的组织已经丧失了魔力。随着竞争力方面的持续升级，这一问题还在不断加剧。尘埃落定后唯一不能商品化的就是创新力。在不断发展的商业世界甚至在生活中，创新力将成为区分胜利者与失败者的唯一标准。

这一顿悟促使林克纳开始了一项全新的工作：开始着迷于揭示创新力的奥秘，希望能够研究出一种特定的方法来培养、管理和发展创新力。在这个过程中，作者采访了 200 多名思想领袖，其中包括首席执行官、亿万富翁、音乐家、企业家、艺术家、教育家，还有非营利组织的领导者，希望借此了解他们是如何利用创新力推动事业走向成功的。本书和书中描述的梦想训练体系（Disciplined Dreaming system）就是作者的这次探索之旅的发现，是作者探索、开拓商业领域创新力和成功之间的关键联系方面的作品。

十三、《小赌大胜：卓越的公司如何实现突破性的创新与变革》

Little Bets：How breakthrough ideas emerge from small discoveries

作者：Peter Sims

出版社：Random House

出版时间：2011 年 5 月 5 日

内容简介：在读斯坦福大学商学院时，作者开始构思本书。那时笔者最常听到人们说的一句话就是：他们要做一些新的尝试——开始一种非传统的职业道路或者创建一家公司，但是他们首先需要有一个良好的策略。在之前作者曾经是一名风险投资人，在这份工作中，作者了解到大多数最成功的企业家，都不是从绝好的主意和想法开始的，而是他们发现了那些主意和想法，这里就包括从斯坦福大学几十年来产生出来的最大的商业构想。谷歌公司的创始人拉里佩奇和谢尔盖布林，开始并没有想创建一家史上发展最快的新兴公司，他们甚至没有想过，要去寻找彻底改变网上搜索信息的变革之路。作为"斯坦福大学数字图书馆项目"的合作者，他们的第一个目标是解决一个非常小的问题：如何确定图书馆在线搜索的优先次序。

他们为了寻找解决这个问题的可能性，巧妙地进行了创新，并发现了确定搜索结果优先次序的最佳途径，即评估一个资料来源有多少个其他地方对其进行了引用。比如，在学术领域，通常可以根据一个作品被其他报纸或书籍引用的次数来做出判断。所以，如果你想搜索《圣女贞德》，被其他地方引用最多的有关《圣女贞德》的资源就会最先出现。这种深刻的见解，是现如今著名的"网页排名"算法的核心和精髓。

然而，即使在他们意识到了他们的搜索算法是如此强大，他们也构想了更加具有雄心的目标，即"有效安排全世界所有的信息"，他们仍然没有找到搜索引擎收入的突破点。直到 2002 年，包括谷歌公司在内的大多数网络广告营销的收入，都是来源于搜索结果页面顶部的横幅广告。那时，谷歌公司的广告是公司在固定费用的基础上讨论，然后给广告定价。例如，当公司认为定价合适时，闪现型的显示广告就可能是 100 万美元。后来，谷歌公司借用了 GoTo. com［后更名为殴沃题（Overture）公司］的一个概念，创建了自己的

"关键字广告"。这是一个以自动拍卖为基础的系统，它允许广告客户在专有名词的旁边展现广告，如"曲棍球"或"花"。该系统允许广告客户选择自己的广告，同时以自动拍卖的方式设置了精确的价格，并要经得起数以百万计专业术语的交叉搜索。在谷歌公司做了这个改变之后，不到三周，该系统所产生的收入就是该公司同期固定价格广告收入的两倍，这让包括 CEO 埃里克斯密特在内的公司上下大为惊喜。当时，如果"关键字广告"变成该公司的旗舰产品，谷歌公司的收入将会发生爆炸式的增长。但是，佩奇和布林当时并没有着手这个奇思妙想，不过，他们确实发现了这个好点子。这是突破性创新给公司效益带来高速增长的一个例子。

《小赌大胜：卓越的公司如何实现突破性的创新与变革》结合大量的实际案例，介绍了创新者如何采用一系列简单却常常违反常规的试验型方法，如用快速失败来快速学习、尝试那些尚不完美的想法等，进而取得了颇具吸引力且非常富有启发性的突破性进展，包括惠普公司如何制造出第一台台式科学计算机、皮克斯电影公司如何制作故事板等。《小赌大胜：卓越的公司如何实现突破性的创新与变革》既充满了趣味性又发人深省，对于如何摆脱那些传统意义上的分析方法及解决问题的方法，提供了一个全新的思考方式，从而激发人们尚未被开发的创造力，促使企业实现突破性的创新和变革。

本书分为如下几个章节：

第一章：大赌注和小赌注。小赌注方法让人们关注的是自己能够承受哪些失败，而不是假定自己能够预计收获多少；小赌注方法也随着人们在某个想法上的进展，成为有助于开发的宝贵财富。

第二章：增长型思维。那些有着增长型思维的人愿意冒更多的风险，因为具有挑战的经验代表着机会的增长。

第三章：用快速失败的方法快速学习。成功的试验型创新者在实施任何一个具体的想法、原型或某项工作时，总是去发现能够使用较少的投资和时间并能够快速失败的方法。

第四章：即兴创作。即兴创作的技巧能够让人们从避险心理的思维中挣脱出来，让人们在非常多的强调固定程序占主导地位的工作场所中工作时，从这种固定思维中挣脱出来。

第五章：困难是新的解决办法。做某件事时运用制约因素会更加有效。制约因素会明显地从外部强加过来，这会让人为之努力。

第六章：问题促成新的答案。找出创造性见解并发展思路的最佳办法之一是摒弃最初的理论和经验。毕竟，新的问题、想法、需求和欲望并不明显，它们都隐藏在事物的表面之下。因此，人们要仔细探索、观察、聆听以发现这些隐藏在肉眼之下的、尚未被发现的事物。

第七章：向多人学习，向每人学一点儿。新的见解、启发和点子一直都在人们身边，不过它们不总是很明显。而且每个人，从门卫、出租车司机、孩子到专家，都拥有这些东西。这就是为什么人们要开放自己的思想，向其他人多提出问题的原因。

第八章：发现活跃用户。活跃用户的需求经常是先于大众的，而且通常预言了大众会喜欢什么，他们便成了极其重要的点子开发合伙人。他们帮着开发点子，然后在大众间对其进行测试和商业化。

第九章：小赢。小赢就是一个具体的、完整的、有成效的且有些重要的结果。

第十章：结束语。创新已经成了一种生活方式。现在正是人们抓住机会的时候：小赌注给人们提供了走近一种新的生活和工作方式的一个强有力的工具。

十四、《领导力的 5 个层次》

The 5 Levels of Leadership

作者： John C. Maxwell

出版社： Center Street

出版时间： 2011 年 11 月 4 日

内容简介： 2006 年，盖洛普协会在《盖洛普管理周刊》上发表了相关调查报告，数据涵盖 2006 年第二季度。他们发现，那时美国 18 岁及以上的工人中 15%（总人数约 2060 万）有严重的心不在焉的情况。盖洛普由此估计这将会浪费雇主 3280 亿美元。在更近的一个调查中，盖洛普发现超过一半的德国工人不能全神贯注于自身工作。

通用食品公司前任主席克拉伦斯·佛朗西斯曾经说过："你可以买到一个人的时间，你可以买到一个人在既定位置的按时上班，你甚至可以买到他每小时娴熟肌肉运动的可衡量次数，但你买不到激情……买不到忠诚……买不到全心全意的工作投入。你必须去赢得这些。"仅仅依靠职位来实现领导很难获得任何巨大的成功，因为成功需要更多。成功需要绝大多数人的甘于付出，但也不会超出他们能力所及的范围。使事情变得与众不同就是优秀的领导力，这是在领导力的第一层次中找不到的。

当一个团队、部门或者组织中的员工奉献很少的时候，最好的结果也顶多是普普通通，并且工作斗志也是一塌糊涂。美国橄榄球超级杯大赛中前任常胜教练迪克·维蒙，曾经评价道："如果你没有投入很多，那么失败也不是那样辛酸而成功也不会那样令人振奋。"这是对第一层次领导力环境的绝佳描述。

领导力第一层次最大的消极方面在于：它既不富于创造性也不具备革新力。它是得过且过的领导力层次。如果领导者沉溺在第一层次的消极面中太长时间，他或许会发现自己逐渐成为局外人。如果达到第一层次的领导者失败于此，除了被扫地出门，别无出路。他将不得不离开领导职位，重新去寻找一份新工作。

真正的领导力不在于拥有一个职位或头衔。事实上，被赋予某个领导职位只是领导力五个层次中的第一个层次，要想成为超越"老板"层面的领导者，要想使员工追随雇主不

是因为他们不得不听雇主的，那么雇主必须掌握投资于人并鼓舞他们的能力。为了实现个人角色的进一步突破，雇主必须卓有成效地领导并建立一个富有生产力的团队；雇主还必须帮助他人提升自我技能，进而使他们成长为新一代领导者。如果雇主具备了上述技能与奉献精神，就攀登上了领导力的巅峰。如此，雇主的影响力将泽被深远，使更多人为之受益。

领导力的五个层次分别是：

职位——人们追随雇主是因为他们非听雇主的不可。

认同——人们追随雇主是因为他们愿意听雇主的。

生产——人们追随雇主是因为雇主对组织所做出的贡献。

立人——人们追随雇主是因为雇主对他们所付出的。

巅峰——人们追随雇主是因为雇主是谁以及雇主所代表的东西。

通过幽默诙谐的语言，鞭辟入里的视角与生动形象的实例，享誉全球的领导力大师约翰·麦克斯韦尔为人们描述了领导力的上述不同层次。他将教授雇主如何征服每一层次，如何迈向更高的领导力层次，最终成为更富有影响力、更受人尊敬与更加成功的领导者。

十五、《乔布斯方式：写给新一代领导者》

The Steve Jobs Way：iLeadership for a New Generation

作者： Jay Elliot

出版社： Vanguard Press Inc.

出版时间： 2011 年 5 月 5 日

内容简介： 杰伊·埃利奥特是 Nuvel 软件公司创始人、首席执行官，Migo 软件公司创始人、董事长——也是该公司旗舰产品 Migo 的发明者。

杰伊在 IBM、英特尔以及苹果等公司积累了 30 余年的运营经验。在苹果，杰伊担任高级副总裁一职，分管过几乎所有的运营部门，包括人力资源、设备、不动产、IT、教育以及环太平洋地区的销售。他还负责公司商业计划的制订，直接向董事会主席史蒂夫·乔布斯报告。此外，作为麦金托什小组的成员，杰伊协助史蒂夫创造了麦金托什电脑。杰伊在苹果的任期内，苹果的销售额从 1.5 亿美元增至 30 多亿美元。

1980 年，在一家餐厅的等候区，刚从英特尔公司辞职的 40 多岁的杰伊·埃利奥特邂逅了 25 岁的史蒂夫·乔布斯，对方鼓动他加入苹果——一家他几乎没听说过的电脑公司。两周后，杰伊开始在苹果工作，就任高级副总裁。安迪·格鲁夫给他的临别赠言是："你犯了一个大错，苹果公司没什么前景。"

作为"乔布斯的'左手'（乔布斯是左撇子）"，杰伊试图通过这本书回答以下问题：是什么让乔布斯令人生畏地创造出重塑计算机、音乐、电影、手机四个行业的革命性产品？是什么使乔布斯激发出对苹果非同寻常的激情、能量、想象力和创造力？本书透彻地探究了乔布斯的管理和领导方式，并向人们展现了一个绝密的乔布斯。从产品研发会议到设计实验室，从执行董事会议上的摊牌到硅谷以外的世界，读者们会看到一个真实的史蒂夫·乔布斯，一个不断地变革技术，颠覆我们工作、娱乐、消费和交流方式的史蒂夫·乔布斯。

作者说，这是一本教读者"如何成为史蒂夫"的书，当然，所谓"有魅力"的工作，如电影、电视、音乐以及时装业，通常只是表面看起来有魅力而已。在那些领域工作，读者不得不一再面对挑战和沮丧。

几乎没有人会认为技术是一个有魅力的领域，但是至少对于杰伊来说，自从和史蒂夫·乔布斯共事以后，工作才变得如此激动人心和舒心惬意。杰伊与 IBM 及英特尔公司的领导者相熟并一起工作过，杰伊结识了包括杰克·韦尔奇（Jack Welch）、巴克明斯特·富勒（Buckminster Fuller）、约瑟夫·坎贝尔（Joseph Campbell）在内的许多伟大的商业领袖和思想家，杰伊同约翰·德鲁克（John Drucker）探讨过企业组织结构的新模式，但是只有史蒂夫独具一格。

主流商业媒体通常都各执己见，但在“史蒂夫·乔布斯是商业史上最优秀公司的领导者”这一点上，他们却达成了共识。史蒂夫似乎每天都在创造奇迹。他经营的公司为全世界如此多的人节省了不计其数的时间，为他们带去如此多的便利和快乐。那么是什么使史蒂夫的经营方式如此独特呢？这就是杰伊准备在这本书里回答的问题。这不仅仅和人们如何转变自己的方式相关，而且与人们如何使自己的组织同自己一起实现转变相关。本书中提出的“i 领导力”原则展示出的关键要素包括：人们所提供的产品和服务，因为全书都写“产品和服务”会显得冗余累赘，所以杰伊只使用“产品”作为替代。这个词是否涵盖服务这层意义也取决于人们的理解。人员和团队、组织自身以及把人们的行为和产品同人们所试图吸引的顾客联系起来的创新引擎。一个领导者如何实现变革，如何像经营一个初创企业那样经营一个非常大的公司，史蒂夫·乔布斯为大家提供了很可能是现实世界中的最佳范例。杰伊所提出的一些建议似乎不那么简单易行。杰伊会使人们以自己所不熟悉的方式去思考。但是如果人们没有足够的勇气去贯彻自己将在本书中了解到的“i 领导力”原则，自己的企业和自己的人生就不会得到提升和改善。

本书是非同凡响的杰作，既验证了乔布斯和苹果的神奇，与此同时又揭去了他们的神秘面纱。几乎每页都充满有趣而激励人心的洞见。对于需要将远大目标和细枝末节紧密结合起来的人来说，本书带给了他们无与伦比的阅读体验。

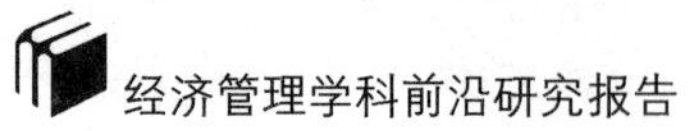

十六、《商务沟通》

Business Communication

作者： Marie Flatley；Kathryn Rentz；Paula Lentz

出版社： McGraw – Hill Education

出版时间： 2011 年 3 月 1 日

内容简介： 商务沟通是指商务活动中的交流。洽谈过程其效果要看个人综合素质、经验、(其中包括驾驭语言能力、应变能力、亲和力、诚信度等）公司实力等诸多因素。沟通是一门艺术，也是一门学问。只有在商务沟通中游刃有余的人才能取得令人瞩目的成就。商务沟通主要侧重一些技能，包括倾听、面谈、电话沟通、会议沟通、演讲与演示、商务文书的写作以及跨文化沟通等内容。

《商务沟通》是最受欢迎的商务沟通教材之一，以实用性和目标导向而著称，致力于向学生和商务人士等各类读者传授在复杂多变的商务环境中有效沟通的技能。与其他同类教材相比，《商务沟通》内容翔实、版式新颖，不仅可以作为大专院校本科生、研究生商务沟通课程的教材，也是商务人士必备的参考书。

全书涵盖了当代商务沟通议题、人际沟通、商务写作、商务通信、商务报告、口头沟通和就业沟通等主题。《商业沟通》摒弃了简单的形而上的理论阐述，理论结合实务，降低了读者入门的门槛，使读者不必借助专门的讲解就能理解全书的精髓。《商业沟通》除了拥有丰富的理论基础之外，同时运用大量的实务案例解说，让读者了解全书的精华。在面临全球化与剧烈的国际市场竞争时，情绪管理、压力调适、时间管理与职业道德更是必须修习的课业。内容的组织和安排，融入了作者 20 多年的教学经验。作者针对主要的商务沟通形式和手段，结合具体的实例，帮助读者分析沟通任务，指导读者采取沟通策略和步骤，并运用最有效的方式处理这项任务。作者以一种创新的方式向读者全面阐述了商务沟通的基础知识，深入浅出地分析了影响沟通的可能原因，系统地介绍了商务沟通的基本理论与实践，并且通过对商务沟通领域的传统理论和前沿知识的融合，使得商务沟通中的电子、语音和书面沟通，报告和商务演讲以及就业所涉及的沟

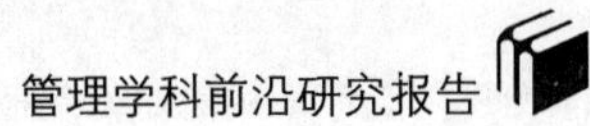

通技能得到了完美的阐述。本书融合众多生动鲜活的案例，使得知识性与趣味性相得益彰。读者通过《商务沟通》的学习，能够深入透彻地理解各种沟通理念，掌握它们在商务实践中的运用。

十七、《我的领导生活：经验教训历程》

My Life in Leadership：The Journey and Lessons Learned Along the Way

作者： Frances Hesselbein

出版社： John Wiley & Sons Inc.

出版时间： 2011 年 1 月 19 日

内容简介： 领导力（Leadership）是指在管辖的范围内充分地利用人力和客观条件以最小的成本办成所需的事，提高整个团体的办事效率。领导力心理学以心理学为基础、以管理应用为实践、以组织实验为依托，塑造管理者的领导魅力；重新审视管理者的误区，突破管理“瓶颈”，改善管理氛围；培养管理工作中让别人说“是”的能力——让否定、拒绝、抵抗、放弃变成认同、接纳、支持、执行；应用于领导、管理、沟通、团队、策划、营销等诸多领域。

作为一个领导者，究竟需要哪些能力呢？在现实生活中，人们经常会对领导人做出如下的一些评价和期许：

领导人应该有超速成长的能力，总是走在时代的前列，走在队伍的前列；

领导人应该高瞻远瞩，能够鉴常人之所不能鉴，能够为常人所不能为；

领导人应该能选贤任能，可以把优秀的人才与企业的财和物聚合在一起，创造业绩；

领导人应该能不断地“复制”自己，带队育人；

领导人应该有超常的绩效；

领导人应该会凝聚人心，使人们心甘情愿地跟他走，拥有大批的追随者。

如果人们对以上的特质不是停留在感觉的层面、印象的层面，而是把它们抽象出来，就会构成一个领导力模型。这个领导力模型具体包括以下六种能力：

学习力，构成的是领导人超速的成长能力；

决策力，是领导人高瞻远瞩能力的表现；

组织力，即领导人选贤任能能力的表现；

教导力，是领导人带队育人的能力；

执行力，表现为领导人超常的绩效；

感召力，更多地表现为领导人人心所向的能力。

该书作者是非营利组织领导与领导学会的首席执行官，也是29种语言的27本杂志的合编者，并被美国《财富》杂志评为最优秀的非营利机构首席执行官。作者用简明易懂、有说服力的叙述方式，在本书中记录下自己多年领导生涯中经历的难忘故事，阐明领导生涯的每一步应当注意的事项。该书分为如下几个部分：①家庭故事——爱的教育；②拥有高效的决策能力；③学会拒绝；④管理学教育；⑤纽约之约——发挥个人能力；⑥挑战性的复印——管理更大更复杂的机构；⑦成为快速适应变化的经理人；⑧认清个人特质；⑨信念的力量；⑩领导的管控能力；⑪加强社会领导力；⑫环球冒险——爱与信念；⑬活着的目的是为社会服务；⑭看和听的艺术；⑮未来领导力新趋势。

十八、《创新与企业家精神》

Innovation and Entrepreneurship

作者：John Bessant ；Joe Tidd

出版社：John Wiley & Sons Inc.

出版时间：2011 年 5 月 16 日

内容简介：本书是有关创新理论和实践的经典之作，通过大量真实案例和解析，探讨了有关创新的观点、行动、规则和警示，首次将实践创新与企业家精神视为所有企业和机构有组织、有目的、系统化的工作。首先通过有关创新实践的讨论向读者展示了如何寻找创新机遇。探讨了将创意发展为可行的事业需注意的原则和禁忌。之后把机构——创新的载体作为重点，从现存企业、公共服务机构以及新企业三个方向讨论企业家管理。

本书将创新与企业家精神视为一种实践、一门学科。它并没有涉及企业家的心理和个性特征，而是探讨了他们的行动和行为。书中列举了很多案例，主要是为了阐明某个观点、某项规则或某个警示，而非着重讲述他们成功的故事。所以，这本书无论从写作意图还是写作手法上，与现今出版的许多有关创新与企业家精神的书籍和文章都有所不同。但是，它与其他出版物一样坚信创新与企业家精神的重要性。事实上，本书认为在过去的 10~15年间，在美国出现的真正的企业家精神是现代经济和社会史上最具深远意义和最鼓舞人心的事件。尽管最近诸多讨论赋予企业家精神神秘的光环，认为那是天赋、才干、灵感或灵光乍现，但是本书将创新与企业家精神视为有组织且需要加以组织的有目的的任务和系统化的工作。事实上，它将创新与企业家精神视为企业高层管理者工作的一部分。

这是一部实用性很强的书，但它并不是告诉人们如何做的书，而是通过对政策与决策、机会与风险、结构与战略、人事任用与薪资奖励的叙述，来讨论什么是创新与企业家精神（What）、何时（When）以及为什么（Why）进行创新与企业家精神的实践等诸多问题。

企业家精神既非科学又非艺术，而是一种实践。当然，它有它的知识基础，本书将以系统的方式将这一知识基础呈现给读者。但是，正如其他所有实践领域（例如医学、工程学）的知识一样，企业家精神的知识只是一种达到目的的手段而已。事实上，实践知识的内容组成主要是由目的界定的，也就是由实践本身界定的。所以，这本书必须有多年的经验作为后盾。

人人都知道创新的重要性，激烈的竞争，瞬息万变的市场和技术已经让人们对此深信不疑，但关键问题是，该如何进行创新呢？

创新是每位高层管理者的职责，它始于有意识地寻找机遇。

如果人们懂得在哪里以及如何寻找创新机遇，就能系统化地管理创新；如果人们懂得运用创新的原则，就能使创新发展为可行的事。这就是德鲁克在《创新与企业家精神》中为读者揭示的重点。

如何寻找创新机遇？

将创意发展为可行的事业有何原则和禁忌？

什么样的政策和措施才能使机构成功地孕育出企业家精神？

具有企业家精神的机构如何组织和配备人员？

如何成功地将一项创新引入市场，赢得市场？

在经典之作《创新与企业家精神》中，作者首次将实践创新与企业家精神视为所有企业和机构有组织、有目的、系统化的工作，并与读者共同探讨这些问题的答案。

本书分三个主题来讨论创新与企业家精神：创新实践、企业家精神的实践以及企业家战略。每个主题都是创新与企业家精神的一个层面，而非一个阶段。

本书的第一部分论述了创新实践。创新是有目的性的，是一门学科。它首先向读者展示了企业家应该在哪里以及如何寻找创新机遇。随后，又探讨了将创意发展成为可行的事业或服务所需注意的原则和禁忌。

本书的第二部分为企业家精神的实践，重点讨论对象是机构——创新的载体。它从现存企业、公共服务机构以及新企业三个方面来讨论企业家管理。什么样的政策和措施才能使一个机构（无论是企业还是公共服务机构）成功地孕育出企业家精神？一个具有企业家精神的机构应该如何组织和配备人员？会有哪些障碍、陷阱以及常见的错误？最后就企业家个人的角色和决策进行探讨。

本书的第三部分是企业家战略，讨论了如何成功地将一项创新引入市场。毕竟，创新是否成功不在于它是否新颖、巧妙或具有科学内涵，而在于它是否能够赢得市场。

这三部分与本书的引言及结论一起形成一个有机的整体。引言将创新与企业家精神及经济相联系，结论部分则将它们与社会联系在一起。

十九、《业绩梯队：让各层级领导者做出正确的业绩》

The Performance Pipeline

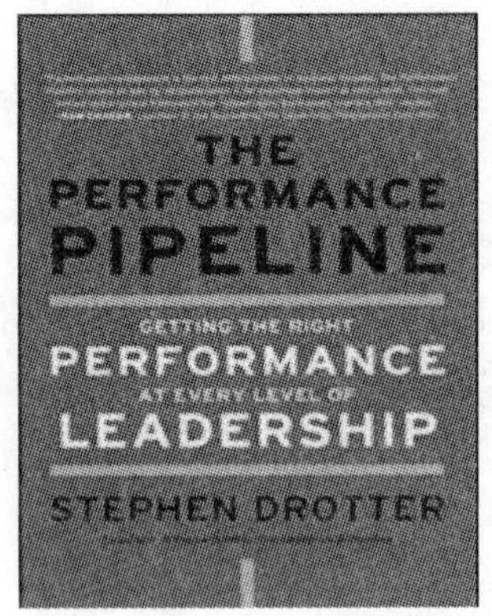

作者： Stephen Drotter

出版社： John Wiley & Sons Inc.

出版时间： 2011 年 8 月 31 日

内容简介：《业绩梯队：让各层级领导者做出正确的业绩》可以说是一本具有创新意义的著作，它是基于作者斯蒂芬·德罗特过去 40 年里在全球 100 多家企业的实践写出的。本书明确了企业内工作应该如何自上而下地分配，揭示了企业内每一个层级要实现的业绩，以及每个层级必须要向下一层级传递什么才能使下一层级获得成功。

作为企业的首席执行官，应该为企业做出什么样的贡献？应该以什么标准对其业绩进行评判？企业的其他领导层和员工对其又有什么样的期待？许多企业在回答这些问题时，都显得过于片面。在过去的 30 年里，作者与各种各样的企业首席执行官以及团队一起工作过，为超过 40 家企业制订过首席执行官继任者计划。从这些工作经验中，作者了解到，人们在谈及企业首席执行官的工作贡献时，往往存在很多的误解，尤其是从媒体的视角来看，经常会曲解对企业首席执行官的业绩预期。而在当今的商业环境中，企业董事会在企业发展中的参与越来越多，影响也越来越大，他们希望企业能够更多地关注一些至关重要的业绩。同时，充满不确定性的商业环境也要求首席执行官的工作比以往更加专注，并不断学习和充实自己；客户的要求比以往更多；金融市场时时刻刻充满挑战，而企业分析专家也从不停止种种质疑。这导致企业的首席执行官在专注于企业的向上发展和向外部扩展时总是面临着巨大的压力。因此，企业在经营中，经营的钟摆就开始向企业外部摆动，而企业的内部需求就得不到充分的重视了。

这时候，任何组织或企业的领导，都会犯同样一个巨大的错误，那就是：权力使用不当，越俎代庖。领导常常花费大量的时间来亲自处理当下所面临的问题，而不肯花足够的时间对企业的未来发展情况进行预测和规划，也不愿花时间在对员工的发展和培养上。

针对这一问题，《业绩梯队：让各层级领导者做出正确的业绩》通过明确组织内部各

个领导层级存在的目的和应该达成的具体业绩，解决了这一根深蒂固的、长期存在的问题，保证了企业长期和短期经营的成功。书中揭示了在企业中，工作是如何从最高层级传递到最低层级的，定义了不同层级应当达成的业绩，讨论了每一层级必须要向下一层级传递什么，才能保证他们的下级成功。更深一步来讲，为了使下级领导及员工有所建树，上级领导需要放手，向下传递工作，向下转移下级所需要的权利和资源，以使他们获得成功。

《业绩梯队：让各层级领导者做出正确的业绩》所采用的框架，不仅容易理解，而且简单实用，该框架中强调了三项非常关键的业务需求：为了提升企业的业绩，如何定义组织内每一层级独特的存在目的和设定清晰的有针对性的业绩标准；如何使各层级领导向下一层级传递获取成功所需要的资源，从而使各层级领导都能成功；如何帮助领导们顺利地过渡到新的领导层级，帮助他们消除在新一层级上所遇到的业绩障碍，使其在新的领导层级做出业绩，获得成功。

将《业绩梯队：让各层级领导者做出正确的业绩》中当作试金石，专业人士可以从中学到如何定义并构建自己企业的业绩梯队，从而使企业在员工角色澄清中获益，使所有层级的领导者更加关注要实现的业绩。领导者和专业人士也能从中学会如何衡量每一层级领导的工作。

二十、《诊断和改变组织文化：基于竞争价值理论模型》

Diagnosing and Changing Organizational Culture：Based on the Competing Values Framework

作者： Kim S. Cameron

出版社： John Wiley & Sons Inc.

出版时间： 2011 年 3 月 14 日

内容简介： 好的企业文化诊断评估方法会对公司文化做出实证性的回答，而不是仅仅基于某个领导或执行人的个人主观意志。

关于企业文化的诊断与评估基本上可以分为两种类型：一类是“软”的，收集定性方面的信息和材料；另一类是“硬”的，做定量方面的数据收集和分析。但是，有关企业文化的硬性的和定量的研究还较少。根据硬指标和半硬指标（直接或间接可用数量表示的）所做的企业文化方面的评估，显示了在信度上具有一定的优势，测量工具在整个研究阶段和实际应用上也是稳定可靠的。以软性指标为基础的研究往往具有很强的主观性，其研究者可能会抵制甚至拒绝他们以为无用的信息。但是定量研究具有更强的“免疫力”。此外，管理人员和经理们用硬性指标的数据具体化公司的价值理念，更容易构筑企业文化的轮廓。

《诊断和改变企业文化：基于竞争价值理论模型》，这部专著为理解企业文化提供了理论框架，同时也为改变组织文化和个人行为方式提供了系统的策略和方法。其他一些学者在 Quinn 模型的基础上做了大量的实证性研究，并积累了比较丰富的数据。大部分企业文化研究者和企业文化咨询师在企业文化的诊断与评估上一般只是直接应用国外现有的企业文化测量工具。由于大部分企业文化咨询从业人员来自文科背景，往往缺乏用数据模型解释企业文化现象和本质的能力，本书为诊断组织文化和管理能力提供了有效的测量工具。

企业文化评估矩阵可以广泛运用于各种企业、团队以及个人。通过对在国内多家机构的应用来看，该矩阵的问卷调查具有良好的信度和效度，问卷的信度系数（Alpha）在 0.72 ~0.93 间，能够全面反映被测试机构的文化现状，从而为企业文化的提升和完善提供量化的依据。一般的企业运用该模型可以达到以下目的：

（1）了解并熟悉企业当前的组织氛围、员工态度与企业文化现状，对目前企业文化优势和不足做出基本评价。

（2）与行业平均企业文化水平或者其他经营业绩好的企业文化进行比较分析，根据企业所期望的业绩确定文化变革的目标。

（3）明确企业文化变革的短期、中期和长期目标及任务。

（4）提高领导者个人对企业文化的认识，进一步引导他们积极发挥企业文化的作用。

（5）提供个人和企业双方都可以使用的企业文化诊断评估报告，形成共同认可的企业文化建设思路，建设科学的、合理的企业文化体系。

第四章　管理学学科 2011 年会议综述

一、PMI（中国）项目管理大会

会议时间：2011 年 9 月 16～17 日

会议地点：北京国家会议中心

会议内容简介

由 PMI（中国）举办的第二届 PMI（中国）项目管理大会邀请国内外知名的项目管理从业人士介绍项目管理领域的最佳实践和业界的最新发展。PMI 全球董事会主席帕贝丝（Beth Parleton）女士，总裁及首席执行官郎马克（Mark Langley）先生、PMI（中国台湾）分会等亚太区许多分会的领导人以及来自中国信息技术、工程、能源、交通、制造、学术领域的项目管理从业人士汇聚一堂，进行项目管理的精彩演讲。随着中国的经济发展，项目管理已成为国家急需的热门职业。《国家中长期人才发展规划纲要（2010～2020）》强调：我国要培养一批项目管理的专门人才。PMI 也一直在致力于为中国培养更多的项目管理专业人士（PMP），按国际公认的项目管理标准来管理项目。目前中国 PMP 人数已超过四万，全球 PMP 人数已突破 43 万。这些 PMP 已帮助许多大型项目顺利完工，如广州亚运会、京沪客运专线等。PMI（中国）项目管理大会汇集精彩的项目管理实战案例，有利于迎接未来的项目管理挑战。这次宝贵的交流和分享机会，帮助管理界人士结识业界翘楚，了解项目管理经验教训，提升项目管理能力。

二、第十一届中国年度管理大会

会议时间：2011 年 12 月 2 日

会议地点：北京市

会议内容简介

“中国年度管理大会”由《英才》杂志发起，联合新浪网、北京青年报等主流媒体共同举办，2001 年开始，已经连续成功举办十届，现已成为高层次、高质量、极具影响力的各界领袖思想互动、价值互动的平台，是寻找产业、国家竞争优势成长的路径，分享年度管理智慧、把握未来趋势的高端盛会。

这是纷繁复杂的一年，全球经济格局在西方世界的风雨飘摇和东方世界新兴国家的崛起中，构成新的均衡版图。而这又是一个全局的、持续的、结构性的渐变和演化的过程。如果说，金融危机是“新均衡”格局的发端，那么当 2011 年，美债危机、欧债危机颠覆了原有的秩序之后，以中国为代表的新兴市场国家则毫无争议地形成了未来世界经济发展的另一极。

如果以速度、规模和可持续性来检视成为全球“新均衡”重要力量的中国经济，我们依然能看到诸多问题。比如，中国经济实力主要表现为规模之大，但从技术创新、产业结构、能源和资源利用等生产率指标，以及反映国民财富各种社会资源的拥有上看，则“大而不强”；再比如，当前中国经济虽仍在高速增长，但受制于资源、环境、制度等因素的约束，已经出现了明显的“瓶颈”和失衡状态。

“十二五”规划将转变发展方式和改善收入分配作为优先目标，而淡化经济规模和发展速度。实际上，也已表明中国经济从高速发展期迈入了转型期。在抑制通胀的宏观调控主旋律下，调整结构、提升质量，实现整个经济有机体的均衡增长，既是贯穿“十二五”元年的主线，亦是寻求转型突破的开始。

如何继续推进体制改革和市场化进程，从而突破发展“瓶颈”？如何重新唤起企业家的改革精神、创业精神，从而持续推动商业进步？如何进行资源与生产要素的匹配，从而保障生产效率的提升？如何建立公平、合理的分配体系，从而确保经济增长成果的全民分享？

传承第十届中国年度管理大会“融合智道”的主题，2011 年第十一届中国年度管理大会以“均衡”为年度关键词，以“智道”为平台聚合力，检视自身问题，认清战略机遇，平衡量与质的资源配置是本次大会的讨论焦点。“均衡智道”不仅仅是每天摆在企业决策者面前的问题，更是中国经济亟须破解的命题。

2011年第十一届中国年度管理大会，希望聚合与传播中国最具影响力的商业领袖的群体智慧，共同探讨“十二五”期间的中国经济及中国企业发展模式及转型方向。

三、第六届中国管理学年会

会议时间： 2011年9月24~25日

会议地点： 四川省成都市

会议内容简介

2011年是中国经济“危机管理”成功的一年，中国经济摆脱金融危机的前期影响，在全球各国中率先复苏，中国正在谨慎地将长期发展方式的转变与短期刺激计划结合起来，在这样的背景下，如何从宏观视野到微观实践探寻应对策略，促进管理理论的创新发展，显得更为迫切。中国管理学年会是中国管理科学领域最大和层次最高的峰会，是中国管理学术界对世界管理学发展和进步的集体贡献。年会以国家视野研究中国管理实践来探索国际前沿问题。第六届中国管理学年会由中国管理现代化研究会主办，西南财经大学工商管理学院承办，会议主题为“管理学术创新的回顾与展望：全球视野、主流方式与中国实践”。2011年年会将围绕管理学术研究21世纪的发展，从全球化、研究范式和本土实践等方面，多层次、多视角回顾与展望管理学术创新。年会由成思危担任组委会名誉主席，赵纯钧、赵德武担任大会主席。著名院士王众托、郭重庆、汪应洛、刘源张、周子康等担任大会副主席，于立、王飞跃、王方华、王有强等知名学者担任组委会委员。

四、第七届中国科技政策与管理学术年会

会议时间： 2011年10月22~23日

会议地点： 江苏省南京市南京信息工程大学

会议内容简介

2011年是“十二五”的开局之年。“十二五”时期是我国全面建设小康社会、深化改

革开放、加快转变经济发展方式的关键时期，必须将科技进步和创新作为转变经济发展方式的重要支撑，将培育和发展战略性新兴产业作为把握国际科技和经济竞争制高点的重要方向，引领和推进我国可持续发展。

由中国科学学与科技政策研究会主办的第七届中国科技政策与管理学术年会暨研究会理事会，于2011年10月22~23日在南京举行。本次会议由南京信息工程大学经管学院承办，《科学学研究》、《科研管理》和《科学学与科学技术管理》编辑部协办。中国科学学与科技政策研究会理事长、中国科学院党组副书记方新教授担任本次大会主席，中国科学学与科技政策研究会副理事长、南京信息工程大学校长李廉水教授担任大会组委会主席，中国科学学与科技政策研究会副理事长、中国科学院科技政策与管理科学研究所所长穆荣平教授担任大会学术委员会主席。

会议主题是“培育和发展战略性新兴产业——战略、政策与管理”，重点研讨战略性新兴产业发展的战略、政策与管理问题，以及科学学与科技政策发展趋势、国家创新体系与科技体制改革、区域创新发展和产业创新管理与能力建设等相关问题。

五、第七届创业与家族企业成长国际研讨会

会议时间： 2011年11月24~26日

会议地点： 浙江省杭州市

会议内容简介

第七届创业与家族企业成长国际研讨会于2011年11月24~26日在杭州举行，这次会议由浙江大学管理学院、浙江大学城市学院联合主办，浙江大学全球创业研究中心、浙江大学城市学院商学院承办，《管理世界》杂志社、浙江大学城市学院创业与家族企业研究中心、浙江大学管理学院家族企业研究所协办。会议的主题为“创业与家族企业传承”。该会得到了浙江大学方太家族企业研究基金、杭州市重点实验室建设资金的资助。组委会邀请了家族企业研究国际权威、加拿大卡尔加里大学教授Jess Chua，欧洲企业史研究学会主席Mary Rose等中外学术界和企业界领袖出席会议并做主题演讲。

会议主题包括但不限于以下方面：家族企业的历史研究和比较研究；创业理论与实践；创业与中小企业；创业教育；家族企业的国际化；家族企业的公司治理与家族治理；家族企业的管理现代化；家族企业的代际传承；家族企业的社会责任与慈善；等等。

六、2011 中国人力资源管理模式创新高峰论坛

会议时间：2011 年 3 月 24 日

会议地点：上海

会议内容简介

本次论坛以“转型：新十年的超越之道”为主题，探讨了在我国加快经济转型的基础下，如何建立新的人力资源管理模式以及如何通过信息化手段实现这一目标。中国人民大学劳动人事学院院长曾湘泉、金蝶国际软件集团 CHO 顾小蓉、金蝶软件 HR 解决方案事业部售前与咨询部总经理张东超先生和九州通医药集团人力资源总监郭云邦先生发表了主题演讲。参加论坛的有来自全国各地的数百位人力资源资深专家，来自房地产、制造业、金融业、医药行业、餐饮业等各个行业的代表，人数超过 400 人。整个大厅座无虚席，现场气氛热烈。

未来十年，如何在新的经济中实现产业升级和管理转型？如何实现高速发展超越对手是大家共同的课题，从我们管理领域里面应该做什么才能满足人才需求？HR 组织应该如何实现自身战略转型？本次论坛为探讨以上问题而举办。2011 年，站在中国人力资源转型的新起点，各公司人力资源部将在更广泛的领域里以更新的方法、更新的理念、更新的技术，助力企业成长，打造 HR 战略转型的腾飞之路。

七、中国企业管理案例与理论构建研究论坛

会议时间：2011 年 11 月 12 ~ 13 日

会议地点：北京市中国人民大学逸夫会议中心

会议内容简介

论坛以“动态环境下的中国企业管理创新”为主题，包括主题报告、专题报告、分论坛和圆桌讨论等多种形式。来自清华大学、北京大学、复旦大学、中欧国际工商学院、新加坡国立大学、香港浸会大学等海内外 80 余所院校的 300 多名专家、学者参加了这一年度盛会。出席本次论坛的嘉宾有：《管理世界》杂志副主编蒋东生先生、编辑部主任尚增

健先生，《南开管理评论》常务副主编程新生先生，《管理学报》执行主编蔡玉麟先生，《管理科学学报》编辑部主任李敏强先生。此外，有丰富案例研究经验的美国阿拉巴马大学 Jeffrey A. Martin 教授、“台湾大学”管理学院副院长李吉仁教授、新加坡国立大学潘善琳教授、哥本哈根商学院（丹麦）Peter Ping Li 教授、香港浸会大学工商管理学院 Michael Young 教授、厦门大学管理学院院长沈艺峰教授、复旦大学管理学院包季鸣教授、中欧国际工商学院付莘高级案例研究员也出席了本次论坛并做报告。

11 月 12 日上午 9：00，中国人民大学商学院院长伊志宏教授宣布论坛开幕并致开幕辞。经过与《管理世界》杂志五年的合作、探索与发展，“中国企业管理案例论坛”在管理学界获得了良好的口碑，受到了领域内专家学者的广泛关注与鼎力支持，现已成为国内企业管理案例研究和教学最重要的学术平台。为凸显对教学案例的重视，本届论坛新增了教学案例专题模块，并与全国会计硕士专业学位教育指导委员会合作，给大家提供更多的学习机会。

分论坛和圆桌讨论围绕公司治理、组织与人力资源、战略管理、市场营销、创业与创新管理等十余个主题展开，为与会代表提供了更深入的学习平台。每个分论坛和圆桌讨论都有不同学者对相应的论文做报告，展示自己的研究成果和学术观点，并和与会者在问答环节进行思想交流和碰撞。不少与会者为报告人提出的真知灼见让报告人受益匪浅，在你问我答中又有新的收获。

11 月 13 日下午，本届论坛圆满完成各项既定日程目标，顺利闭幕。与会代表收获颇丰，与国内外具有丰富案例研究、案例写作及案例教学方面经验的学者进行了深入交流，在这些方面深受启发，受益匪浅，并了解了顶级学术期刊对案例论文发表的标准与要求。参会代表还向论坛主办方提供了很多建设性意见与祝福。

八、第八届创新与管理国际学术会议

会议时间： 2011 年 11 月 30 日 ~12 月 2 日

会议地点： 日本福冈北九州

会议内容简介

第八届创新与管理国际学术会议于 2011 年 11 月 30 日在日本福冈北九州召开，此次会议由武汉理工大学、日本山口大学、荷兰帝尔堡大学、巴西 PUC - SP 大学联合举办。本届会议所有被录用的论文，将被收入由武汉理工大学出版社出版的会议论文集。会议学

术委员会将从参会作者论文中挑选部分优秀论文推荐至以下学术期刊发表：①Journal of Technology Management in China，整期刊发本次会议关于技术创新、科技政策、科技管理方面的优秀论文；②Journal of Cleaner Production，整期刊发生产管理创新、物流与供应链管理创新、可持续发展、低碳经济、循环经济、绿色制造、清洁生产方面的优秀论文。

本次会议包括但不限于以下议题：产学研合作与战略联盟，开放创新与分布式创新，环境创新与可持续发展，产品创新、技术创新、产业创新与区域创新，组织创新、制度创新与管理创新，科技政策、技术经济、知识产权与知识管理，生产运作创新与IT技术应用，开放式创新与数字工程。

九、全国博士生学术论坛（管理学）

会议时间：2011年3月3～5日

会议地点：北京市清华大学

会议内容简介

经过30多年的经济体制改革，中国已经完成了从计划经济体制向市场经济体制的转轨，取得了举世瞩目的经济成就。在“后改革时代”，中国经济持续发展面临着新的问题与障碍，需要解决诸多富有挑战性的理论问题。其中，核心的问题是解决城乡经济发展不平衡的问题，以实现中国经济全面、协调的科学发展。

为了充分展示和发挥我国管理学博士在国家实施人才强国战略中的重要作用，搭建博士学术交流的重要平台，国务院学位委员会办公室和教育部学位管理与研究生教育司主办，国家财政部资助了2011年全国博士生学术论坛（管理学）[DOCTORAL FORUM OF CHINA（Management）2011]，论坛每年委托若干分学科领域研究生培养单位承办，旨在为全国博士生提供一个高起点、大范围、多领域的学术交流平台，拓宽博士生的学术视野，营造浓厚的创新研究学术氛围，展示我国博士生学术研究水平，促进博士生培养质量的不断提高。论坛根据不同方向设置了管理科学与工程、会计与金融、经济、技术经济、人力资源、营销、企业战略七个分论坛，共收到全国40多所院校博士生论文300余篇。经过论坛评审委员会初评，100余篇论文被录取，再通过博士生对论文的现场宣讲和专家点评，最终每个分论坛评选出两篇优秀论文。

论坛还邀请了包括香港中文大学工商管理学院院长黄德尊教授、南京大学商学院院长赵曙明教授等在内的国内多所重点院校商学院的院长，专家们就当代热点的管理类问题进行专题报告。同时，《管理世界》、《营销科学学报》及《经济研究》等学术刊物的主编也到场与博士生就共同关心的问题进行交流。会后，组委会还为参会同学举办了博士生沙龙活动，进一步促进了博士生间的了解和交流。

十、第二届复杂科学管理国际会议

会议时间：2011 年 10 月 14 ~ 15 日

会议地点：华北电力大学

会议内容简介

21 世纪人类已经进入了全球化的时代，很多事情的相互依赖程度越来越深，互动关系越来越紧密。人们对社会经济系统的看法是：它是一个有人的思维介于其中的复杂系统；自然科学出现了非线性、不确定性、复杂性、混沌性等概念；新的科学——复杂科学正在兴起；信息技术、网络技术发展迅猛。作为一种新的管理思想——复杂科学管理已经形成了包括思维模式、基本理论、研究工具和研究方法等在内的理论体系，并在资本市场、供应链管理和应急管理等领域得到了广泛的应用。

本次会议将邀请复杂科学管理领域的国内外知名专家学者，就复杂科学管理的基本理论、研究方法及其在社会、经济、管理等领域的应用进行广泛交流。本次会议将成为复杂科学管理领域的国际盛事，也将会是国内外相关领域专业人员的一次高水平交流机会。中国工程院院士徐寿波、华北电力大学副校长杨勇平、中国技术经济学会常务副理事长吴贵生、国家自然科学基金委员会管理学部项目主任冉伦以及国内外相关领域专家学者参加此次会议。会议由华北电力大学经济与管理学院院长牛东晓主持。

本次会议是复杂科学管理首届国际研讨会的延续和扩展，与会专家围绕复杂科学管理的基本理论、复杂科学管理的研究方法、复杂经济系统、复杂金融系统、复杂管理系统、复杂社会系统、智能信息系统和智能电网理论及应用八个议题，集中讨论了复杂科学管理和智能信息系统的理论、方法与实践。

十一、中国企业运筹学第六届学术年会

会议时间：2011 年 5 月 6 ~ 8 日

会议地点： 江西省南昌市江西财经大学

会议内容简介

为了推动运筹学在中国企业中的应用和发展，进一步加强企业的科学管理，促进企业运筹学领域内广泛的学术交流，由中国运筹学会企业运筹学分会主办，江西财经大学承办的“中国企业运筹学第六届学术年会”于2011年5月6日在江西省南昌市召开。会议将邀请企业运筹学及相关领域的国内外专家、学者做专题报告。届时将有来自全国各地众多运筹学研究及应用领域人员到会参加学术交流。本次会议的议题主要有：①企业发展战略管理；②市场调研与市场分析技术；③顾客满意度与客户关系管理；④绩效考核与员工评估；⑤数据挖掘在企业中的应用；⑥企业投融资理论与方法；⑦运筹学理论方法及其应用；⑧供应链与物流管理；⑨企业经营管理理论与实践；⑩ERP在企业中的应用；⑪企业技术创新管理；⑫企业集群发展研究。

十二、第四届“管理学在中国”学术研讨会

会议时间： 2011年10月15~16日

会议地点： 辽宁省大连市东北财经大学

会议内容简介

国家自然科学基金委员会管理科学部“十一五”发展战略中明确提出了“逐步建立管理科学中国学派的学科基础”的战略目标，这一目标已经成为中国管理学者共同努力的方向。由教育部科技委员会管理学部、东北财经大学工商管理学院、西安交通大学中国管理问题研究中心、西安交通大学管理学院和华中科技大学管理学院联合主办的第四届“管理学在中国”学术研讨会于2011年10月15~16日在东北财经大学图书馆学术报告厅举行。国务院学位办公室工商管理学科评议组成员王方华教授、徐二明教授、高闯教授；西交利物浦大学校长席酉民教授、辽宁大学副校长陆杰荣教授以及来自北京大学、清华大学、香港中文大学、中国人民大学、上海交通大学、西安交通大学、武汉大学、华南理工大学、西北大学等30多所高校的100多位专家、学者参加了研讨会。东北财大工商管理学院、人文学院、萨里学院的部分教师和研究生近130人也参加了研讨会。东北财经大学校长李维安教授出席会议并致欢迎辞。东北财大工商管理学院院长高良谋教授主持了研讨会开幕式。

本届会议的主题是“管理学：百年回眸与世纪展望”。研讨会分为主题报告和“国际

视野下的中国管理研究创新"、"中国管理创新实践研究——案例、问题与方法"、"中国管理创新实践研究——公共管理与管理教育"和"中国管理优秀成果"四个专题报告。与会专家学者围绕管理学的学科属性、中国管理现实问题中的热点和难点问题、中国管理理论的创立、发展与传播等议题展开了争鸣和讨论。

十三、第二届中国管理创新与大企业竞争力国际会议

会议时间：2011 年 11 月 12 日

会议地点：辽宁省沈阳市辽宁大学

会议内容简介

立足于经济全球化和区域经济特色化发展，探索新时期企业管理创新以及大企业竞争力的模式与路径，为我国大企业竞争实力的提升，实现经济可持续、高质量发展，提供理论、实证与政策的支撑，由《经济研究》杂志社和辽宁大学商学院联合主办的"第二届中国管理创新与大企业竞争力国际会议"于 2011 年 11 月 12 日在辽宁大学隆重召开，会议的主题为"管理创新与大企业竞争力——现代产业组织理论的视角"。

此次会议特邀的海内外专家学者有：日本大学商学院樱井澈教授，韩国东国大学朴春烨教授、李胜荣教授，辽宁省经济和信息化委员会蔺晓刚副主任，《经济研究》主编裴长洪研究员、常务副主编郑红亮教授，哈尔滨工程大学经济与管理学院院长张铁男教授，东北财经大学工商管理学院院长高良谋教授，哈尔滨工业大学管理学院李东教授、胡珑瑛教授。与会的还有来自清华大学、哈尔滨工业大学、东北财经大学、东北大学、沈阳农业大学以及沈阳理工大学等国内近 20 所大专院校的 80 余位专家学者。辽宁大学商学院的部分教师及博士研究生也参加了此次会议。美国康奈尔大学的 Calum Turvey 教授向大会提交了论文。会议围绕宏观经济与区域经济发展、大企业竞争力与技术创新以及产业集群与产业规制等具体内容展开了研讨，提出了许多具有创造性的观点。

十四、第十八届工业工程与工程管理国际学术会议

会议时间：2011 年 9 月 3 ~5 日

会议地点：吉林省长春市吉林大学

会议内容简介

第十八届工业工程与工程管理国际学术会议暨中国机械工程学会第十三次工业工程年会在长春召开。中国机械工程学会工业工程分会理事长兼天津大学管理学院院长齐二石、中国机械工程学会副秘书长王瑞刚、长春市科协主席孙国庆，吉林大学常务副校长赵继、党委副书记蔡莉，美国宾夕法尼亚大学、印度孟加拉工程与科学大学等高校相关人员以及长春一汽集团公司相关负责人等参加会议。会议由蔡莉主持。

开幕式上，赵继、王瑞刚、孙国庆、齐二石等分别致辞，回顾了工业工程与工程管理国际学术会议的发展历程，肯定了其在工业工程与工程管理领域的积极作用。他们认为，作为全球经济的持续驱动力，工业工程与工程管理同企业的生产应用之间有着密不可分的关系，为全球经济增长做出了杰出贡献。

本次会议由中国机械工程学会工业工程分会和 IEEE 北京分会联合主办，由吉林大学承办，会期三天。与会专家、学者围绕“集工业工程专家之智慧，促进产业创新与发展，助推全球经济腾飞”会议主题，回顾、交流、总结了在过去一年里工业工程领域中所取得的成果，并对其未来发展提出新的设想和展望。与会人员在五个分会场分别进行了座谈和小组讨论，并于 9 月 5 日参观了长春一汽集团公司。

十五、海峡两岸经济与管理学术论坛

会议时间：2011 年 9 月 5 日

会议地点：吉林省长春市吉林大学

会议内容简介

“2011 年海峡两岸经济与管理学术论坛”在吉林大学商学院隆重举行。吉林大学副校长吴振武教授，台湾东华大学研发长萧朝兴教授、管理学院院长林金龙教授、企业管理学系主任褚志鹏教授、EMBA 执行长与资管系代理主任彭玉树教授、会计系主任林颖芬教授、财务金融学系主任吕金瑞教授，吉林大学社会科学处孙长智处长、商学院领导班子成员、老师和部分学生参加了论坛。论坛由吉林大学商学院副院长金晓彤教授主持。

开幕式上，吴振武教授代表吉林大学致辞，向来自台湾东华大学的嘉宾表示热烈的欢迎。他指出，吉林大学始终秉承“国际化视野”的办学理念，先后与国内外的几十所高等学府建立起了合作办学关系。台湾东华大学作为吉林大学的友好院校，并与商学院共同举办海峡两岸经济与管理学术论坛，必将为进一步加强两校之间的合作办学与学术交流向纵深发展打下良好的基础。

刘金全教授代表吉林大学商学院致辞，热忱欢迎台湾东华大学的学者，希望两校共同努力增进两岸的学术互动，从人才培养、学科结构以及学术交流等方面互补优势，促进共同繁荣。

论坛开幕式结束后，萧朝兴教授做了题为“交易量和共移性委托不均衡：新兴市场的证据”的报告，验证了资本市场存在意向；陈守东教授做了题为“中国金融压力指数与工业一致合成指数的动态关联特征”的报告，依据有代表性的金融指标的结构化特点，构建具有时效性的金融压力指数以识别中国金融体系的压力等；林金龙教授做了题为“台湾潜在产出和 Nairu 的贝叶斯估计”的报告，将数理统计应用于不确定产出；孙烨教授做了题为“股票股利偏好与投资者认知——来自海峡两岸上市公司的比较分析”的报告，以信号传递理论和迎合理论为理论框架，对公司盈余股和公积股发放股票股利进行实证剖析。庞晓波教授、吕进瑞教授、刘金全教授、林颖芬教授分别对主题报告做了精彩的评论。最后，海峡两岸经济与管理学术论坛以分论坛形式，开设三个分会场，展开了深入的交流与探讨，为本次学术论坛画上了圆满的句号。

十六、第二届中国管理案例共享国际论坛（2011）

会议时间： 2011 年 1 月 15 ~ 16 日

会议地点： 广东省深圳市

会议内容简介

由全国 MBA 教育指导委员会、中国管理案例共享中心、大连理工大学管理与经济学部主办，深圳清华大学研究院承办的第二届“中国管理案例共享国际论坛”（2011）在深圳隆重召开。论坛围绕“变革时期中国管理案例教学与研究的新路径”的主题，就中国特色管理理论的构建、中国企业的成功商业实践以及本土案例教学体系展开讨论。论坛吸引了来自美国、中国香港、中国台湾等地的著名管理学者及案例研究与教学专家，以及国内中欧国际工商学院、南开大学等全国近百所高校的 200 多名代表参会。

出席开幕式的嘉宾有全国 MBA 教育指导委员会委员、大连理工大学管理与经济学部部长、中国管理案例共享中心负责人苏敬勤教授，美国罗格斯大学商学院管理与全球商务系主任陈昭全教授，深圳清华大学研究院院长助理、培训中心常务副主任罗薇，清华大学教授、深圳清华大学研究院教育总监、质量控制委员会主任辛暖，深圳清华大学研究院培训中心副主任、学位教育课程总监宋岩等。开幕式由大连理工大学管理与经济学部副部长朱方伟副教授主持。

据悉，本届论坛共收到来自海内外60余所院校的162篇参会稿件，稿件数量和质量都较上届论坛有了较大幅度的提高。为保障高学术水准，论坛程序委员会建立了严格的论文评审制度，并采取外审与内审相结合的方式，组织了45名外审专家及10名内审专家对参会稿件提出详细的修改意见帮助作者完善稿件，最终收录107篇稿件进入论文集，包括案例研究论文13篇，教学案例70篇，商业案例20篇，案例教学与研究方法论4篇。其中，大连理工大学管理与经济学部共投稿20篇，录用12篇。

1月16日中午，论坛完成各项既定日程目标圆满地拉下帷幕。参会代表纷纷表示：主题报告精彩、点评给力。在听取思想深刻的学术报告、享受学术盛宴的同时，还通过交流引发思维的碰撞，获得了新的启迪。

十七、第六届中国企业社会责任国际论坛

会议时间： 2011年1月9日

会议地点： 北京·钓鱼台国宾馆

会议内容简介

由国家发改委、商务部、国务院国资委、国家工商总局、国家质检总局、国家安监总局、国务院侨务办公室、中华全国总工会、中国红十字会、中国新闻社指导，《中国新闻周刊》、中国红十字基金会主办的“第六届中国·企业社会责任国际论坛”暨“2010最具责任感企业”评选于2011年1月9日上午9：30在北京钓鱼台国宾馆召开。

论坛主题为“转变2010：发展与责任的考量”，将邀请政府、企业、学界权威人士共同探讨，共话经济发展方式转变下的中国企业责任之道。

2010年，中国步入全新发展阶段，一个世界经济巨人不再隐形。发展取得巨大成就的同时亦伴随诸多深层问题。过去30多年来，依靠投资和出口拉动，中国经济保持高速增长，同时，外汇储备、资源消耗、环境恶化、贫富差距、劳资冲突等一系列社会难题也越来越成为制约经济持续进步的软肋。资源环境的约束，社会呼声的增强，国际分工的调整，将深刻影响未来发展格局，并为一场嬗变提供了契机和动力。面对国内外发展环境变化，中央十七届五中全会提出把“加快转变经济发展方式”作为制定“十二五”规划的

主线。

2010年，从“增长”到“发展”，中国开始了一次悄然转身。从“增长”到“发展”，是发展的创新，思维方式的升华，更是中国现代化进程中的下一主题。从“增长”到“发展”，就是要求经济主体从“劳资冲突”到“劳资和谐”、从“贫富差距”到“共享经济发展成果”、从“生态破坏”转变为“环境友好”、从“资源消耗”转变为“绿色低碳”……

2010年，是中国转变发展方式进程中的启幕之年。在此重要时刻，2010论坛第六届中国·企业社会责任国际论坛将以“转变2010：发展与责任的考量”为主题，邀请官员、企业家、学者等各界人士共同探讨，为转变中的中国经济探寻新的发展思路，为转变中的中国社会增添睿智思索。

十八、2011“跨文化管理”国际学术研讨会

会议时间：2011年12月18日

会议地点：上海外国语大学

会议内容简介

管理大师大前研一在其经典著作《无国界的世界》中指出：“在无国界的世界中，关联经济体已站在经济舞台上的绝对中心……我首先是一个世界公民，需要用语言、智慧和思维方式上的即战力在无国界的世界里创造全球财富……”世界经济日益成为紧密联系的整体，伴随着经济全球化时代的如火如荼，在无国界的世界里，我们必须具有全球化的视角，有舍我其谁的气概，推进无国界的管理，不断用动力和知识推动自己，从而作为全球性的选手参与市场竞争。因此，建立一套观察与思考都国际化的价值系统，培养具有全球化视野、思维和心智模式的无国界管理人才，是进入当今“无国界的世界、无国界的管理”领域的必经之路。

上海外国语大学于2011年12月18日，携手上海管理科学学会及全国MBA教育指导委员会，在中国上海举办2011跨文化管理国际学术研讨会。本次会议，将紧紧围绕“无国界管理人才的培养”这一主题，偕同国内外管理学领域的知名专家、学者及商界精英一同探讨“无国界管理”思想的定位与内涵，拓展跨国经营领域的理论与实践，为培养顺应时代要求的“无国界管理人才”而集思广益。

本次会议的主题定为“无国界管理人才的培养”，旨在探讨在无国界的世界中，“无

国界管理”的核心思想与内涵、“无国界管理”的相关理论与实践前沿及“无国界管理”人才的特征、开发与培养模式研究等。本届研讨会欢迎海内外国际商务、跨文化管理等相关领域的专家、学者及商界精英前来参会，大家聚首一堂，共同探讨“无国界管理”的挑战与心得及“无国界管理”人才培养领域的前沿问题。

十九、第二届（2011）创新中国论坛

会议时间：2011 年 12 月 17 ~ 18 日

会议地点：江苏省南京市南京理工大学学术交流中心

会议内容简介

以党的十七届六中全会为标志，文化的繁荣与发展正成为时代强音。而大学正是文化传承与创新的战略重地。

如是，应如何做好优秀传统文化的传承，如何进行文化创新，如何在文化传承创新中实现大学精神的重塑，并最终促进高等教育质量的跨越与学术创新能力的提升，是中国大学必须面对、求答并解决的重大问题。

为此，由美籍华裔物理学家、诺贝尔物理学奖获得者李政道先生为论坛主席，中国高等科学技术中心、科学时报社和南京理工大学共同主办，南京理工大学承办的第二届（2011）创新中国论坛将主题确定为：“大学新使命：文化传承与创新”，冀望能对上述问题的解答有所裨益。

论坛期望打造三大特点：一是开放性，立足国内科研院所和高校，汇聚国内顶级专家学者，探讨与创新型国家建设有关的最前沿问题。二是影响力，通过相关组织单位在国内的覆盖面，借助广泛的合作媒体优势，使研讨成果传达到最广泛的受众。三是务实性，论坛组织方成立专业的学术队伍，认真总结汇集专家的研讨交流成果，形成对创新型国家建设有关问题的系统性报告。

二十、2011 产业论与创新学术研讨会

会议时间：2011 年 12 月 17 ~ 18 日

会议地点：深圳市西丽大学城清华大学深圳研究生院

会议内容简介

产业是人的本质力量的显现与外化，是人类改造外部世界以适应自身需求的社会实践活动。科学发现—技术发明—工程实践—产业创新，为人类社会的前进发展提供着源源不断的助推动力。产业和产业创新进入哲学的视界，为人们提供了一种崭新的视角，给学界带来了一种认识的工具。

2011 年 12 月 17 ~ 18 日，由中国自然辩证法研究会、中共深圳市委宣传部、深圳市社会科学联合会、深圳报业集团主办，清华大学深圳研究生院、清华大学科学技术与社会研究中心承办的"产业论与产业创新研讨会暨第三届深圳学术年会之学科学术研讨会"在深圳大学城召开。中国科学院院士何祚庥，中国自然辩证法研究会副理事长王德胜，深圳市宣传部副部长、社会科学院党组书记兼院长吴忠，深圳市科协主席周路明、清华大学深圳研究生院副院长马辉，原深圳大学校长兼党委书记、原清华大学深圳研究生院文理学部主任蔡德麟，中国科学学与科技政策研究会常务副理事长张碧晖等出席会议并做学术报告，来自全国各地的 60 余位专家学者出席会议。众专家学者围绕产业哲学基本理论与学科范式、产业与社会发展、科技创新与产业创新、国家创新型城市建设和现代产业发展、高新区和高新技术产业发展等问题展开了热烈的讨论。

具体议题包括：①产业哲学基本理论、学科范式问题研究；②产业社会问题研究；③科技创新与产业创新问题研究；④建设国家创新型城市和现代产业发展研究；⑤高新区和高新技术产业发展研究。

第五章　管理学学科 2011 年文献索引

第一节　中文期刊索引

[1] 王培玉，傅勇. 激励理论在企业管理中的运用 [J]. 企业经济，2011 (7).

[2] 谢洪明，陈盈，程聪. 网络密度、知识流入对企业管理创新的影响 [J]. 科学学研究. 2011 (10).

[3] 马蕾. 传统企业管理与学习型企业管理特点对比分析 [J]. 中小企业管理与科技(下旬刊). 2011 (11).

[4] 陈燕霞. 论企业管理模式与企业管理现代化 [J]. 现代商业. 2011 (8).

[5] 曾培能. 对企业管理创新的探讨 [J]. 时代金融. 2011 (21).

[6] 胡玉明. 企业管理会计理论与方法研究框架：基本构想与预期突破 [J]. 财会通讯. 2011 (10).

[7] 刘婷婷. 浅析现代企业管理制度的创新 [J]. 中国商贸. 2011 (21).

[8] 陈跃飞. 浅谈企业管理中的人本管理 [J]. 价值工程. 2011 (30).

[9] 赵亮. 浅析企业文化建设在企业管理中的重要性 [J]. 经济研究导刊. 2011 (20).

[10] 郑劲栋. 山西家族企业管理创新研究 [D]. 太原理工大学硕士学位论文，2011.

[11] 王登鏖. 财务管理在企业管理中的地位和作用探析 [J]. 现代商业. 2011 (24).

[12] 高阔. 行为科学理论与现代企业管理 [J]. 改革与开放. 2011 (2).

[13] 吕一博，程露，苏敬勤. 基于共词网络的我国中小企业管理研究现状与趋势分

析［J］．科学学与科学技术管理．2011（2）．

［14］刘义军．企业管理软件解决方案营销策略研究［D］．北京邮电大学硕士学位论文，2011．

［15］吉云．纵论中国企业管理之道，助力经济发展方式转变——“经济发展方式转变与中国企业管理”学术研讨会暨中国企业管理研究会2010年年会综述［J］．经济管理．2011（1）．

［16］王晓辉，林琳．中小企业管理创新关键因素研究［J］．财经问题研究．2011（11）．

［17］王萍萍．加强工商管理培训　提高企业管理水平［J］．中小企业管理与科技（下旬刊）．2011（7）．

［18］黄江明，李亮，王伟．案例研究：从好的故事到好的理论——中国企业管理案例与理论构建研究论坛（2010）综述［J］．管理世界．2011（2）．

［19］王晓娟．组织行为学在企业管理中的应用策略［J］．山西广播电视大学学报．2011（2）．

［20］许光清，郭会珍，原阳阳，董志勇．企业管理人员气候变化意识及影响因素分析［J］．气候变化研究进展．2011（1）．

［21］王薇，尚立．企业管理创新途径问题研究［J］．物流科技．2011（10）．

［22］王薇，高健，徐尧，桥本公雄，付剑伟．企业管理人员工作压力与心理健康关系［J］．中国健康心理学杂志．2011（10）．

［23］王聪．浅谈组织行为学在企业管理中提高绩效的作用［J］．中国外资．2011（22）．

［24］方力，姜明．管理信息系统与企业管理发展关系探讨［J］．信息安全与技术．2011（6）．

［25］张贵安．论思想政治工作在现代国有企业管理中的作用及发挥路径［D］．西南大学硕士学位论文，2011．

［26］邱州鹏．中国传统文化及其对中国现代企业管理的启示［J］．湖北经济学院学报（人文社会科学版）．2011（1）．

［27］魏传立．刍议以项目管理作为发展新方向的企业管理创新［J］．哈尔滨商业大学学报（社会科学版）．2011（1）．

［28］陈丽君．激励体制在现代企业管理中的运用［J］．东南大学学报（哲学社会科学版）．2011（S1）．

［29］郭洪刚，王成香．道家管理思想与现代企业管理的契合［J］．重庆科技学院学

报（社会科学版）. 2011（16）.

［30］孙逸辉. 现代企业管理中的激励机制探讨［J］. 企业研究. 2011（24）.

［31］周俪. 工商企业管理专业教育中渗透创业教育的探讨［J］. 宁德师专学报（哲学社会科学版）. 2011（2）.

［32］赵梦婕. 企业管理中的有效沟通策略分析［J］. 现代经济信息. 2011（14）.

［33］高焕生，佟鸿燕. 会计工作在企业管理中的作用［J］. 中小企业管理与科技（下旬刊）. 2011（1）.

［34］常琦. 企业文化建设与企业管理［J］. 商场现代化. 2011（13）.

［35］张振皎. 我国企业管理的发展趋势［J］. 环渤海经济瞭望. 2011（6）.

［36］孔繁正. 适应企业需求，培养高职工商企业管理人才——高职工商企业管理专业人才需求调查分析［J］. 品牌（理论月刊）. 2011（7）.

［37］刘方皓. 在新形势下企业管理创新方案研究［J］. 中国商贸. 2011（3）.

［38］周燕，庞毅. 我国民营企业管理制度化：现状与展望［J］. 江西社会科学. 2011（7）.

［39］冉兵. 新时代背景下的现代企业管理［J］. 中国高新技术企业. 2011（7）.

［40］杨晓苑. 内部控制在企业管理中的作用［J］. 中国城市经济. 2011（1）.

［41］庄雯培，袁力. 企业管理视阈下的学生干部管理模式研究［J］. 黑龙江高教研究. 2011（10）.

［42］文斌. 新形势下我国民营企业管理模式的选择［J］. 中国商贸. 2011（26）.

［43］彭淑兰. 多元化经营战略下的民营企业管理［J］. 现代经济信息. 2011（2）.

［44］霍骁勇. 现代企业文化对企业管理执行力的影响研究［J］. 经济研究导刊. 2011（36）.

［45］姜军. 浅谈计算机信息化在企业管理中的作用［J］. 中国商贸. 2011（21）.

［46］孟曙艳. 构建企业管理信息系统，提升企业市场竞争力［J］. 电子商务. 2011（6）.

［47］孟丽霞. 浅议 ERP 与企业管理创新［J］. 科技创业月刊. 2011（5）.

［48］江育光. 企业文化在现代企业管理中的定位与思考［J］. 市场论坛. 2011（2）.

［49］何欣梅. 把握组织行为学理论　实践与企业管理——浅谈组织行为理论及其在企业管理中的应用［J］. 南昌教育学院学报. 2011（12）.

［50］勾玉琳. 浅述企业管理中财务管理之关键［J］. 经营管理者. 2011（24）.

［51］孙超. 关于企业管理及企业文化的思考——以富士康公司为例［J］. 经济师. 2011（1）.

[52] 齐峰. 浅析法家思想对我国现代企业管理的启示 [J]. 东方企业文化. 2011 (24).

[53] 刘海衡. 现代企业管理现状及发展趋势分析 [J]. 中国商贸. 2011 (3).

[54] 张景韶，张世凤，李玉波，赵鸿鹛，黄洵. 以职业实用性为导向的小企业管理专业建设初探 [J]. 当代职业教育. 2011 (4).

[55] 刘志胜. 浅析内部审计在企业管理中的地位和作用 [J]. 山西财经大学学报. 2011 (S1).

[56] 张建峰. 加强企业管理创新的途径研究 [J]. 科教导刊（中旬刊）. 2011 (8).

[57] 袁梁. 我国民营企业管理模式分析 [J]. 中国商贸. 2011 (23).

[58] 崔军. 财务管理在企业管理中的地位及实施对策 [J]. 经济导刊. 2011 (8).

[59] 朱先奇，郑劲栋，史彦虎. 家族企业管理创新模糊综合评价体系研究 [J]. 经济师. 2011 (1).

[60] 熊能. 基于电子商务的现代物流企业管理的研究 [J]. 中国商贸. 2011 (5).

[61] 匡平，李海龙. 浅议现代企业财务管理在企业管理中的地位 [J]. 中国商贸. 2011 (3).

[62] 贾建平. 加强中国中小企业管理创新的必要性和条件 [J]. 经济研究导刊. 2011 (12).

[63] 杨慧. 关于党建工作"融入"思路的几点探索 [J]. 企业导报. 2011 (21).

[64] 赵亮.《孙子兵法》中管理思想在现代企业管理中的应用 [J]. 中国商贸. 2011 (31).

[65] 李金城，徐涛，余斌. 应用 ERP 系统创新提升企业管理规范化与精细化 [J]. 中国信息界. 2011 (7).

[66] 李荣华，卓盛邦. 欧洲通用评估框架导入我国政府公共服务体系的价值和难点分析——基于深圳市龙岗区政府导入 CAF 的实践及延展式思考 [J]. 行政论坛. 2011 (4).

[67] 姬栋梁. 合资企业管理中存在的问题及对策浅析 [J]. 学理论. 2011 (8).

[68] 郭欣. 企业管理信息系统的设计原则及实现途径 [J]. 商业时代. 2011 (27).

[69] 沈航. 关于成本会计在企业管理中的应用探究 [J]. 中国外资. 2011 (8).

[70] 黄福基. 管理会计在企业管理中的应用策略探析 [J]. 中国商贸. 2011 (9).

[71] 黄静. 关于现代企业管理中提高沟通有效性的探析 [J]. 商业时代. 2011 (12).

[72] 谢爱明. 试析企业管理创新的要点和途径 [J]. 中小企业管理与科技（上旬

刊). 2011 (9).

[73] 熊红胜. 再谈管理会计在企业管理中的应用 [J]. 湖北广播电视大学学报. 2011 (3).

[74] 何为芳. 企业管理如何臻于卓越之境? ——《伦理驱动管理——当代企业管理伦理的走向及其实现研究》评介 [J]. 吉首大学学报 (社会科学版). 2011 (6).

[75] 董建红. 浅谈财务分析在企业管理中的作用 [J]. 当代经济. 2011 (18).

[76] 闫煌阶. 基于核心竞争力的物流企业管理策略研究 [J]. 中国商贸. 2011 (8).

[77] 曹书豪. 市场经济背景下企业管理的创新模型分析 [J]. 中国商贸. 2011 (8).

[78] 魏丽娜. 现代石油企业管理创新方法探讨 [J]. 中小企业管理与科技 (上旬刊). 2011 (1).

[89] 刘大赫. 现代企业管理制度的创新 [J]. 才智. 2011 (2).

[80] 任振涛. 人本管理思想在企业管理中的应用研究 [J]. 中国商贸. 2011 (20).

[81] 张兆国. 企业管理创新与 ERP 的实施 [J]. 改革与开放. 2011 (10).

[82] 韩隽. 浅析如何提高现代企业管理 [J]. 群文天地. 2011 (22).

[83] 罗丹丹, 黄璐. 基于激励理论的企业管理创新研究 [J]. 东方企业文化. 2011 (10).

[84] 王英. 财务预算在企业管理中的重要性及应用 [J]. 中国城市经济. 2011 (24).

[85] 张改侠. 内部审计在企业管理中的应用 [J]. 合作经济与科技. 2011 (15).

[86] 周常兰, 陈宝峰. 企业管理信息化若干理论问题探讨 [J]. 中国管理信息化. 2011 (11).

[87] 汪琨. 浅议内部营销在企业管理战略中的运作 [J]. 中国商贸. 2011 (9).

[88] 尚进锋. 企业管理制度建设探析 [J]. 新西部 (下旬. 理论版). 2011 (9).

[89] 谢早春. 浅谈企业文化建设与企业管理 [J]. 中国商贸. 2011 (31).

[90] 唐婧, 聂志华. 基于 B/S 模式的企业管理信息系统的设计 [J]. 信息安全与技术. 2011 (5).

[91] 张晓东, 何攀, 朱敏. 知识管理模型研究述评 [J]. 科技进步与对策. 2011 (7).

[92] 朱秀梅, 姜洋, 杜政委, 卢青伟. 知识管理过程对新产品开发绩效的影响研究 [J]. 管理工程学报. 2011 (4).

[93] 林勋亮. 组织学习、知识管理与企业创新关系实证研究 [J]. 中山大学学报 (社会科学版). 2011 (2).

[94] 朝乐门. 大规模人机协同知识管理模式研究 [J]. 中国图书馆学报.2011 (5).

[95] 张欣. 企业知识管理研究综述 [J]. 中国科技论坛. 2011 (3).

[96] 朱秀梅，张妍，陈雪莹. 组织学习与新企业竞争优势关系——以知识管理为路径的实证研究 [J]. 科学学研究. 2011 (5).

[97] 徐建中，李荣生. 基于知识管理的企业技术创新研究 [J]. 科技进步与对策. 2011 (7).

[98] 胡秋梅. 企业知识管理理论研究述评 [J]. 科学管理研究. 2011 (1).

[99] 汪建康，肖久灵，彭纪生. 企业知识管理成熟度模型比较研究 [J]. 情报杂志. 2011 (10).

[100] 许晖，李巍，王梁. 市场知识管理与营销动态能力构建——基于天津奥的斯的案例研究 [J]. 管理学报.2011 (3).

第二节　英文期刊索引

[1] Stjepan Posavec, Juraj Zelić, Ivica Fliszar, Karlo Beljan. Implementation of Cost Calculation Model in Forest Evaluation of Požega Forest Administration [J]. Croatian Journal of Forest Engineering, 2011 (321).

[2] Azman Ismail, Hasan Al - Banna Mohamed, Ahmad Zaidi Sulaiman, Mohd Hamran Mohamad, Munirah Hanim Yusuf. An Empirical Study of the Relationship between Transformational Leadership, Empowerment and Organizational Commitment [J]. Business and Economics Research Journal, 2011 (21).

[3] Hasan Basri Gündüz, Şenol Be Şoluk, IIsmail Önder. From the complex system leadership perspective: DNA leadership [J]. International Journal of Human Sciences, 2011 (81).

[4] H. H. Owaied, H. A. Al - Kareem Farhan, Y. W. Hudeib. Framework Model for Workflow Management System [J]. Journal of Applied Sciences, 2011 (111).

[5] P. O. Idogho, Barr. Ainabor Augustine. E. Entrepreneurship Education and Small - Scale Business Management Skill Development among Students of Auchi Polytechnic Auchi, Edo State, Nigeria [J]. International Journal of Business and Management, 2011 (63).

[6] Rodrigo Basco, María José Pérez Rodríguez. Ideal types of family business management: Horizontal fit between family and business decisions and the relationship with family busi-

ness performance [J]. Journal of Family Business Strategy, 2011 (23).

[7] Tan Meow Huang. The Relationship Between Headmasters' Leadership Behaviour and Teachers Commitment in Primary Schools in the District of Sarikei, Sarawak [J]. Procedia - Social and Behavioral Sciences, 2011 (29).

[8] Zaidatol Akmaliah Lope Pihie, Amir Sadeghi, Habibah Elias. Analysis of Head of Departments Leadership Styles: Implication for Improving Research University Management Practices [J]. Procedia - Social and Behavioral Sciences, 2011 (29).

[9] Mithat Klyak, Tuba Bozaykut, Plnar Güngör, Esra Aktas. Strategic Leadership Styles and Organizational Financial Performance: A Qualitative Study on Private Hospitals [J]. Procedia - Social and Behavioral Sciences, 2011 (24).

[10] Hasan Tutar, Mehmet Altlnöz, Demet çaklroğlu. Is ethical leadership and strategic leadership a dilemma? A descriptive survey [J]. Procedia - Social and Behavioral Sciences, 2011 (24).

[11] Şebnem Aslan, Ahmet Diken, A. Aslan Şendoğdu. Investigation of the Effects of Strategic Leadership on Strategic Change and Innovativeness of SMEs in a Perceived Environmental Uncertainity [J]. Procedia - Social and Behavioral Sciences, 2011 (24).

[12] Badri shatalebi, Mohammad Hossien Yarmohammadian. Value based leadership paradigm [J]. Procedia - Social and Behavioral Sciences, 2011 (15).

[13] Sayyed Mohsen Allameh, Sayyed mohammad reza davoodi. Considering transformational leadership model in branches of Tehran social security organization [J]. Procedia - Social and Behavioral Sciences, 2011 (15).

[14] Ana M. Romero - Iribas, Consuelo Martínez - Priego. Developing leadership through education for friendship [J]. Procedia - Social and Behavioral Sciences, 2011 (15).

[15] Soner Polat. The Level of Faculty Members' Spiritual Leadership (SL) Qualities Display According To Students in Faculty of Education [J]. Procedia - Social and Behavioral Sciences, 2011 (15).

[16] Yanhua Zhao, Ai - Girl Tan, Detlef Urhahne. Chinese students' perception and conditions of leadership [J]. Procedia - Social and Behavioral Sciences, 2011 (15).

[17] Muhammed Turhan. Social justice leadership: implications for roles and responsibilities of school administrators [J]. Procedia - Social and Behavioral Sciences, 2011 (9).

[18] Loyiso C. Jita. Instructional leadership for the improvement of science and mathematics in South Africa [J]. Procedia - Social and Behavioral Sciences, 2011 (9).

[19] Tae Kyung Sung. Dynamics of CSFs for business innovation: Normal vs. Crisis economic conditions [J]. Technological Forecasting & Social Change, 2011 (788).

[20] Kaj Storbacka. A solution business model: Capabilities and management practices for integrated solutions [J]. Industrial Marketing Management, 2011 (405).

[21] Diane Brady Schwartz, Tammy Spencer, Brigitte Wilson, Kim Wood. Transformational Leadership: Implications for Nursing Leaders in Facilities Seeking Magnet Designation [J]. AORN Journal, 2011 (936).

[22] Rita Palrecha, William D. Spangler, Francis J. Yammarino. A comparative study of three leadership approaches in India [J]. The Leadership Quarterly, 2011 (231).

[23] Joyce E. Bono, Amy C. Hooper, David J. Yoon. Impact of rater personality on transformational and transactional leadership ratings [J]. The Leadership Quarterly, 2011 (231).

[24] Morela Hernandez, Marion B. Eberly, Bruce J. Avolio, Michael D. Johnson. The loci and mechanisms of leadership: Exploring a more comprehensive view of leadership theory [J]. The Leadership Quarterly, 2011 (226).

[25] Rashimah Rajah, Zhaoli Song, Richard D. Arvey. Emotionality and leadership: Taking stock of the past decade of research [J]. The Leadership Quarterly, 2011 (226).

[26] Daan van Knippenberg. Embodying who we are: Leader group prototypicality and leadership effectiveness [J]. The Leadership Quarterly, 2011 (226).

[27] Michelle C. Bligh, Jeffrey C. Kohles, Rajnandini Pillai. Romancing leadership: Past, present, and future [J]. The Leadership Quarterly, 2011 (226).

[28] Sally Riad. Invoking Cleopatra to examine the shifting ground of leadership [J]. The Leadership Quarterly, 2011 (225).

[29] Michael S. Cole, Arthur G. Bedeian, Heike Bruch. Linking leader behavior and leadership consensus to team performance: Integrating direct consensus and dispersion models of group composition [J]. The Leadership Quarterly, 2011 (222).

[30] Jörg Sydow, Frank Lerch, Chris Huxham, Paul Hibbert. A silent cry for leadership: Organizing for leading (in) clusters [J]. The Leadership Quarterly, 2011 (222).

[31] Kyoung Won Park, Richard D. Arvey, Yew Kwan Tong. The generalizability of leadership across activity domains and time periods [J]. The Leadership Quarterly, 2011 (221).

[32] Jeongsoo Lee, Janghyeok Yoon, Wonchul Seo, Kwangsoo Kim, Cheol – Han Kim. A fact – oriented ontological approach to human process modeling for knowledge – intensive business services [J]. Expert Systems With Applications, 2011 (3810).

[33] Tipparat Laohavichien, Lawrence D. Fredendall, R. Stephen Cantrell. Leadership and quality management practices in Thailand [J]. International Journal of Operations & Production Management, 2011 (3110).

[34] Gayle C. Avery, Harald Bergsteiner. How BMW successfully practices sustainable leadership principles [J]. Strategy & Leadership, 2011 (396).

[35] Roland Jochem, Dennis Geers, Priscilla Heinze. Maturity measurement of knowledge-intensive business processes [J]. The TQM Journal, 2011 (234).

[36] Tony Manning, Bob Robertson. The dynamic leader revisited: 360 - degree assessments of leadership behaviours in different leadership situations [J]. Industrial and Commercial Training, 2011 (432).

[37] Maureen Orey. Results based leadership [J]. Industrial and Commercial Training, 2011 (433).

[38] Ren - Zong Kuo, Ming - Fong Lai, Gwo - Guang Lee. The impact of empowering leadership for KMS adoption [J]. Management Decision, 2011 (497).

[39] Sherry K. Schneider, Winnette M. George. Servant leadership versus transformational leadership in voluntary service organizations [J]. Leadership & Organization Development Journal, 2011 (321).

[40] G. Sheard, A. P. Kakabadse, N. K. Kakabadse. Organisational politics: reconciling leadership's rational - emotional paradox [J]. Leadership & Organization Development Journal, 2011 (321).

[41] M. Birasnav, S. Rangnekar, A. Dalpati. Transformational leadership and human capital benefits: the role of knowledge management [J]. Leadership & Organization Development Journal, 2011 (322).

[42] Sara B. Marcketti, Susan W. Arendt, Mack C. Shelley II. Leadership in action: student leadership development in an event management course [J]. Leadership & Organization Development Journal, 2011 (322).

[43] Michael K. Muchiri, Ray W. Cooksey, Lee V. Di Milia, Fred O. Walumbwa. Gender and managerial level differences in perceptions of effective leadership [J]. Leadership & Organization Development Journal, 2011 (325).

[44] Jens Rowold. Relationship between leadership behaviors and performance: The moderating role of a work team's level of age, gender, and cultural heterogeneity [J]. Leadership & Organization Development Journal, 2011 (326).

[45] Chin - Chung (Joy) Chao. Climbing the Himalayas: A cross - cultural analysis of female leadership and glass ceiling effects in non - profit organizations [J]. Leadership & amp; Organization Development Journal, 2011 (328).

[46] Michael K. Muchiri, Ray W. Cooksey. Examining the effects of substitutes for leadership on performance outcomes [J]. Leadership & Organization Development Journal, 2011 (328).

[47] Orlando J. Olivares. The formative capacity of momentous events and leadership development [J]. Leadership & Organization Development Journal, 2011 (328).

[48] Elmar Holschbach, Erik Hofmann. Exploring quality management for business services from a buyer's perspective using multiple case study evidence [J]. International Journal of Operations & Production Management, 2011 (316).

[49] Magnus Lindkvist. Drowning in information – five ways of changing your information diet [J]. Strategic Direction, 2011 (277).

[50] Hai Nam Nguyen, Sherif Mohamed. Leadership behaviors, organizational culture and knowledge management practices: An empirical investigation [J]. Journal of Management Development, 2011 (302).

[51] Cheryl Ann (formerly Lapp), Adrian N. Carr. Inside outside leadership development: coaching and storytelling potential [J]. Journal of Management Development, 2011 (303).

[52] Howard Thomas, Lynne Thomas. Perspectives on leadership in business schools [J]. Journal of Management Development, 2011 (305).

[53] Guglielmo Faldetta, Sergio Paternostro. The logic of the gift and the bonding value: a new perspective for business management [J]. Journal of Management Development, 2011 (306).

[54] Yan - nan Gou, Jing Dong. Structure and evolvement of leadership: a study based on Book of Changes [J]. Journal of Management Development, 2011 (307).

[55] Po Keung Ip. Practical wisdom of Confucian ethical leadership: a critical inquiry [J]. Journal of Management Development, 2011 (307).

[56] Michael W. Small. Developing wisdom and moral duty in management [J]. Journal of Management Development, 2011 (309).

[57] Loukas N. Anninos, Leonidas Chytiris. Searching for excellence in business education [J]. Journal of Management Development, 2011 (309).

[58] Alma Harris. Distributed leadership: implications for the role of the principal [J].

Journal of Management Development, 2011 (311).

[59] Türker Kurt, Ibrahim Duyar, Temel Calik. Are we legitimate yet? A closer look at the casual relationship mechanisms among principal leadership, teacher self – efficacy and collective efficacy [J]. Journal of Management Development, 2011 (311).

[60] Anupam Das, Vinod Kumar, Uma Kumar. The role of leadership competencies for implementing TQM: An empirical study in Thai manufacturing industry [J]. International Journal of Quality & Reliability Management, 2011 (282).

[61] Mahour Mellat Parast, Stephanie G. Adams, Erick C. Jones. Improving operational and business performance in the petroleum industry through quality management [J]. International Journal of Quality & Reliability Management, 2011 (284).

[62] Satish Raghavendran, Priti S. Rajagopalan. Sensemaking of complexity: leadership in financial services [J]. Journal of Business Strategy, 2011 (323).

[63] Sooksan Kantabutra, Gayle C. Avery. Sustainable leadership at Siam Cement Group [J]. Journal of Business Strategy, 2011 (324).

[64] Tobias Klatt, Marten Schlaefke, Klaus Moeller. Integrating business analytics into strategic planning for better performance [J]. Journal of Business Strategy, 2011 (326).

[65] Daniel Muijs. Leadership and organisational performance: from research to prescription? [J]. International Journal of Educational Management, 2011 (251).

[66] Pam Sammons, Qing Gu, Christopher Day, James Ko. Exploring the impact of school leadership on pupil outcomes: Results from a study of academically improved and effective schools in England [J]. International Journal of Educational Management, 2011 (251).

[67] Vassiliki Brinia. Male educational leadership in Greek primary schools: A theoretical framework based on experiences of male school leaders [J]. International Journal of Educational Management, 2011 (252).

[68] Salina Daud, Nurazariah Abidin, Noraina Mazuin Sapuan, Jegatheesan Rajadurai. Enhancing university business curriculum using an importance – performance approach: A case study of the business management faculty of a university in Malaysia [J]. International Journal of Educational Management, 2011 (256).

[69] Sooksan Kantabutra. Sustainable leadership in a Thai healthcare services provider [J]. International Journal of Health Care Quality Assurance, 2011 (241).

[70] Ivo De Loo, Bernard Verstegen, Dirk Swagerman. Understanding the roles of management accountants [J]. European Business Review, 2011 (233).

[71] Philip Hallinger. Leadership for learning: lessons from 40 years of empirical research [J]. Journal of Educational Administration, 2011 (492).

[72] Ori Eyal, Guy Roth. Principals' leadership and teachers' motivation: Self – determination theory analysis [J]. Journal of Educational Administration, 2011 (493).

[73] Curt M. Adams, Gaetane Jean – Marie. A diffusion approach to study leadership reform [J]. Journal of Educational Administration, 2011 (494).

[74] Necati Cemaloglu. Primary principals' leadership styles, school organizational health and workplace bullying [J]. Journal of Educational Administration, 2011 (495).

[75] Dean Fink. Pipelines, pools and reservoirs: building leadership capacity for sustained improvement [J]. Journal of Educational Administration, 2011 (496).

[76] Shannon Flumerfelt, Michael Banachowski. Understanding leadership paradigms for improvement in higher education [J]. Quality Assurance in Education, 2011 (193).

[77] Jayanthi Ranjan. Study of sharing knowledge resources in business schools [J]. The Learning Organization, 2011 (182).

[78] Khaliq Ahmad, Ogunsola O. K. An empirical assessment of Islamic leadership principles [J]. International Journal of Commerce and Management, 2011 (213).

[79] Janelle E. Wells, Jon Welty Peachey. Turnover intentions: Do leadership behaviors and satisfaction with the leader matter? [J]. Team Performance Management, 2011 (171).

[80] Hilde Hetland, Jørn Hetland, Cecilie Schou Andreassen, Ståle Pallesen, Guy Notelaers. Leadership and fulfillment of the three basic psychological needs at work [J]. Career Development International, 2011 (165).

[81] Daryl D. Green, Jack McCann. Benchmarking a leadership model for the green economy [J]. Benchmarking: An International Journal, 2011 (183).

[82] Matthew Gitsham. CEO perspectives: management education in a changing context [J]. Corporate Governance, 2011 (114).

[83] Simon Hayward. Connecting leadership development to bottom line benefits [J]. Strategic HR Review, 2011 (101).

[84] Peter Hamill. Embodied leadership: towards a new way of developing leaders [J]. Strategic HR Review, 2011 (105).

[85] Kirsten Graham. Leading with purpose: a case for soul leadership [J]. Development and Learning in Organizations, 2011 (254).

[86] Joseph A. Raelin. Work – based learning: how it changes leadership [J]. Develop-

ment and Learning in Organizations, 2011 (255).

[87] Anita J. Snell, Graham Dickson. Optimizing health care employees' newly learned leadership behaviors [J]. Leadership in Health Services, 2011 (243).

[88] Nancy Borkowski, Gloria Deckard, Mimi Weber, Laurie A. Padron, Suzanne Luongo. Leadership development initiatives underlie individual and system performance in a US public healthcare delivery system [J]. Leadership in Health Services, 2011 (244).

[89] Meagan Crethar, Jan Phillips, Paula Brown. Queensland Health – a leadership development journey: A case study [J]. Leadership in Health Services, 2011 (244).

[90] Lamar Odom, Richard Owen, Amina Valley, Phillip Burrell. Obamacare: an ethical analysis of his leadership and the health reform initiative [J]. Leadership in Health Services, 2011 (244).

[91] Tajinder Pal Singh Toor, Teena Dhir. Benefits of integrated business planning, forecasting, and process management [J]. Business Strategy Series, 2011 (126).

[92] Kasim Randeree, Mathews Ninan. Leadership and teams in business: a study of IT projects in the United Arab Emirates [J]. International Journal of Managing Projects in Business, 2011 (41).

[93] Helena Sjögrén, Kaisu Puumalainen, Pasi Syrjä. What does the owner – manager want and get out of the business? [J]. International Journal of Law and Management, 2011 (535).

[94] Laura Rienda, Enrique Claver, Diego Quer. Doing business in India: a review of research in leading international journals [J]. Journal of Indian Business Research, 2011 (33).

[95] Hung M. Chu, Orhan Kara, Xiaowei Zhu, Kubilay Gok. Chinese entrepreneurs: Motivations, success factors, problems, and business – related stress [J]. Journal of Chinese Entrepreneurship, 2011 (32).

[96] Roslyn Cameron, Jose F. Molina – Azorin. The acceptance of mixed methods in business and management research [J]. International Journal of Organizational Analysis, 2011 (193).

[97] Simon Chadwick. Editorial Sport steps up to take the inside track [J]. Sport, Business and Management: An International Journal, 2011 (11).

[98] Simon Chadwick. Editorial: the distinctiveness of sport: opportunities for research in the field [J]. Sport, Business and Management: An International Journal, 2011 (12).

[99] Lorna Collins, Nicholas O' Regan. Editorial: The evolving field of family business

[J]. Journal of Family Business Management, 2011 (11).

[100] Andrea Colli. Business history in family business studies: from neglect to cooperation? [J]. Journal of Family Business Management, 2011 (11).

[101] Hermann Frank, Alexander Kessler, Lavinia Nosé, Daniela Suchy. Conflicts in family firms: state of the art and perspectives for future research [J]. Journal of Family Business Management, 2011 (12).

[102] Catherine Loughlin, Kara Arnold, Janet Bell Crawford. Lost opportunity: Is transformational leadership accurately recognized and rewarded in all managers? [J]. Equality, Diversity and Inclusion: An International Journal, 2011 (311).

[103] Gifford Wendy, Davies Barbara, Tourangeau Ann, Lefebre Nancy. Developing team leadership to facilitate guideline utilization: planning and evaluating a 3 – month intervention strategy [J]. Journal of Nursing Management, 2011 (191).

[104] Singer Sara J., Hayes Jennifer, Cooper Jeffrey B., Vogt Jay W., Sales Michael, Aristidou Angela, Gray Garry C., Kiang Mathew V., Meyer Gregg S. A case for safety leadership team training of hospital managers [J]. Health Care Management Review, 2011 (362).

[105] Willcocks S. Leadership theory: implications for developing dental surgeons in primary care? [J]. BDJ, 2011 (2103).

[106] Sarcevic Aleksandra, Marsic Ivan, Waterhouse Lauren J., Stockwell David C., Burd Randall S. Leadership structures in emergency care settings: a study of two trauma centers [J]. International Journal of Medical Informatics, 2011 (804).

[107] Swanwick Tim, McKimm Judy. What is clinical leadership... and why is it important? [J]. The Clinical Teacher, 2011 (81).

[108] Casey Mary, McNamara Martin, Fealy Gerard, Geraghty Ruth. Nurses' and midwives' clinical leadership development needs: a mixed methods study [J]. Journal of Advanced Nursing, 2011 (677).

[109] Duygulu Sergul, Hicdurmaz Duygu, Akyar Imatullah. Nursing students' leadership and emotional intelligence in Turkey [J]. Journal of Nursing Education, 2011 (505).

[110] Streiff Seraina, Tschan Franziska, Hunziker Sabina, Buehlmann Cyrill, Semmer Norbert K., Hunziker Patrick, Marsch Stephan. Leadership in medical emergencies depends on gender and personality [J]. Simulation in Healthcare, 2011 (62).

[111] Fealy Gerard M., McNamara Martin S., Casey Mary, Geraghty Ruth, Butler Michelle, Halligan Phil, Treacy Margaret, Johnson Maree. Barriers to clinical leadership develop-

ment: findings from a national survey [J]. Journal of Clinical Nursing, 2011 (2013 - 2014).

[112] Kantabutra Sooksan. Sustainable leadership in a Thai healthcare services provider [J]. International Journal of Health Care Quality Assurance, 2011 (241).

[113] Curtis Elizabeth A., Sheerin Fintan K., Vries Jan de. Developing leadership in nursing: the impact of education and training [J]. British Journal of Nursing, 2011 (206).

[114] Curtis Elizabeth A., de Vries Jan, Sheerin Fintan K. Developing leadership in nursing: exploring core factors [J]. British Journal of Nursing, 2011 (205).

[115] Umble Karl E., Baker Edward L., Woltring Carol. An evaluation of the National Public Health Leadership Institute - 1991 - 2006: part I. Developing individual leaders [J]. Journal of Public Health Management and Practice, 2011 (173).

[116] Hana Jan, Rudebeck Carl Edvard. Leadership in rural medicine: the organization on thin ice? [J]. Scandinavian Journal of Primary Health Care, 2011 (292).

[117] Kean Susanne, Haycock - Stuart Elaine, Baggaley Sarah, Carson Maggie. Followers and the co - construction of leadership [J]. Journal of Nursing Management, 2011 (194).

[118] Blegen Nina Elisabeth, Severinsson Elisabeth. Leadership and management in mental health nursing [J]. Journal of Nursing Management, 2011 (194).

[119] Casida Jesus, Parker Jessica. Staff nurse perceptions of nurse manager leadership styles and outcomes [J]. Journal of Nursing Management, 2011 (194).

[120] Cowden Tracy, Cummings Greta, Profetto - McGrath Joanne. Leadership practices and staff nurses' intent to stay: a systematic review [J]. Journal of Nursing Management, 2011 (194).

[121] Patrick Allison, Laschinger Heather K. Spence, Wong Carol, Finegan Joan. Developing and testing a new measure of staff nurse clinical leadership: the clinical leadership survey [J]. Journal of Nursing Management, 2011 (194).

[122] Sørensen Erik E, Delmar Charlotte, Pedersen Birthe D. Leading nurses in dire straits: head nurses' navigation between nursing and leadership roles [J]. Journal of Nursing Management, 2011 (194).

[123] Ceraso Marion, Gruebling Kirsten, Layde Peter, Remington Patrick, Hill Barbara, Morzinski Jeffrey, Ore Peggy. Evaluating community - based public health leadership training [J]. Journal of Public Health Management and Practice, 2011 (174).

[124] Loudovici Anja. Studying for a successful future. Common project of the RheinAhr-Campus, the Marienhaus GmbH and the Bonn Community Hospital - dual curriculum in nursing

business management starts in the winter semester 2011/2012] [J]. Kinderkrankenschwester, 2011 (305).

[125] Kothari Anita, Hovanec Nina, Hastie Robyn, Sibbald Shannon. Lessons from the business sector for successful knowledge management in health care: a systematic review [J]. BMC Health Services Research, 2011 (11).

[126] Hiroaki Itakura. Business Management of Japanese Corporations in China: Focusing on the China – Japan Comparative Study of Leadership and Organizational Culture [J]. Journal of Transnational Management, 2011 (164).

[127] Gregory McKee, StacyK. Duffield. Impact of Cooperative Business Management Curriculum on Secondary Student Attitudes [J]. Journal of Education for Business, 2011 (866).

[128] Sadri Tahar, Cornelius Niemeyer, Roman Boutellier. Transferral of Business Management Concepts to Universities as Ambidextrous Organisations [J]. Tertiary Education and Management, 2011 (174).

[129] Jennifer Mather. Avoiding Pitfalls in the Business of Animal Management: A Review of Animal Control Management: A New Look at Public Responsibility, by Stephen Aronson [J]. Journal of Applied Animal Welfare Science, 2011 (143).

[130] Li – Hsing Ho, Tien – Fu Peng, Shu – Yun Feng, Tieh – Min Yen. Benchmarking of standard hotel service quality by KD – IPA model [J]. Journal of Statistics and Management Systems, 2011 (146).

[131] Li – Mei Hung, Jenna Tsai, Chun – Fu Chen. Study on relationship among supervisors' leadership, job satisfaction and organizational commitment in medical industry [J]. Journal of Statistics and Management Systems, 2011 (144).

[132] Shona Cameron, Jean Harbison, Vicky Lambert, Caroline Dickson. Exploring leadership in community nursing teams [J]. Journal of Advanced Nursing, 2011 (687).

[133] RAEDA F. ABUALRUB, MOHAMMED G. ALGHAMDI. The impact of leadership styles on nurses' satisfaction and intention to stay among Saudi nurses [J]. Journal of Nursing Management, 2011 (205).

[134] D. R. MABOKO. Nursing leadership in an academic hospital in Gauteng [J]. Journal of Nursing Management, 2011 (207).

[135] Parker Sarah Henrickson, Yule Steven, Flin Rhona, McKinley Aileen. Surgeons' leadership in the operating room: an observational study [J]. The American Journal of Surgery, 2011 (2043).

[136] Smyth, Hedley, Kioussi, Sofia. Architecture Firms and the Role of Brand Management [J]. Architectural Engineering and Design Management, 2011 (73).

[137] Saul, Ulrike, Seidel, Christian. Does leadership promote cooperation in climate change mitigation policy? [J]. Climate Policy, 2011 (112).

[138] Philipp Hengel, Norbert Hirschauer, Oliver Musshoff. Are Business Management Games a Suitable Tool for Analyzing the Boundedly Rational Behavior of Economic Agents? [J]. Modern Economy, 2011 (204).

[139] Anonymous. PeopleCube; PeopleCube Delivers Unprecedented Business Management Tool with Workplace BI 2.0 Powered By Tableau [J]. Computer Weekly News, 2011 (1).

[140] Anonymous. Maxwell Systems Rolls Out ProContractorMX Version 2.6 Construction Business Management Software [J]. Wireless News, 2011 (1).

[141] Anonymous. Introduces Integration with Autotask IT Business Management Platform [J]. Manufacturing Close - Up, 2011 (1).

[142] Anonymous. Small Business Management; New Small Business Management Study Findings Have Been Reported by Q. Yang and Co - Researchers [J]. Computer Weekly News, 2011 (7).

[143] Anonymous. Virtual Radiologic Begins Educational Partnership with Radiology Business Management Association [J]. Manufacturing Close - Up, 2011 (1).

[144] Anonymous. Virtual Radiologic; Virtual Radiologic Announces Educational Partnership With Radiology Business Management Association [J]. Technology & Business Journal, 2011 (1).

[145] Anonymous. Western Governors University and TechAmerica Join Forces to Help Members Earn IT, Business Degrees Online [J]. Manufacturing Close - Up, 2011 (1).

[146] Anonymous. CA Technologies announces availability of it next generation business management solution CA Service Operations Insight 3.0 [J]. M2 Presswire, 2011 (1).

[147] Anonymous. CA Technologies announces availability of it next generation business management solution CA Service Operations Insight 3.0 [J]. Telecomworldwire, 2011 (1).

[148] Anonymous. ConnectWise Bolsters IT Service Business Management Solution [J]. Manufacturing Close - Up, 2011 (1).

[149] Breyfogle, Forrest W. Lean's Integration in an Enhanced Business Management System [J]. Quality, 2011 (509).

[150] Anonymous. NJVC Promotes Terry Grimm to Senior VP, Business Management Serv-

ices [J]. Wireless News, 2011 (1).

[151] Anonymous. William Blair & Company Grows Special Situations & Restructuring Business Management Team [J]. Wireless News, 2011 (1).

[152] Anonymous. ProConsultant Informatique shows business management systems for media convergence [J]. Broadcast Engineering, 2011 (1).

[153] Anonymous. Maxwell Systems Enhances Construction Business Management Software [J]. Wireless News, 2011 (1).

[154] Anonymous. Pilat Media develops new business management system [J]. EN, 2011 (1).

[155] Anonymous. DeVry Adds 2 New Deans to Lead Colleges of Business & Management and Health Sciences [J]. EN, 2011 (1).

[156] Parast, Mahour Mellat, Adams, Stephanie G, Jones, Erick C. Improving operational and business performance in the petroleum industry through quality management [J]. EN, 2011 (284).

[157] Holschbach, Elmar, Hofmann, Erik. Exploring quality management for business services from a buyer' s perspective using multiple case study evidence [J]. EN, 2011 (316).

[158] Islam, Saiful, Rokonuzzaman, M.. Process Centric Business Case Analysis for Easing Software Project Management Challenges [J]. Soft, 2011 (61).

[159] Michaela Geierhos. Customer Interaction 2.0: Adopting Social Media as Customer Service Channel [J]. Journal of Advances in Information Technology, 2011 (24).

[160] Chwei - Jen Fan, Li - Chuan Wang, Huan - Ming Chuang. The Applications of Business Intelligence to the Improvement of Supply Chain Management - A Case of an Electronic Company [J]. Journal of Software, 2011 (611).

[161] Richard Chbeir, Youakim Badr. Guest Editorial [J]. Journal of Emerging Technologies in Web Intelligence, 2011 (33).

[162] Michaela Geierhos. Customer Interaction 2.0: Adopting Social Media as Customer Service Channel [J]. Journal of Advances in Information Technology, 2011 (24).

[163] Malin Song, Dingding Pan, Jie Wu, Li Yang, Hongping Zhou, Christopher Clemence. Guest Editorial [J]. Journal of Computers, 2011 (69).

[164] Jeno Beke. Business Practice of International Accounting Standardization [J]. International Business and Management, 2011 (21).

[165] Jeno Beke. Business Practice of International Accounting Standardization [J]. Inter-

national Business and Management, 2011 (21).

[166] Gordana Ivankovič, Mateja Jerman. Comparative Analysis of Budgeting in the Slovene Hotel Industry [J]. Tourism and Hospitality Management, 2011 (171).

[167] Ante Bistričić, Alen Jugović, Zlatko Kuzman. the Role OF Ship Management in Business Activities of Shipping Companies [J]. Scientific Journal of Maritime Research, 2011 (251).

[168] Michael Markos Glykas. Effort based performance measurement in business process management [J]. Process Mgmt. , 2011 (181).

[169] Monica Philippart, Waldemar Karwowski. Development of Human Factors Ontology for Business Knowledge Management [J]. International Journal of Asian Business and Information Management (IJABIM), 2011 (22).

[170] Marinela Mircea. Building the Agile Enterprise with Service – Oriented Architecture, Business Process Management and Decision Management [J]. International Journal of E – Entrepreneurship and Innovation (IJEEI), 2011 (24).

[171] Gunwoo Kim, Yongmoo Suh. Semantic business process space for intelligent management of sales order business processes [J]. Information Systems Frontiers, 2011 (13).

[172] Corvellec Hervé, Bramryd Torleif, Hultman Johan. The business model of solid waste management in Sweden – a case study of two municipally – owned companies [J]. Waste management & research : the journal of the International Solid Wastes and Public Cleansing Association, ISWA, 2011 (305).

[173] P. G. Telford, B. A. Browne, E. J. Collinge, P. Fulcher, B. E. Johnson, W. Little, J. L. C. Lu, J. M. Nurse, D. W. Smith, F. Zhang. Developments in the Management of Annuity Business [J]. British Actuarial Journal, 2011 (163).

后　记

一部著作的完成需要许多人的默默贡献，闪耀着的是集体智慧，其中铭刻着许多艰辛的付出，凝结着许多辛勤和汗水。

本书在编写过程中，借鉴和参考了大量的文献和作品，从中得到了不少启悟，也汲取了其中的智慧菁华，谨向各位专家、学者表示崇高的敬意——因为有了大家的努力，才有了本书的诞生。凡被本书选用的材料，我们都将按相关规定向原作者支付稿费，但因为有的作者通信地址不详或变更，尚未取得联系。敬请您见到本书后及时函告您的详细信息，我们会尽快办理相关事宜。

由于编写时间仓促以及编者水平有限，书中不足之处在所难免，诚请广大读者指正，特驰惠意。

图书在版编目（CIP）数据

管理学学科前沿研究报告 2011/张永军，赵占波主编．—北京：经济管理出版社，2014
ISBN 978-7-5096-3595-7

Ⅰ．①管…　Ⅱ．①张…②赵…　Ⅲ．①管理学—研究报告　Ⅳ．①C93

中国版本图书馆 CIP 数据核字（2015）第 004543 号

组稿编辑：张　艳
责任编辑：杨国强　张瑞军
责任印制：司东翔
责任校对：王　淼

出版发行：经济管理出版社
（北京市海淀区北蜂窝 8 号中雅大厦 A 座 11 层　100038）
网　　址：www. E-mp. com. cn
电　　话：（010）51915602
印　　刷：北京银祥印刷厂
经　　销：新华书店
开　　本：787mm×1092mm/16
印　　张：20
字　　数：389 千字
版　　次：2015 年 6 月第 1 版　2015 年 6 月第 1 次印刷
书　　号：ISBN 978-7-5096-3595-7
定　　价：76.00 元